Paul Grote

Tod in Bordeaux

Kriminalroman

dtv

Ausführliche Informationen über
unsere Autoren und Bücher
www.dtv.de

Von Paul Grote
sind bei dtv u. a. erschienen:
Rioja für den Matador (20930)
Der Portwein-Erbe (21082)
Der Wein des KGB (21160)
Bitterer Chianti (21537)
Die Insel, der Wein und der Tod (21645)
Am falschen Ufer der Rhône (21691)

MIX
Papier aus verantwortungsvollen Quellen
FSC® C019821

Überarbeitete Neuausgabe 2014
4. Auflage 2018

Der Band erschien erstmals 2004 im
Rowohlt Taschenbuch Verlag, Reinbek bei Hamburg.
Umschlagkonzept: Balk & Brumshagen
Umschlagfotos: Corbis/Hans-Peter Siffert und
Yutaka Imamura
Gesetzt aus der Minion 10/12·
Gesamtherstellung: Druckerei C.H.Beck, Nördlingen
Gedruckt auf säurefreiem, chlorfrei gebleichtem Papier
Printed in Germany · ISBN 978-3-423-21536-7

Gewidmet Gaston Latroye aus Gurgy an der Yonne,
gefallen im Ersten Weltkrieg

1

»Wie lange sollen wir diese Geschäfte eigentlich noch weitermachen?« Gaston schob die Weinkiste auf die Ladefläche des Kombi und sah Martin vorwurfsvoll an, dann wandte er sich wieder der Garage zu, um die letzte Kiste zu holen.

»So lange es sich lohnt«, rief Martin ihm leichthin nach. »Weshalb fragst du?«

Es dauerte einen Moment, bis sein Freund wieder mit einer Kiste im Arm in der Tür erschien. »Weshalb ich frage? Weil ich mir Sorgen mache. Irgendwann fallen unsere kleinen Spielchen auf. Einer von deinen Konkurrenten kriegt Wind davon und verpfeift dich bei der Steuerfahndung. Da reicht ein anonymer Anruf…«

»Wieso interessiert dich das auf einmal? Das war dir doch bisher egal. Wir machen das seit Jahren so.«

»Eben darum«, knurrte Gaston, »und irgendwann fällt es auf.« Er stellte die Kiste mit einem Stöhnen zu den anderen auf die Ladefläche. Sie waren schwer, jede fasste zwölf Flaschen und wog mehr als fünfzehn Kilo. Aber harte körperliche Arbeit machte Gaston nichts aus, als Winzer war er daran gewöhnt.

»Weshalb machst du dir Sorgen, Gaston? Was ist los mit dir? Du bist irgendwie gereizt. Da steckt doch was anderes dahinter!« Kopfschüttelnd beobachtete Martin seinen Freund und fand, dass er seinem Blick auswich.

»Das siehst du falsch. Ich bin nicht gereizt!« Gaston strafte seine Worte Lügen und grummelte: »Du weißt nie, was dich erwartet.«

Martin verstand nichts mehr. Was war nur mit seinem Freund los? »Hast du schlecht geschlafen oder Zoff mit Caroline?« Er ging zum Heck seines Wagens und warf einen Blick auf die Kiste, die Gaston zuletzt gebracht hatte. Er betrachtete den aufgedruckten Schriftzug. »Haut-Bourton?« Nachdenklich blätterte er in seinen Rechnungen. »Habe ich nicht gekauft.«

»Den findest du auch nicht in den Papieren«, sagte Gaston hastig. »Ein … äußerst interessantes Gewächs. Ich möchte, dass du den Wein probierst, ganz in Ruhe, wenn du wieder in deinem Laden bist.«

Martin verstand das Benehmen seines Freundes immer weniger. »Ich kenne den 89er. Ich glaube, ich habe davon sogar noch was im Lager. Und wozu gleich zwölf?«

»Probier ihn einfach mal und vergleich ihn mit dem aus deinem Keller. Dann erkläre ich es dir.«

Gastons ruppiger Ton irritierte Martin. »Ist irgendwas passiert? Was ist los? Wir reden doch sonst über alles.«

Gaston machte eine wegwerfende Handbewegung. Er schob die Kisten auf der Ladefläche des Wagens zurecht, quetschte sich dabei die Finger und fluchte. Als die Kisten eine Fläche bildeten, breitete Gaston eine Decke darüber. Jetzt war nicht mehr zu erkennen, dass Bordeaux im Wert von etlichen tausend Euro darunter lag. Der Wagen hing nur auffällig schwer auf der Hinterachse. Er schlug die Heckklappe zu. »Du musst los, sonst kommst du heute nicht zurück. Caroline hätte sich gern verabschiedet, aber sie bringt die Kinder zur Schule.«

Gaston schloss die Garage ab, die ihm zugleich als Kellerei und Flaschenlager diente, und ging ins Wohnhaus. Einen Augenblick später kam er mit einer Einkaufstüte zurück und stellte sie hinter den Fahrersitz. »Das soll ich dir von Caroline geben, damit du nicht verhungerst.«

Die Männer umarmten sich, bei weitem nicht so herzlich wie sonst, und Martin hatte das Gefühl, dass Gaston ihn möglichst rasch loswerden wollte. »Sag Caroline ein Dankeschön und grüß die Kinder. Und was deinen Wein angeht – so gute Trauben wie in diesem Jahr hattest du noch nie. Ich bin sicher, der Pechant wird großartig.«

Martin zwängte sich umständlich hinters Lenkrad. Der Rücken schmerzte ihn schon jetzt so, als hätte er die tausend Kilometer Autobahn bereits hinter sich. Er blinzelte gegen die flach über den Weinbergen stehende Morgensonne. »Viel Glück mit dem Pechant, Gaston! Ich drücke dir die Daumen. Dieses Mal wird es ein 95-Punkte-Wein, falls du was drauf gibst.«

»Worauf du dich verlassen kannst. Ich werde die Rebstöcke jeden Tag küssen.«

Martin fuhr langsam an und hob grüßend die Hand. Er hatte ein ungutes Gefühl, seinen besten Freund in dieser Stimmung zurückzulassen, aber er konnte die Rückfahrt nach Deutschland nicht aufschieben. Das Überholen des Kühlaggregats und der Pumpen hatte länger gedauert, als sie gedacht hatten. Jetzt erwartete ihn sein Geschäft in Frankfurt.

Er bog in die Landstraße Richtung Saint-Émilion ein, ließ das ihm seit langem vertraute Dorf auf dem Hügel hinter sich und erreichte eine knappe Stunde später die Autobahn. Es herrschte wenig Verkehr, sodass er bereits mittags kurz vor Paris war, wo der Verkehr zunahm. Den Moloch an der Seine umfuhr er und nahm die A4 Richtung Reims.

»Mach Pause unterwegs, vergiss die Rückengymnastik nicht, rase nicht so, und nimm dir Zeit«, hatte Gaston ihn ermahnt. Doch Martin würde wie immer in einem Rutsch durchfahren. Da war er fast so störrisch wie sein Freund, der sich als kleiner Winzer in den Kopf gesetzt hatte, die Größen des Bordelais mit seinem Können herauszufordern.

Martin, dem jeder Ehrgeiz fremd war, bewunderte Gastons Courage. Er hatte deshalb nie den Versuch unternommen, ihm sein Vorhaben auszureden, im Gegenteil. Er zweifelte keinen Moment am Erfolg seines Freundes und unterstützte ihn, wo immer er konnte. Darum war er auch in Saint-Émilion gewesen: um Gaston bei den letzten Vorbereitungen für die Lese zu helfen.

Kurz nach Paris begann es zu regnen. Hoffentlich dehnte sich das Tief nicht bis nach Bordeaux aus! Das wäre eine Katastrophe, so kurz vor der Ernte. Martin hatte im September in Bordeaux schon Dauerregen der übelsten Sorte erlebt. Die Temperatur stürzte, und die Winzer des Bordelais rannten mit Angstschweiß auf der Stirn durch ihre Weinberge und rauften sich die Haare. Graue Schleier verhüllten an solchen Tagen die Gironde. War die Fähre zwischen Côtes du Bourg und dem Médoc in der Mitte des Flusses, konnte man auf keiner der beiden Seiten mehr Land sehen.

Bislang jedoch hatte sich das sonnige Wetter gehalten, und die Winzer fieberten steigenden Preisen entgegen. Der erste Merlot wurde bereits gelesen, er verlor die Fruchtigkeit, wenn er zu lange am Stock blieb. Doch Gastons Trauben hatten noch nicht ganz die richtige Reife erreicht, damit sein *Pechant* so wurde, wie er ihn sich vorstellte: voll, rund, dramatisch, weiches, süßes Tannin, eine seidige Struktur am Gaumen und mehr elegant als wuchtig. »Ein Wein, den man erst in zehn Jahren trinken darf und der dann noch fünfzig Jahre hält«, hatte er gestern Abend mit Martin gescherzt.

Gaston riskierte viel, besonders jetzt, da das Wetter unbeständig war und der nahe Atlantik seinen Einfluss geltend machte. Sie hatten lange über den Zeitpunkt für die Lese diskutiert, und Gaston war sich wie immer absolut sicher: »In fünf Tagen fange ich an, nächste Woche Dienstag, dann sind die Trauben richtig!«

Hinter Metz tankte Martin den Wagen auf, traktierte seinen Rücken mit Lockerungs- und Dehnübungen und trank in der Raststätte einen Kaffee im Stehen. Der Geruch von abgestandenem Essen vertrieb ihn aus dem Rasthof. Er schlenderte zurück zum Wagen. Schön, dass Caroline an ihn gedacht hatte. Das Erste, was er in dem Lunchpaket jedoch sah, waren zwei Flaschen Haut-Bourton. Schon wieder dieser Wein? Wozu zwei Flaschen, wenn hinten im Wagen eine volle Kiste lag?

Martin wischte den Gedanken beiseite und griff hungrig nach den mit verschiedenen Käsesorten belegten Baguettes. Der nussige Reblochon und der mit Bohnenkraut und rotem Pfeffer gewürzte Tomme de Pèbre gefielen ihm am besten. Mit Wehmut erinnerte er sich an Carolines Kochkünste. Von morgen an würde er wieder für sich selbst kochen müssen, Petra ging lieber essen. Er hob die Schokolade und das Obst für später auf und fädelte sich wieder in den Verkehr ein.

Im Rückspiegel sah er einen silbergrauen BMW aus der Auffahrt schießen. Er war so schnell, dass er Martin, der seinen Wagen nur langsam beschleunigen konnte, fast rammte. Der BMW raste vorbei, und Martin atmete auf. Gerade noch mal gut gegangen. So ein verdammter Idiot. Raser waren auf Frankreichs Autobahnen selten, in Deutschland würde es weit schlimmer werden. Um wie viel lieber wäre er jetzt in aller Ruhe statt nach Nordosten nach Süden gefahren, hinunter ans Mittelmeer – oder ins Piemont vielleicht? Die Brüder Giacosa besuchen, ihren hervorragenden Barolo kosten, dazu eine Rehkeule …

Die Wasserfahnen der vor ihm fahrenden Lastwagen zerrten an Martins Nerven, der Scheibenwischer fuhr mit der Regelmäßigkeit eines Metronoms vor seinem Gesicht herum. Hoffentlich saugen sich Gastons Trauben nicht mit Wasser voll, dachte er unruhig, als er die Grenze nach Deutschland passierte. Gott sei Dank keine Kontrollen, ein vereintes Europa hatte viel für sich.

Da riss die Wolkendecke auf, und die Sonne warf ihre letzten Strahlen auf die Erde. Sie fielen auf einen Wald, entflammten ein namenloses Dorf und malten die Hügelkuppen golden. Die gebündelten Strahlen erinnerten ihn an mittelalterliche Altarbilder, wunderschön, aber unheimlich zugleich. Das rief Martin Gastons unverständliches Benehmen an diesem Morgen wieder ins Gedächtnis: Angespannt, gereizt und sogar aggressiv war er gewesen.

Die Wolkendecke schloss sich wieder, es wurde früh Nacht. Heute würde er die Strecke nicht schaffen, er war müde und der Wagen zu schwer. Fast eine halbe Tonne Wein transportierte er, Kisten mit klassifizierten Crus aus dem Médoc, aus Pauillac, Saint-Estèphe und Margaux und von der anderen Seite der Gironde, aus Canon-Fronsac, Pomerol und natürlich Saint-Émilion. Er hatte die Weine direkt von den Winzern gekauft – zu Freundschaftspreisen dank seiner jahrelangen Beziehungen und Gastons Hilfe. Es waren erste Gewächse, nur für Liebhaber. Sie bekamen einen fairen Preis, zahlten bar und fragten nie nach der Rechnung. Nur knapp ein Drittel davon stand auf seiner Transportliste. Deshalb hatte ihm Gaston am Morgen auch Vorwürfe gemacht.

Ab Saarbrücken nahm Martin die A6, aber als die Hügel begannen, verließ er die Autobahn. Es reichte ihm für heute. In einem menschenleeren Dorf flackerte ein Schild *»Fremdenzimmer«* an der Giebelwand eines Gasthofes. Er hielt und setzte den Wagen rückwärts so dicht an die Wand, dass niemand an die Heckklappe herankommen konnte, ließ das Lenkradschloss einrasten und kontrollierte trotz der Zentralverriegelung alle Türen.

Als er schwerfällig die von Geranien eingefasste Treppe zum Gasthof hinaufging, fuhr ein großer BMW auf der Dorfstraße langsam vorüber. War das nicht der Idiot, der ihn fast gerammt hätte? Ach, von diesem Wagentyp gab es Tausende.

Martin öffnete die Tür. Eine Theke mit runden Lämpchen darüber empfing ihn, rechts lag der spießig-gemütliche Gastraum mit ein paar Tischen, darauf gemusterte Decken und Vasen mit einsamen Blumen. Links vom Eingang blinkten die Lichter eines Spielautomaten wie Notsignale. Aus der Tür hinter dem Tresen trat eine Frau, wischte sich die Hände an der Kittelschürze ab und musterte Martin stumm von oben bis unten. Mit dem zerzausten Haar, dem Dreitagebart und der abgewetzten Lederjacke sah er weder wie ein Vertreter noch wie ein Tourist aus.

»Haben Sie ein Zimmer – und vielleicht was zu essen?«

»Eigentlich ist die Küche geschlossen. Aber wenn's sein muss …« Die Frau blätterte im Gästebuch. »103 ist frei, erster Stock, 35 Euro mit Frühstück.« Sie gab Martin den Schlüssel. »Gepäck?« Sie runzelte die Stirn.

»Doch, doch. Im Wagen, ich hol's gleich«, sagte Martin entschuldigend. »Haben Sie eine Garage?«

»Nein, aber wenn es Sie beruhigt, dann stellen Sie den Wagen auf den Hof. Wir schließen abends das Tor ab, da kann keiner rein.«

Die ausgetretene Treppe hinauf in den ersten Stock knarrte entsetzlich, das Zimmer jedoch war passabel, und als die Wirtin ihm später Salat mit Putenfleisch vorsetzte, entspannte er sich. Nur der Balsamico-Essig schmeckte unecht. Das Geschnetzelte mit den hausgemachten Spätzle war ausgezeichnet, das frische Pils nach dem vielen Wein eine Wohltat und der Kaffee stark genug. Jetzt nur noch ein wenig frische Luft, und er würde gut schlafen können.

Martin trat auf die Straße. Es war kalt geworden, und Feuchtigkeit wehte in dicken Schwaden von den Wiesen herüber. Der Herbst kündigte sich an. Er schlenderte durch das vereinsamte Dorf und bekam den Kopf wieder frei. Ein ferner Lichtpunkt zog ihn magisch an, das Schaufenster einer Apotheke. Das riesige Foto einer strahlend schönen und endlich von Kopfschmerzen befreiten Frau lächelte ihn an; sie erinnerte ihn an Petra.

Er hatte das Handy nicht eingeschaltet, um sich zumindest heute noch den Alltag vom Hals zu halten. Sollte er Petra jetzt anrufen? Er zögerte und betrachtete die Frau im Schaufenster. Wovon könnte er ihr erzählen? Von langen Spaziergängen mit Gaston und ihren Gesprächen über Setzlinge und Rebschnitt? Oder von Fassproben in kleinen, kalten Gewölben? Das waren nicht ihre Themen. Sie träumte von den gewaltigen Kellern der großen Châteaus mit der feierlichen Atmosphäre von Kirchen, in denen man beim Hall der eigenen Schritte erschrak.

Petra mochte Gaston nicht. Er gehörte nicht zu den Menschen, von denen sie sich etwas versprach. Sie hätte Martin lieber in Gesellschaft der Besitzer von Château Cheval Blanc oder Latour gesehen. Dass Gaston auf dem besten Wege war, sich einen Namen zu machen, ließ sie kalt. Für Caroline empfand sie Mitleid; die Ärmste hatte schmutzige Fingernägel und stapfte in Gummistiefeln herum.

Umgekehrt war es nicht viel anders. Gaston nannte Petra, die stets blendend aussah, *la pimbêche,* die eingebildete Pute, und damit war von seiner Seite aus alles gesagt. Ihr gegenüber blieb er jedoch höflich und zuvorkommend, sie war schließlich die Freundin seines Freundes.

Martin kehrte um und ging zum Gasthaus zurück. Heute würde er Petra nicht mehr anrufen, das hatte Zeit bis morgen.

Das Tor war noch offen, und er stellte den Wagen in den Hof, nahm den Koffer, kontrollierte alle Wagentüren und ließ sich in der Schankstube eine Flasche Wasser geben. Durch die Vorhänge drang das Flackern des Leuchtschildes ins Zimmer und ließ ihn lange nicht einschlafen. Er fragte sich, weshalb Gaston ihm den Haut-Bourton aufgedrängt hatte. Gut, er würde ihn morgen probieren, und Gaston würde sich wieder beruhigen.

Mitten in der Nacht wachte Martin schweißgebadet auf. Eine Autotür wurde zugeschlagen, ein Wagen fuhr an. Es war stickig im Raum. Schlaftrunken stieß er das Fenster auf und sah zwei Rücklichter im Nebel verschwinden. Er wusch sich das Gesicht, trank etwas und legte sich wieder hin.

Zum Frühstück gab es Eier von den Hühnern, die auf dem Hof herumliefen, Wurst aus eigener Schlachtung und selbst eingekochte Marmelade. »Die macht unsere Oma«, sagte die

Wirtin, ein wenig freundlicher als gestern. Martin zahlte und ging auf den Hof.

Als er den Knopf der Zentralverriegelung drückte, passierte nichts. Er versuchte es noch einmal – keine Reaktion. Martin hielt die Luft an, mit wenigen Schritten war er am Wagen. Was war los? Die Heckklappe war unten eingebeult und stand offen. Die Decke über den Kisten hing durch. Schlimmes ahnend schlug Martin sie zurück. Es war, wie er befürchtet hatte: Eine 12er-Kiste fehlte. Hoffentlich nicht die teuerste, 250 Euro die Flasche, das wäre bitter. Bei diesen Geschäften an der Steuer vorbei war nur das versichert, wofür er die Rechnung vorlegen konnte. Alle anderen Weine, so nebenbei abgefüllt, gab es offiziell nicht. Ich Narr, dachte er, wieso habe ich den Wagen nicht rückwärts ganz an die Wand gesetzt? Und die Wirtin hatte gelogen und den Hof nicht abgeschlossen.

Mit fliegenden Fingern zerrte er die Frachtpapiere aus der Aktenmappe, schob die Kisten hin und her und verglich die Namen mit denen auf seinen Listen. Seine Rückenschmerzen vergaß er. Nein, von den offiziellen Weinen fehlte keiner. Wahrscheinlich einer von den »inoffiziellen«, wie er sie nannte. So eine Scheiße!

Es waren dreimal drei Kisten gewesen, genau in drei Lagen übereinander, damit beim Bremsen nichts verrutschte. Martin stutzte. Der Haut-Bourton?

Er lehnte sich an den Wagen. Ausgerechnet der Wein, den Gaston ihm zum Probieren gegeben hatte! Dabei hatte er ihm erst beigebracht, seine Nase richtig zu benutzen. Gaston hatte ihn zu Verkostungen auf Châteaus und Versteigerungen mitgenommen, in die Keller anderer Winzer geschleppt, so lange mit ihm seine eigenen Weine in den unterschiedlichen Stadien ihrer Entwicklung probiert, bis Martin fast jedes Fass auseinanderhalten konnte. Gaston hatte ihn gebeten, den Haut-Bourton zu probieren – und er hatte ihn sich klauen lassen. Jetzt konnte er Gastons Wunsch nicht mehr erfüllen. Obwohl – was war mit den Flaschen im Lunchpaket? Er atmete auf, als er sah, dass sie unberührt hinter dem Fahrersitz standen.

Aufgeregt tippte er Gastons Nummer in das Handy. Leider antwortete ihm nur die Mailbox, die ihm empfahl, eine Nachricht zu hinterlassen, was er tat.

Außer Gaston wusste niemand, was er geladen hatte. Also war es kein geplanter Diebstahl. Jemand hatte die Gelegenheit genutzt, vielleicht Leute aus dem Dorf? Die Wirtin hatte bestimmt nichts gehört und würde bei allen Heiligen schwören, den Hof abgeschlossen zu haben. Sicher waren die Diebe gestört worden und hatten nur diese eine Kiste mitnehmen können. Oder wollten sie die gesamte Ladung rauben und konnten den Wagen nicht starten? Aber am Zündschloss fanden sich keine Spuren.

Was war der Haut-Bourton wohl wert? Ein bekannter Deuxième Cru würde nicht billig sein, bestimmt so an die hundert Euro pro Flasche. Das waren – 1200 Euro. Die Polizei musste er aus dem Spiel lassen, er würde sich selbst in Gefahr bringen, und das Finanzamt würde ihm auf die Schliche kommen. Wozu also hier noch länger herumstehen und sich selbst blöde Fragen stellen?, dachte Martin grimmig. Außerdem begann es wieder zu regnen. Er besorgte sich einen Strick, um die Heckklappe zu befestigen, und setzte mit zusammengebissenen Zähnen seine Heimreise fort.

An diesem Freitag war die Autobahn so voll wie immer, zu allem Unglück goss es wie aus Kübeln. Für die letzten fünfzig Kilometer nach Frankfurt benötigte er fast anderthalb Stunden – eine Strapaze, bei der er den Diebstahl vergaß. Erst als er unter dem Torbogen auf den Hof seines Weinhandels einbog, erinnerte er sich wieder daran.

Frau Schnor kam freudestrahlend auf ihn zu, die Erleichterung, jetzt nicht mehr die gesamte Verantwortung fürs Geschäft tragen zu müssen, war ihr ins Gesicht geschrieben. Sie half seit Jahren, kannte sich aus und hielt während Martins

Reisen die Stellung. Er konnte beruhigt nach Italien oder Spanien fahren und sich sogar Zeit dabei lassen. Frau Schnor ertrug seine Launen, wenn er sich über schlechte Weine oder Preiserhöhungen ärgerte, sie wimmelte Vertreter ab und beschwichtigte übellaunige Kunden.

»Jede Menge Bestellungen, Herr Bongers, alles notiert.« Mit diesen Worten reichte sie Martin eine Liste der Weine, die heute ausgeliefert werden mussten. »Sie müssen selbst fahren, Klüsters ist krank«, fügte sie seufzend hinzu. »Unser Fahrer hat mal wieder Grippe. Er markiert nicht, er hörte sich tatsächlich verschnupft an. Aber ich habe Hilfe für Sie.«

Kaum zu Hause, geht der Ärger wieder los, dachte Martin. Er hatte Klüsters extra für schwere Arbeiten eingestellt, um seinen Rücken zu schonen. Der Mann hatte Kräfte wie ein Pferd, schleppte 24 Flaschen mühelos die Kellertreppe rauf und zerbrach nicht eine. Doch seine Körperkraft stand in direktem Verhältnis zu seiner Sensibilität. Ein unbedachtes Wort, und er war für Tage unauffindbar.

Der Ersatzmann war jung und kam aus der Teppichhandlung gegenüber. Gemeinsam luden sie die mitgebrachten Weine aus und packten die Bestellungen für Restaurants und Privatkunden in der Reihenfolge ihrer Auslieferung. Martin ging ins Büro, um einen Termin mit der Werkstatt zu machen. Er durfte den Wagen unmöglich offen stehen lassen. Auf seinem Schreibtisch stapelte sich Post, Arbeit für ein langes Wochenende, falls Petra ihn nicht davon abhielt. Er griff zum Telefon, aber statt sie anzurufen, wählte er Gastons Nummer. Diesmal hinterließ er keine Nachricht auf dem Anrufbeantworter.

Als er kurz vor Geschäftsschluss von der Tour zurückkam, war der Laden brechend voll. Noch ehe Martin den ersten Kunden bedienen konnte, nahm Frau Schnor ihn beiseite: »Ihre Freundin hat angerufen. Sie hat keine Zeit, sie muss mit einem Kunden, wie sie sagte, essen gehen. Neue Geschäfte und so.«

Das gespannte Verhältnis zwischen Martin und Petra war Frau Schnor nicht entgangen, und sie sah ihn mitleidig an. »Sie möchten morgen bitte anrufen, am Wochenende hätte sie Zeit.«

Martin atmete auf. Die Abende mit Petra waren in den letzten Monaten selten amüsant gewesen, ein klärendes Gespräch stand an, womöglich das letzte. Nun gut, auf diese Weise konnte er in die Sauna gehen und anschließend zum Masseur, sein Rücken hatte es verdient. Auf jeden Fall besser, als den Abend in einem öden Szene-Restaurant unter Selbstdarstellern zu verbringen. Doch es beunruhigte ihn, dass sich in Saint-Émilion niemand meldete.

Um diese Zeit kochte Caroline normalerweise, die Kinder tobten durchs Haus oder wühlten im Garten herum. Später saßen alle zusammen in der Küche bei einem guten Wein und diskutierten angeregt über Gott und die Welt. Bei Gaston und Caroline fühlte Martin sich zu Hause, sie waren die Familie, die er so gerne gehabt hätte. Zu seinen eigenen Eltern hatte er nur sehr wenig Kontakt.

Sein Vater war nie ein Familienmensch gewesen, er verkaufte der Welt lieber Maschinen. Seine Mutter gab die Gewinnbeteiligung aus und war mit Bridge-Freundinnen und Tennisplatz vollauf beschäftigt. Ihre Hunde waren ihr wichtiger als die Kinder. Die Bestien spürten Martins Abneigung und lagen knurrend unter dem Tisch, wenn er zu Besuch kam. Er versuchte sie zu bestechen, aber sie schnappten eher nach seiner Hand als nach den Brocken, die er ihnen zuwarf.

Die Gleichgültigkeit seiner Eltern hatte ihm viel Bewegungsfreiheit gelassen. Für seine Freunde und für seine Langstreckenläufe hatten sie sich genauso wenig interessiert wie für seine erste Freundin. Schule und Studium hatte er mühelos hinter sich gebracht, und wenn er Geld brauchte, hatte er es bekommen.

Seine Schwester hatte den ihr vorgezeichneten Weg beschritten und einen Banker geheiratet, der ihr den gleichen

Luxus bot, den ihre Mutter genoss. Der Ehemann war ein Langweiler, ihn bewegten Geld, die Börse und der »*Tom Jones Index*«, womit Martin ihn immer wieder provozieren konnte. Und Petra? Eigentlich war sie genauso. Äußerlichkeiten zählten viel für sie, enorm viel. Deshalb war sie auch keine Frau zum Heiraten.

Der letzte Kunde verließ das Geschäft, Frau Schnor ging nach Hause, Martin machte Kasse. Die Einnahmen waren ausgezeichnet, auch die der letzten Wochen, obwohl die Konjunktur alles andere als rosig war. Ein gutes Omen für den Winter. Erleichtert steckte er Schecks und Bargeld in die Geldbombe, um sie in den Nachttresor zu werfen. Sein Blick fiel auf die Papiertüte mit den Haut-Bourton-Flaschen. Jetzt hatte er Zeit, den Wein zu probieren. Hatte er den 89er-Jahrgang eigentlich noch im Keller?

Er trat auf den Hof und stieg die Treppe zum Gewölbekeller hinunter. Er stammte aus der Zeit, als das Anwesen noch ein Bauernhof gewesen war und außerhalb der Stadt gelegen hatte. Das Klima war ideal zur Lagerung von Wein: Die Luftfeuchtigkeit war relativ hoch, und die Temperatur blieb das ganze Jahr über konstant. Hier lagen seine besten Gewächse. Die Stahltür am Fuß der Treppe hatte er einbauen und mit drei Schlössern sichern lassen, die in einer bestimmten Reihenfolge geöffnet werden mussten. Anderenfalls heulte die Alarmanlage.

Martin hielt sich gern im Keller auf, den er seine »Schatzkammer« nannte. Die Flaschen stapelten sich in schmalen, gemauerten Regalfächern bis unter die Decke, das Licht war warm und weich, und kein Laut der Außenwelt drang hierher. In der Mitte des Raumes standen ein grober Tisch mit gescheuerter Platte und drei Stühle. Heute blieb ihm keine Zeit, die Stille zu genießen, denn was er nicht gleich morgen ausliefern würde, musste eingeräumt werden.

Martin fand die Kiste Haut-Bourton oben in einem Fach – die verschnörkelten Buchstaben und das Wappen des Château vom Prägestempel tief ins Holz gedrückt. Er brauchte eine Leiter, um heranzukommen, und nahm den Deckel ab. Genau der Jahrgang, den Gaston ihm gegeben hatte. Diese Kiste hatte er völlig vergessen, der Wein musste seit Jahren hier liegen, genug gealtert, um ihn jetzt zu trinken. Sieben Flaschen waren übrig.

Er kannte ihn und hatte ihn so gut verkauft wie auch andere Crus. Der Jahrgang 1989 würde kaum noch aufzutreiben sein, und wenn, dann nur zu einem horrenden Preis. Weshalb sollte er ihn dann probieren? Aber wenn Gaston ihn um etwas bat, gab es immer einen triftigen Grund.

Martin klemmte sich eine Flasche unter den Arm und verließ den Keller. Er stieg die Treppe hinauf, und als er die Tür öffnete, riss der Sturm sie ihm aus der Hand. Regen peitschte ihm ins Gesicht, und Böen trieben Blätter über den Hof. Erleichtert atmete er auf, als er wieder im Laden war. Draußen jaulte der Wind, und eine diffuse Unruhe ergriff ihn – anders als die angenehme Spannung, die er normalerweise beim Verkosten großer Gewächse empfand.

Er kennzeichnete die Flasche, die er von Gaston bekommen hatte, und verglich die Etiketten. Ein Unterschied ließ sich nicht feststellen, und wie üblich schrieb er das Datum der Verkostung aufs Etikett. Als er Gastons Haut-Bourton öffnete, kam es ihm vor, als wäre der Flaschenhals rauer, aber das waren Unregelmäßigkeiten, die in der Produktion von Glas immer vorkamen.

Er dekantierte den Wein, jeden für sich, ließ ihn langsam an der Innenseite der Karaffen hinunterlaufen, damit er möglichst viel Luft zog und oxidierte. Die bauchigen Bordeaux-Gläser waren zum Verkosten dieses Weins am besten geeignet. Martin schnüffelte daran und war zufrieden, sie rochen weder nach Handtuch noch nach Spülmittel. Er schenkte den Wein zwei Finger breit in jedes Glas und setzte sich.

Der Wein war von einem tiefen dunklen Rot, beinahe tintenfarben und undurchsichtig. Von der Farbe her waren beide identisch, nein, nicht ganz, wenn er genau hinsah. Der aus seinem Keller erschien ihm dichter und hatte eine leichte Braunfärbung am Rand, was er weniger dem Alter als dem Licht im Büro zuschrieb. Martin schürzte die Lippen, steckte die Nase tief in das Glas mit dem Wein, den Gaston ihm mitgegeben hatte, schloss die Augen und atmete tief ein – und wartete, was in seinem Kopf passieren würde.

Zuerst stellte sich ein Gefühl von Wärme ein, dann Aromen von schwarzen Johannisbeeren, Backpflaume, Schokolade, ein wenig Leder roch er heraus und – Teer? Nein, aber etwas Chemisches, ganz weit hinten, Gummi vielleicht? Dazu kamen wie üblich Nelke und Vanille vom Ausbau im Eichenholzfass und Karamell – eher zu scharf, wie von amerikanischen Eichenfässern und nicht von französischen. Dabei verwendete Haut-Bourton angeblich kein amerikanisches Barrique, sondern Allier-Eiche. Eigentlich hätte dieser Duft beim Alter des Weins längst vergehen müssen. Dann schnupperte er in das Glas mit dem Wein aus seinem Keller.

Eindeutig besser, dachte Martin verwundert, ganz klar. Zu dumm, ich hätte die Weine blind verkosten sollen. Ich werde es morgen wiederholen, das geht, dann sind beide Flaschen gleich lange offen, oder ich probiere es mit der zweiten Flasche. Wieder sog er die Luft ein. Sein Wein war stärker in der Frucht und schwächer im Holz. Bei dem von Gaston war es umgekehrt, obwohl sonst alle Aromen vorhanden waren, doch nicht so ausgeprägt. Kaum möglich, dass das ein und derselbe Jahrgang war, dass beide dieselbe Zeit im Barrique verbracht hatten. Sie konnten allerdings aus verschiedenen Abfüllungen stammen, denn auf der Flasche hätten sie sich kaum so unterschiedlich entwickelt.

Martin ließ den Wein über die Zunge laufen, bewegte ihn im Mund, er kaute ihn, öffnete die Lippen ein wenig, um Luft einzusaugen, und schnatterte wie eine Ente. Da war etwas Unausgegorenes. Er schloss die Augen und spürte in sich hinein. Es gab einen Unterschied, minimal zwar, aber doch vorhanden. Er probierte von neuem, und der Unterschied wurde ihm bewusster. Gastons Haut-Bourton war vom Tannin her härter, rauer, fühlte sich am Gaumen anders an, die Gerbsäure hatte eine andere Textur. Und die Säure? Auch sie war anders, spitzer, irgendwie jünger? Das Verhältnis von Süße und Säure stimmte halbwegs überein und schien ihm doch bei beiden Weinen anders. Und der Körper? Gastons Wein wirkte nicht so voll und gesetzt. Die Unterschiede waren minimal, winzige Nuancen – gleichzeitig so deutlich und vielschichtig, dass es nicht nur an der unterschiedlichen Entwicklung liegen konnte. Die chemische Note bei Gastons Haut-Bourton hätte nicht sein dürfen, denn ein Gärfehler hätte sich auf den gesamten Wein ausgewirkt. Ein unsauberes Fass? Nein, das war es nicht. Plötzlich wurde es ihm klar.

Er fuhr wie elektrisiert auf und starrte die beiden Gläser an. Das konnte nicht derselbe Wein sein. In der Flasche, die er mitgebracht hatte, war etwas anderes.

Martin griff nach dem Telefon und wählte Gastons Nummer. Es dauerte eine Weile, bis sich eine Männerstimme meldete.

»Gaston? Bist du es?«, fragte Martin erstaunt.

»Nein, hier ist, äh … sein, sein Schwager. Wer spricht, bitte?«

»Martin, aus Deutschland.«

»Wer sind Sie?«

»Martin Bongers, du musst mich doch kennen, ich bin der Weinhändler aus Frankfurt. Kann ich Gaston sprechen – oder Caroline?«

Der Mann am anderen Ende zögerte. »Das … das geht leider nicht, das ist, äh, unmöglich …«

»Warum? Ist er in der Garage?«

»Nein. Gaston Latroye, ähm, er hatte gestern einen Unfall im Lager. Ein Stapel Paletten ist umgefallen …«, stammelte der Schwager. Er schien nach Worten zu suchen. »Gaston … ist tot!«

2

Martin ließ den Hörer fallen. Gaston – tot? Nein. Das konnte nicht wahr sein. Oder doch? Wenn der Schwager es sagte? Martins Blick blieb an dem gerahmten Foto auf seinem Schreibtisch hängen: Gastons Haus in Saint-Émilion. Links der kleine Hof, daran anschließend die zum Gärkeller umgebaute Garage. Mit der darüber aufgeschütteten Erde, die das ganze Jahr über die Temperatur niedrig hielt, erinnerte die Konstruktion an eine Nissenhütte, die Büsche darauf an einen Begrünungsversuch von Friedensreich Hundertwasser. Gastons Weinberg, mehr ein Hang als ein Berg, begann direkt hinter dem Haus. Das warme Licht des späten Sommertags strich über die Rebstöcke.

Martin hatte die Aufnahme gemacht, kurz nachdem Gaston das Haus gekauft und sie es zusammen renoviert hatten. Der Sandstein leuchtete, die hohen Fenster mit den hellgrauen Läden wirkten ein wenig zu großbürgerlich, oben rechts war das Zimmer, in dem er bei seinen Besuchen wohnte. Erst vorgestern war er dort aufgewacht.

Vorgestern? Mein Gott, war das lange her. Wie schnell doch der Tod Zeiträume verändert, dachte Martin. In jenem Haus hatte er sich wohlgefühlt, dort hatten sie die Taufen der Kinder gefeiert, die gelungenen Ernten und sich dabei mit Gastons Weinen ordentlich betrunken. Und jetzt war nichts mehr wie vorher.

»Du weißt nie, was dich erwartet.« Genau das hatte Gaston vorgestern Morgen gesagt. Was in aller Welt hatte er damit gemeint? Martin wehrte sich gegen den Gedanken, dass er es nie erfahren würde.

Geistesabwesend zog er ein Weinglas heran, beugte den Kopf darüber und schnüffelte, ohne etwas zu riechen, starrte hinein, ohne den Wein zu sehen, schwenkte es langsam – dann immer schneller. Rote Reflexe huschten über seinen Handrücken. Als der Wein überschwappte und sich über den Schreibtisch ergoss, kam er zu sich. Die nassen Flecken sahen aus wie Blut.

Gaston war tot, sein Leben vorbei, es gab ihn nicht mehr, nur eine unfassbare Leere, die Erinnerung an ihn und die Frage, wie es weiterging. Der einzige Mensch, vor dem er keine Geheimnisse hatte, mit dem er alles besprechen konnte, nein, jetzt nicht mehr, war von Paletten zerquetscht, wie der Schwager gesagt hatte. Was für ein grauenvoller Tod. Welcher Schwager überhaupt? Carolines Bruder? Caroline hatte doch nur eine Schwester, die in Schweden lebte, oder?

Sie wird Hilfe brauchen, jetzt, da Gaston … Die zwei hatten wunderbar zusammengepasst, bis auf die üblichen kleinen Reibereien. Sie liebten sich, nein, mehr als das, sie litten, wenn sie sich einen Tag lang nicht sahen. Jetzt war Caroline Witwe. Grausig, dieses Wort. Klein war sie, eine südfranzösische Schönheit, wache Augen, römische Nase, ein feiner, klar gezeichneter Mund, drahtig und agil, voller Lebenslust und Energie. Ein Glücksfall. Sie hatte Gaston zu nehmen gewusst, seine Marotten, seinen Dickkopf und sein Einzelgängertum. So eine Frau hätte Martin sich gewünscht, und er seufzte bei dem Gedanken an Petra.

Im Sommer erst waren Caroline und Gaston übereingekommen, aus Bordeaux wegzugehen, nicht gleich, aber in absehbarer Zukunft, zurück nach Saint-Chinian, von wo sie gekommen waren, weit weg vom Neid und der Eitelkeit des Bordelais. Gaston hatte erst nach langen Debatten zugestimmt, denn es hatte ihn immerhin zehn Jahre gekostet, sich hier einen Namen zu machen. Doch der größte Erfolg konnte das Gefühl, nicht willkommen zu sein, kaum aufwiegen.

Carolines Wesen war ihrer Integration nicht gerade förderlich. Sie hatte keine Freude am Repräsentieren. Sie mied die großen Diners in festlichem Rahmen, wich den blasierten Spinnern aus, wie sie die Chefs der großen Châteaus nannte. Lieber träumte sie vom Himmel Saint-Chinians, von seinem »Blau zum Reinfallen«, von den endlosen Weinbergen und mittelalterlichen Dörfern, vom Horizont mit Raum zum Atmen. Dorthin wollte sie zurück, ihrer Liebe wegen, die in Bordeaux vor die Hunde gehen würde. Das war ihr wichtiger als der Wein, der seit zwei Jahren endlich den nötigen Gewinn abwarf, um die Kredite zu tilgen.

»Wenn alles bezahlt ist, gehen wir«, hatte sie an Martins letztem Abend zu ihm gesagt. »Gaston ist einverstanden. Wir werden Syrah anbauen, Grenache und Mourvedre, die Rebsorten, die dort zur Erde passen, und nicht Merlot wie hier. Vielleicht ein bisschen Cabernet, nur ein wenig, um interessante Cuvées zu machen.« Und ihre Augen hatten bei diesen Worten gestrahlt.

Martin rannen Tränen übers Gesicht. Er konnte es noch immer nicht fassen. Mühsam erhob er sich, um sich die Hände zu waschen und den Wein vom Schreibtisch zu wischen. Als er sich später in seiner Wohnung verkroch, versuchte er eine Antwort auf die Frage zu finden, weshalb Gaston ihm diesen Haut-Bourton aufgedrängt hatte. Wozu die Geheimniskrämerei?

Am nächsten Abend holte Petra Martin ab, und gemeinsam fuhren sie ins »Romolo«, ihr Lieblingsrestaurant. Sie ging vor und öffnete wie üblich die Tür. »Wie ist es zu dem Unfall gekommen?«, fragte sie über die Schulter und sah sich nach dem reservierten Tisch um. Der Inhaber begrüßte Petra persönlich mit Küsschen auf beide Wangen und brachte sie zu ihrem Tisch. Petra genoss die Aufmerksamkeit.

Martin wäre lieber zu Hause geblieben, er war niedergeschlagen, traurig, enttäuscht und sogar wütend. So vieles würde ihm von jetzt an fehlen. Wieso brachten es die größten Lumpen bis in die Achtziger und anständige Menschen nur bis knapp vierzig?

»Wer wird älter«, fragte er Petra unvermittelt, »die guten Menschen oder die schlechten?«

»Darauf kommt es nicht an. Die Frage ist, ob jemand schlau ist oder dumm. Die Schlauen leben länger. Aber sag, wie kam es zu dem Unfall?«

Demnach hielt sie Gaston für dumm? »Mehr als das, was der Schwager erzählt hat, weiß ich auch nicht«, sagte Martin verstimmt, »und Caroline habe ich nicht erreicht. Gaston war sowieso sehr komisch an dem Morgen, als ich abgefahren bin, bedrückt und ärgerlich, als wenn ihn irgendetwas quälte …«

»Und was meint Caroline?«

»Ich habe dir gerade erklärt, dass ich nur mit dem Schwager gesprochen habe.« Nur mit Mühe unterdrückte Martin seinen Unmut. »Ich nehme an, dass sie bei ihren Eltern ist.«

»Wann wird die Beerdigung sein?« Petra kam immer schnell zum Praktischen, damit konnte sie umgehen. Gefühlsduseleien, wie sie es nannte, waren ihr ein Gräuel.

»Woher soll ich das wissen?«

»Ist sie versorgt? Hatte Gaston eine Lebensversicherung?«

Martin schüttelte unwillig den Kopf. »Woran du jetzt denken kannst.« Er selbst hatte nicht einmal begriffen, dass Gaston nicht mehr da sein würde. Alles, was er bislang mit ihm zusammen gemacht hatte, musste er in Zukunft alleine tun. Und das war viel.

Sie hatten sich vor über zehn Jahren in der Provence kennengelernt, es war kurz nach Martins siebenundzwanzigstem Geburtstag gewesen, er hatte dort seinen Urlaub verbracht und an einem irrsinnig heißen Tag eine Panne gehabt. Er hatte hilflos neben dem Wagen gestanden, sein Studium als Maschinenbauer half ihm auch nicht weiter, denn die Benzinpumpe war kaputt, und weit und breit war kein Mensch zu sehen. Er betrachtete die Umgebung, und sein Blick fiel auf Rosen am Rande eines Weingartens, und er wunderte sich, wie jemand auf die Idee kam, in dieser Einöde Rosen zu züchten.

Aus dem Flimmern über der Chaussee löste sich ein Fahrzeug, Martin hob den Arm, der verbeulte Kastenwagen hielt tatsächlich, und ein gut gelaunter Franzose in seinem Alter bot seine Hilfe an. Mit Händen und Füßen erklärte er ihm, was es mit den Rosen auf sich hatte. An ihnen zeigten sich Schädlinge und Pilze, noch bevor sie den Wein befielen.

Den kaputten Wagen schleppte Gaston zu dem Winzer, bei dem er damals arbeitete. Im Haus war Platz, und weil Martin einige Tage auf die Benzinpumpe warten musste, blieb er. Gaston führte ihn in den Weinbau ein, eine lebendige Welt im Gegensatz zu seinem Job als Konstrukteur am Rechner. Martin entdeckte hier seine Gabe, Düfte wahrzunehmen, Weine zu riechen, sie zu unterscheiden und sich auch später noch an sie zu erinnern.

Von dieser Reise brachte er eine Auswahl von Weinen der Provence mit, verschenkte sie, bestellte nach, besorgte neue für Freunde und Kollegen und legte sein erstes Weinlager im Keller seiner Wohnung an. Je mehr der Wein ihn interessierte, desto langweiliger empfand er seinen Job, der sich eben so ergeben hatte – wie so vieles in seinem Leben.

Er machte Fehler bei der Arbeit, war unkonzentriert und zeigte wenig Interesse, bis eines Tages sein Chef ihn zu sich rief: »Man ist nur bei dem gut, was man wirklich gern tut.« Deutlicher hätte er sich kaum ausdrücken können.

Die ersten Jahre im Weinhandel waren alles andere als ein Vergnügen. Die kaufmännische Seite lag Martin wenig. Später verdiente er gut, aber je besser das Geschäft lief, desto mehr kassierte das Finanzamt. Das ergab wenig Sinn. Also beschränkte er den Umsatz auf ein gesundes Maß und half

Gaston lieber beim Anlegen des Weinbergs in Saint-Émilion. Dabei lernte er die Beschaffenheit des Bodens zu beurteilen und pflanzte mit ihm die ersten Rebstöcke. Bei seinen häufigen Aufenthalten im Bordelais knüpfte er Kontakte zu Winzern auf beiden Seiten der Gironde und in Entre-Deux-Mers. Die ersten kleinen Geschäfte mit nicht registrierten Weinen entwickelten sich dabei fast von allein, und Martin entdeckte, dass sich davon gut leben ließ.

In letzter Zeit jedoch hatte sich die Lage geändert. Die Börse trudelte, Vermögen verschwanden, Firmenkunden verzichteten auf Präsente, und Unternehmer, die zu seinen besten Kunden gehört hatten, wurden arbeitslos. Das Geld wurde knapper. Billigangebote mit einer spanischen Reserva oder einem Cru Bourgeoise für 4,99 Euro hatten Konjunktur. Martin war es ein Rätsel, wie man das grauenhafte Zeug trinken konnte.

»Du hörst mir nicht zu«, sagte Petra ärgerlich und blickte von der Speisekarte auf. »Stell dich der Realität. Du siehst wie immer an den Fakten vorbei. Gaston ist tot! Es ist traurig für dich, für seine Frau, aber ändern kann niemand mehr etwas, nur sich damit abfinden. Reiß dich zusammen, du siehst aus wie ein geprügelter Hund.«

So fühlte Martin sich auch. Von Mitgefühl keine Spur, dachte er bitter. Normalerweise rappelte er sich nach einer Katastrophe schnell wieder auf, Selbstmitleid war ihm fremd, doch dies war etwas anderes. Es ging hier nicht um ein geplatztes Geschäft, auch wenn Petra sich so verhielt. Ihre Kälte erschreckte ihn.

Martin betrachtete ihr fein geschnittenes Gesicht, den schönen, geraden Mund, um den sich in letzter Zeit ein Zug von Hochmut gebildet hatte. Das Haar war sorgsam gefärbt, jede Strähne und jeder Schimmer geplant, die Hände gepflegt, mit glänzenden Nägeln. Das alles hatte ihm einmal gefallen, jetzt betrachtete er es nur als Fassade.

Er wandte den Blick ab und klappte die in Leder gebundene Speisekarte auf. Seit gestern Morgen hatte er nichts mehr gegessen. Gestern? Vom Haut-Bourton und dem Diebstahl erzählte er Petra besser nichts. Sie würde wie immer ihm die Schuld daran geben.

»Ich nehme den Crevettencocktail und dann den Seeteufel. Hast du was gefunden? Du bist eingeladen.« Petra tätschelte begütigend Martins Hand.

Wie schnell sie sich auf die Stimmung ihres Gegenübers einstellen kann, dachte er verletzt. Oder war sein Misstrauen inzwischen so groß, dass er nichts mehr gelten ließ?

»Nimm auch den Seeteufel, der ist hier wunderbar. Den Wein suchst du natürlich aus.« Sie lächelte verbindlich.

Martin hielt einen gereiften Riesling für ideal – mineralisch, reintönig und trocken statt sauer. Er bestellte das Essen und wollte gerade nach dem Wein fragen, als Petra entschieden dazwischenfuhr:

»Wir nehmen den sizilianischen Chardonnay von Planeta, im Barrique ausgebaut, der ist fantastisch, meinen Sie nicht auch, Lodovico?«

Der Inhaber des »Romolo«, der sie persönlich bediente, verbeugte sich lächelnd. Martin schluckte nur, es war ihm zu dumm, ihr ins Wort zu fallen – der Chardonnay passte überhaupt nicht –, und der Abstand zwischen ihnen wuchs.

Petras Thema war wie üblich ihr Job als Public-Relations-Beraterin in einer großen Agentur. Sie berichtete von neuen Strategien für neue Firmen, von wahnsinnig interessanten Leuten, neuen Herausforderungen und großartigen Ideen. Martin hatte das alles schon mehrmals gehört, wenn auch in anderer Form, und er konnte beim besten Willen keinen Unterschied darin entdecken, ob sie nun für einen Fußballverein arbeitete oder ein Duschgel. Für Petra hingegen war es ungeheuer wichtig, und so zwang er sich, bei ihrem Marketing-Geplapper eine interessierte Miene aufzusetzen.

Er erinnerte sich an jenen Empfang, für den er die Weine geliefert hatte und auf dem sie sich kennengelernt hatten.

Der Veranstalter, mit dem er häufig zusammenarbeitete, hatte ihn eingeladen. »Schau dir die Gäste genau an, lauter Verrückte aus der Werbebranche«, hatte er gesagt, »aber sie zahlen gut.«

Petra und er waren ins Gespräch gekommen, und Martin hatte ein wenig über seine Weine und die Produzenten geplaudert. Sie lauschte hingerissen seinen Geschmacksbeschreibungen, und ihre Augen strahlten, als er auf Bordeaux und seine berühmten Châteaus zu sprechen kam. Sie fragte ihn nach Empfängen, fand es fantastisch, unter historischen Kronleuchtern zu soupieren, in Louis-Quinze-Möbeln, elegante Roben ringsum, kostbarer Schmuck und erfolgreiche Leute. Anscheinend hatte sie ihn mit diesen verwechselt, und er hatte ihre Faszination als Begeisterung für seine Person missverstanden.

Martin merkte, dass er die Lippen zusammenpresste. Sah man im anderen nur, was man zu sehen wünschte? Er blickte Petra finster an: Pech, meine Liebe, leider, für uns beide.

Petra hatte einen gesunden Appetit, er hingegen würgte den Fisch, der wirklich ausgezeichnet war, ohne Genuss hinunter, blieb einsilbig und vermied jeglichen Kommentar über den aufgemotzten Wein. Der Holzton war penetrant, die Frucht verblasst, aber der Winzer lag voll im Trend.

Als sie in Petras Wagen stiegen, zeigte sie wenig Verständnis für seinen Wunsch, zu Hause schlafen zu wollen, allein! Ihm stand der Sinn weder nach ihrer neuen Wohnung, die wie die Ausstellungsräume eines bekannten Innenarchitekten aussah, noch nach erotischem Sport.

Missgelaunt setzte sie ihn vor seiner Wohnung ab. Wahrscheinlich fuhr sie noch in irgendeine Bar. Es war ihm egal.

Früh am nächsten Morgen ließ Martin Frankfurt weit hinter sich und fuhr zu einem Waldgebiet, in dem er noch nie gejoggt war. Ohne sich Gedanken über den Weg zu machen, lief er los, verlor seinen üblichen Rhythmus, steigerte das Tempo wie nie zuvor und rannte immer schneller, bis er sich keuchend und schwindlig vor Anstrengung an einem Baum festhalten musste und begriff, dass er sich verlaufen hatte und auf diese Weise der Wirklichkeit nicht entkam. Erst nach zwei Stunden fand er den Wagen wieder und erreichte gegen Mittag seinen Laden, froh, dass Sonntag war und er mit niemandem reden musste.

Unkonzentriert wühlte er sich durch die Korrespondenz, die während seiner Abwesenheit eingetroffen war. Mit seinen Gedanken war er in Saint-Émilion.

Caroline wird Hilfe brauchen, sie ist mit der Weinlese total überfordert, dachte er, jede Hand wird benötigt, besonders die des Winzers, der seine Augen überall hat. Wer soll sich darum kümmern? Wer kann zu Ende bringen, was Gaston begonnen hat? Wer soll es weiterführen?

Zu dritt hatten sie den Weinberg ausgesucht, Caroline, Gaston und er, gemeinsam die Garage umgebaut, die Stöcke gepflanzt und nach drei Jahren die ersten Trauben geerntet. Martin kannte die Kriterien, nach denen Gaston Trauben beurteilte, und hatte dazu eigene entwickelt. Er war mit Gastons Weinen bestens vertraut, hatte jeden Jahrgang des Pechant in allen Stadien seiner Entwicklung erlebt. Die Maschinen hatte er eigenhändig überholt, alles war für die Lese vorbereitet. Unsicher fühlte er sich nur in Bezug auf die Dauer der Gärung und die Maischezeit. Nach wie vielen Tagen hatte Gaston letztes Jahr den Pechant in die Eichenfässer umgefüllt?

Er würde es herausfinden, das war er Gaston schuldig – und Caroline auch. Er musste den Wein machen, niemand sonst wusste so genau Bescheid. Damit war die Entscheidung gefallen, und mit einem Mal fühlte er sich besser, konnte sich den Rechnungen, Mahnungen, Bestellungen und Angeboten zuwenden und den Papierberg abtragen. Immer wieder griff er zum Telefon und wählte Gastons Nummer, nein, jetzt nur noch die von Caroline. Würde er sich daran gewöhnen können? Die Ungewissheit ließ ihm keine Ruhe, und für einen Moment klammerte er sich an die Hoffnung, dass Gaston noch lebte. Aber der wäre längst ans Telefon gegangen und hätte seinen Weinberg jetzt unter keinen Umständen verlassen.

Martin rief sich die Abreise in Erinnerung. Hatte er etwas überhört, irgendeine Kleinigkeit übersehen, auf eine beiläufige Bemerkung nicht geachtet? Irrte er sich, oder war Gaston erleichtert gewesen, dass er den Haut-Bourton los war?

Das Telefon schrillte. Martin zuckte zusammen und griff erschrocken nach dem Hörer.

»Martin, bist du es?« Sofort erkannte er Carolines Stimme.

»Ja. Wo bist du?«

»Gott sei Dank, dass ich dich erreiche. Ich bin in Bordeaux … Es ist etwas Furchtbares geschehen …«. Sie schluchzte.

»Ich weiß.« Was sonst hätte er sagen können. »Mein herzliches Beileid« klang abgedroschen, Sätze wie »Es tut mir leid …« oder »Was für ein schrecklicher Verlust …« klangen banal in Anbetracht dessen, was geschehen war. »Ich würde dich jetzt gern in den Arm nehmen. Wie geht es dir?«, fragte er stattdessen.

»Woher weißt du …«

»Von deinem Bruder. Als ich vorgestern anrief, war er am Telefon.«

»Mein Bruder? Du meinst Jean-Claude, Gastons Bruder. Der ist doch in Narbonne! Hat er mit dir telefoniert? Er kommt erst zur Beerdigung …« Sie verstummte.

»Aber – da war jemand am Telefon, der sagte, Gaston hätte einen tödlichen Unfall gehabt, mit Paletten …«

»Das stimmt. Am Donnerstag, nachdem du weggefahren bist, mittags, bei LaCroix, drüben in Bordeaux.« Caroline schluchzte. »Ich weiß nicht, was er da wollte. Als ich zurückkam, ich hatte die Kinder in die Schule gebracht, erklärte er mir, dass er unbedingt wegfahren müsse. Er hat mir nicht gesagt, wohin, und er war ganz komisch. Du weißt, wie er ist, wenn er sich was in den Kopf gesetzt hat.«

»Ja, ich weiß …«

»Wäre er nur hiergeblieben …« Caroline schnäuzte sich und fuhr mit erstickter Stimme fort: »Alle sind entsetzt, fürchterlich schockiert, aber ich glaube, nur du kannst ermessen, was es wirklich bedeutet, was er mir bedeutet hat. Seine Eltern natürlich auch, sie sind auf dem Weg hierher. Der arme Gaston …«

Stockend erzählte sie weiter. Sie war ins Krankenhaus gefahren, doch den Leichnam hatte man gleich in die Gerichtsmedizin gebracht. »Sie mussten die Todesursache untersuchen, hat man mir gesagt, wegen der Berufsgenossenschaft, und ich musste ihn identifizieren. Oh, Martin, es war so schrecklich, er sah so fürchterlich aus …« Als sie sich etwas beruhigt hatte, sprach sie weiter: »Sie reden jetzt über Unfallversicherung, Lebensversicherung, über Witwenrente und dass ich mich um alles kümmern muss, besonders wegen der Kinder.«

»Wie haben sie es aufgenommen?«

»Ach, die verstehen es nicht, sie brauchen Zeit. Sie denken, er kommt wieder. Du arbeitest, heute am Sonntag?«

»Es ist viel liegen geblieben. Wie weit sind die Trauben?«

»Sind alle noch dran. Es ist kälter geworden, die Reife dauert länger, aber nächste Woche müssen wir anfangen. Jean-Claude kommt zum Helfen. Leider kriegt er nur eine Woche Urlaub, er muss mit den Studenten in die Weinberge. Ganz Frankreich ist wegen der Weinlese im Stress. Martin, was soll ich tun? Irgendetwas muss ich tun. Die Ernte …« Sie schluchzte wieder.

»Wo bist du jetzt?« Martin fühlte sich hilflos wie nie zuvor, er wusste nicht, was er sagen sollte, und rettete sich zu seinem Thema: »Ich habe seit meiner Abreise mehrere Male angerufen. Da stimmt etwas nicht mit dem Wein, den er mir mitgegeben hat.«

»Davon habe ich keine Ahnung. Ich bin in Bordeaux, bei Freunden, du kennst Marie und Victor. Ihre Wohnung ist groß genug. Wir gehen wieder nach Hause, wenn meine Mutter kommt, allein halte ich es da nicht aus.«

Sie schwieg eine Weile, nur ihr Atem war zu hören. »Martin, kannst du … kannst du vielleicht kommen? Klar, dein Geschäft, aber lässt es sich nicht einrichten? Bitte, nur für einige Tage. Ich … ich brauche dich, wir brauchen jemanden, der weiß, was Gaston wollte, wir müssen den Wein machen.«

»Ich habe auch schon daran gedacht. Ich spreche mit Frau Schnor, ob sie sich zutraut, jetzt, da die Saison beginnt, den Laden alleine zu führen. Meinst du, dass eine Woche reicht?«

Caroline schwieg, Martin sah ihr flehendes Gesicht fast vor sich und befreite sie aus der Verlegenheit: »Ist gut«, sagte er beruhigend, »ich komme bestimmt.«

»Wann sprichst du mit Frau Schnor?«

»Heute oder morgen, verlass dich auf mich, ich komme! Dann können wir auch klären, wer bei dir im Haus gewesen ist.«

Das war Caroline nicht so wichtig wie die Gewissheit, dass Martin ihr helfen würde, und sie verabschiedeten sich kurz.

Martin legte den Hörer zurück und sah sich um. Ein merkwürdiges Gefühl von Unwirklichkeit und Stille ergriff von ihm Besitz. Von draußen drang kein Laut in den Raum, und nur der Rechner unter seinem Schreibtisch brummte leise. Martin stand auf und lief rastlos vom Büro in den Laden und zurück. Er fühlte sich wie ein Hamster im Rad. Sein Blick blieb am Schaufenster hängen. Es lagen noch die Sommerweine in der Auslage, dabei klatschte Regen gegen die Fensterscheibe. Die Winterweine waren an der Reihe, die Roten und Schweren, die Fülligen und Warmen, mit richtig viel Tannin zum fetten Gänsebraten.

Frau Schnor erreichte er erst am Abend.

»Wir besprechen das persönlich«, meinte sie beruhigend und kam sofort in den Laden.

Die Nachricht von Gastons Tod war auch für sie ein Schock. Sie mochte seinen Charme, die Art, wie er sie »Madame« genannt und ihr immer ein kleines Geschenk mitgebracht hatte.

»Natürlich fahren Sie, Herr Bongers. Selbstverständlich werden wir der armen Frau helfen.« Ihre Zuversicht beruhigte Martin ein wenig. »Mein Mann wird zwar Zicken machen, wenn ich so viel arbeite«, sie zuckte mit den Achseln, »aber die macht er immer. Und alles Wichtige kann ich Ihnen per Mail schicken. So, und jetzt dekorieren wir das Schaufenster um.«

Frau Schnor schrieb in ihrer schnörkeligen Schrift die Preisschilder für die Weine, gemeinsam räumten sie den Laden um, schleppten Kisten, staubten Flaschen ab, dachten sich Sonderangebote aus, und Frau Schnor drapierte die Ladenhüter mit besonderer Sorgfalt. Ihre Unverdrossenheit ließ Martin nicht auf trübe Gedanken kommen, und als sie sich kurz vor Mitternacht verabschiedeten, bedankte er sich überschwänglich.

Frau Schnor wiegelte ab. »Wenn das Geschäft der Freundschaft keinen Raum mehr lässt, verliert das Leben seinen Sinn.«

Den Montagvormittag verbrachte Martin mit Telefonaten, den Nachmittag mit der Auslieferung der in Bordeaux gekauften Crus – das Geschäft hatte sich mal wieder gelohnt, doch zum ersten Mal hatte er dabei so etwas wie ein schlechtes Gewissen. Nicht etwa, weil er den Staat betrog, nein, der betrog ihn auch, nur erinnerte er sich nun daran, dass Gaston ihn gefragt hatte, wann sie damit aufhören würden. Was hatte ihn gerade jetzt zu dem Meinungsumschwung bewogen?

Als er zurückkam, empfing ihn Frau Schnor, die das Geschäft um fünfzehn Uhr geöffnet hatte, ein wenig ratlos: »Da waren zwei Herren, die wollten nur von Ihnen bedient werden. Sie haben nach einem bestimmten Wein gefragt, einem Bordeaux. Hier, der Name.« Sie reichte Martin einen Zettel. »Haben wir den?«

Martin las den Namen und starrte sie an.

»Was ist? Habe ich es falsch geschrieben?« Sie wich erschrocken einen Schritt zurück.

»Sind Sie sicher? War es dieser Wein?« Martin tippte auf das Papier.

»Ja, ganz sicher, Haut-Bourton.«

»Was haben die beiden gesagt?«

»Nun, eigentlich nichts weiter. Sie haben lediglich nach dem Jahrgang 1989 gefragt, und ich habe gesagt, dass nur Sie wüssten, was im Keller liegt.«

»Waren es Franzosen?«

»Der eine sprach Deutsch, ohne Akzent, ein unangenehmer Mensch. Als der reinkam, habe ich mich gefürchtet. Der andere war kleiner, elegant, aber schmierig, der hat nichts gesagt. Was halten *Sie* von Männern mit lackierten Fingernägeln?«

Frau Schnor blickte auf die Uhr. »Sie müssten jeden Moment wiederkommen, wenn überhaupt. Sie wissen, wie manche Kunden sind. Erst spielen sie sich auf, dann sieht man sie nie wieder. Die beiden waren … unangenehm, ganz unsympathisch.« Frau Schnor schüttelte sich. »Und so was leistet sich einen Deuxième Cru. Ich habe nachgesehen, 115 Euro die Flasche. Teuer, nicht wahr?«

Martin nickte geistesabwesend. Schon wieder dieser Name. Wieso war auf einmal alle Welt hinter dem Wein her? Hatte er die Kiste wieder ins Regal zurückgestellt?

Er rannte ins Büro, um den Kellerschlüssel zu holen, und hastete nach unten. Auf dem Tisch mitten im Raum stand noch die Kiste mit den sechs Flaschen Haut-Bourton. Drei nahm er heraus, den Rest packte er oben ins Regal und rannte wieder ins Büro. Die Flaschen versteckte er hinter den Aktenordnern, wie auch die letzte von Gastons Flaschen.

Frau Schnor sah ihm verständnislos zu.

»Ich erkläre es Ihnen später«, japste Martin und lehnte sich an den Tresen, keine Sekunde zu früh.

Ein silbergrauer BMW mit französischem Kennzeichen fuhr auf den Hof. Martins Herz schlug ihm bis zum Hals. War das der Wagen, den er auf der Autobahn und vor dem Gasthaus gesehen hatte?

Zwei Männer von sehr unterschiedlicher Statur stiegen aus. Der Fahrer mochte an die vierzig Jahre alt sein, er war klein und schlank, trug das glänzende schwarze Haar zurückgekämmt; ein kurz geschnittener Bart umrandete den Mund. Ein mediterraner Typ, wahrscheinlich Korse, schätzte Martin. Behände stieg der Fremde aus, zog ein dunkles Sakko über, rückte die unaufdringlich gemusterte Krawatte zurecht und versuchte durch die Schaufensterscheibe zu sehen. Sein massiger Begleiter stemmte sich aus dem Beifahrersitz. Der rothaarige Mann war jünger, aber sein Gesicht leicht aufgedunsen und ziemlich blass, er bewegte sich schwerfällig und zog im Gehen den Reißverschluss seiner Lederjacke zu. Herr und Kettenhund, kam Martin in den Sinn. Hatten die beiden seinen Wagen aufgebrochen?

Der Korse sah Martins Wagen und nickte kaum merklich der Lederjacke zu. Sie steuerten die Ladentür an, als ein schwarzer Audi auf den Hof fuhr und ihnen versehentlich den Weg abschnitt. Die Männer machten einen Bogen um den Wagen, und es schien ihnen gar nicht zu passen, dass ihnen jemand in den Laden folgte.

»Herr Bongers?«, fragte die Lederjacke, während sein Begleiter sofort die Regale inspizierte. Ohne die Antwort abzuwarten, sprach er weiter: »Sie wurden uns als Spezialist für Bordeaux-Weine empfohlen. Wir suchen ein ganz außergewöhnliches Gewächs von einem der besten Châteaus im Médoc. Es heißt Haut-Bourton. Wir sind speziell auf der Suche nach dem Jahrgang 1989. Ihre Angestellte sagte«, er deutete mit dem Kopf auf Frau Schnor, »dass Sie den vielleicht haben. Ein hervorragender Tropfen aus einem überdurchschnittlich guten Jahr«, fügte er wichtigtuerisch hinzu.

Ein Kenner drückt sich zurückhaltender aus, dachte Martin und betrachtete die Hände seines Gegenübers. Als Gerüstbauer hätte er ihn sich vorstellen können, als Zimmermann, aber war er wirklich ein Weinkenner? Außerdem wirkte der Text einstudiert.

»Der Wein ist überall ausverkauft. Haben Sie eventuell noch einige Flaschen davon – im Keller? Zufällig?«

Der Korse interessierte sich ausschließlich für die französischen Weine in den Regalen, zog hier und da eine Flasche heraus und legte sie nach kurzer Betrachtung zurück, aber er hörte dem Gespräch genau zu.

Der weiß, was er sucht, dachte Martin, als er aufblickte und in die kalten Augen des Mannes sah, der ihn verstohlen musterte.

»Sie sind Franzose?«, fragte Martin ihn auf Französisch.

Der Angesprochene nickte gelangweilt.

»Einige ältere Bordeaux-Weine habe ich wohl noch – unten«, fuhr Martin auf Französisch fort, um ihn ins Gespräch zu ziehen. »Ob Ihr gesuchter Wein dabei ist, kann ich nicht sagen. Ich habe ihn mal geführt, ja, auch diesen 1988er.« Kaum hatte er es ausgesprochen, wurde er korrigiert.

»1989!« Die Stimme des Korsen war hart und unnachgiebig. »Und du gehst mit runter und …«, zischte er seinem Begleiter zu.

Martins Gedanken überschlugen sich. Möglicherweise waren die beiden ganz normale Kunden und sein Verdacht war unbegründet. Andererseits konnten sie es gewesen sein, die ihn verfolgt und seinen Wagen aufgebrochen hatten. Er warf einen Blick aus dem Fenster und betrachtete den BMW. Er hatte ihn vor dem Hotel gesehen und wäre von so einem Wagentyp beinahe gerammt worden. Jetzt fragten sie nach dem Haut-Bourton. Wenn er mit der Lederjacke in den Keller ginge, wäre es, als würde er zu einem Grizzlybären in den Käfig gesperrt. Wie weit würden sie gehen, um an die Flaschen zu kommen? Aber was sollte er tun?

»Einen Augenblick.« Ratlos begrüßte Martin das eben

eingetretene Ehepaar, gut situiert, er vielleicht Steuerberater oder Anwalt. »Was kann ich für Sie tun?«

»Wir suchen einen erstklassigen Wein für einen Geschäftsfreund, etwas Seltenes, einen Italiener am besten, vielleicht einen Super-Toskana, aber trinkreif muss er sein …«

Das war die Lösung. »Dann kommen Sie am besten auch mit in den Weinkeller, wir wollten gerade hinuntergehen. Meine großen Weine lagern unten – bei der richtigen Temperatur und entsprechender Luftfeuchtigkeit«, fügte er gestelzt hinzu. Die Lederjacke übersetzte es dem Korsen, der ihn weiter belauerte.

»Ich hole rasch die Schlüssel.« Martin wandte sich zum Büro, der Korse ging ihm nach, doch Martin zog ihm lächelnd die Tür vor der Nase zu. Er vergewisserte sich noch einmal, dass nichts auf die Verkostung des Haut-Bourton hinwies.

Mit der Lederjacke und dem Ehepaar im Schlepptau ging Martin zur Kellertreppe. »Warten Sie bitte hier, das Licht geht nur unten an.« So konnte niemand beobachten, in welcher Reihenfolge er die Schlösser öffnete.

Im Keller hielt er einen Vortrag über die Lagerung großer Weine, erklärte die Machart der Super-Toskaner und präsentierte seine besten Kreszenzen.

Die Lederjacke wich nicht von seiner Seite und unterdrückte nur mühsam seine Wut über die Anwesenheit der anderen. »Zeigen Sie mir endlich den Haut-Bourton«, fuhr er Martin ungeduldig an.

Der tat, als ob er sich nicht sicher sei, trat zuerst zum falschen Regal, schüttelte den Kopf und »fand« schließlich die Kiste. »Leider nur drei Flaschen.«

»Mehr nicht? Zeigen Sie mal die Kiste.« Verärgert starrte die Lederjacke auf die Etiketten. »Woanders vielleicht?« Es hörte sich nach einer Drohung an.

»So ist das bei guten Jahrgängen.« Martin zuckte die Achseln. »Leider werden nur wenige Flaschen abgefüllt, einige Jahre später sind sie kaum noch aufzutreiben.«

Wie konnte er rauskriegen, ob der Mann an dem Diebstahl beteiligt gewesen war? »In Frankreich haben Sie bestimmt mehr Glück. Seit wann sind Sie … auf der Suche?«

Die Lederjacke antwortete nicht.

»Haben Sie es hier in der Stadt schon bei anderen Weinhändlern versucht?«

»Ich nehme die drei«, sagte die Lederjacke ausweichend.

»Lassen Sie mir Ihre Anschrift da, ich kenne eine Menge Händler und könnte versuchen, den Wein für Sie zu bekommen. Ich würde Sie dann benachrichtigen.«

Auch darauf ging die Lederjacke nicht ein. Der Anwalt hatte einen Sangiovese mit einem kleinen Teil Cabernet von einer berühmten Fattoria gefunden, und gemeinsam stieg man wieder ans Tageslicht. Nie war Martin so erleichtert gewesen, den Keller zu verlassen.

Über die Preise wurde man sich schnell einig. Während der Anwalt mit Kreditkarte hantierte, zahlte der Korse die große Summe in bar und verließ grußlos mit seinem Begleiter den Laden. Martin sah ihnen nach, der Korse drehte sich noch einmal um, als wollte er sagen: »Mon ami, man sieht sich im Leben immer zweimal!«

Besser nicht, dachte Martin und brachte den Super-Toskana zum Wagen des Ehepaares und stellte die Kiste in den Kofferraum. Als er wieder in den Laden kam, vertrat Frau Schnor ihm den Weg.

»Vielleicht geht es mich nichts an, aber da stimmt doch was nicht!«

Martin wich ihrem Blick aus und sah die offene Bürotür. »War der Franzose drin?«

»Ja, als ich telefoniert habe, war er plötzlich drin. Ich bin sofort hinterher. Er stand vor dem Foto von Monsieur Gastons Haus.«

Mit einem Satz war Martin im Raum. Die Unterlagen auf dem Schreibtisch waren durchwühlt, die Schublade mit den Schlüsseln stand ein wenig offen, aber nichts fehlte.

»Wieso haben Sie ihn reingelassen?« Martin fuhr Frau Schnor heftig an. »Schließen Sie die Ladentür ab«, sagte er barsch und schob ein »bitte« nach. »Ich muss mit Ihnen reden.«

Ausführlich schilderte Martin den letzten Morgen in Saint-Émilion und Gastons sonderbares Verhalten, dann den Diebstahl des Weins. In groben Zügen ging er auch auf die Unterschiede zwischen den beiden Weinen ein.

Frau Schnor war genauso ratlos wie Martin. Er beschwor sie, in den nächsten Tagen, wenn er nicht da war, besonders vorsichtig zu sein. Nachdem sie gegangen war, schloss er sich ein und wiederholte die Verkostung. Das Resultat war letzten Endes gleich, obwohl beide Weine mehr als 48 Stunden lang Luft gezogen hatten. Hätte er jeden für sich allein getrunken und sie einzeln beurteilen müssen, wäre er vielleicht nicht auf die Unterschiede aufmerksam geworden. Doch den Haut-Bourton von Gaston hätte er eindeutig als mindere Qualität eingestuft. Davon gab es jetzt nur noch eine Flasche. Er kannte jemanden, der gut auf sie aufpassen würde.

Martin verließ den Laden, schloss sorgfältig ab und prüfte die Alarmanlage. Morgen war Gastons Beerdigung, er würde noch in der Nacht aufbrechen müssen.

3

Der Fahrer stieg aus dem Wagen, gestikulierte wie wild und schrie den Kassierer der Mautstelle an. Worum es ging, war Martin schleierhaft, obwohl er an fünfter Stelle in der Schlange stand und das Geschrei durch die geschlossenen Fenster hörte. Andere Fahrer stiegen aus, mischten sich ein, hinter ihm wurde gehupt und gezetert, doch der Schlagbaum blieb geschlossen, und die zweite Durchfahrt war gesperrt. Martin haderte mit seinem Schicksal.

In einer halben Stunde sollte Gaston beerdigt werden, bis dahin würde er es höchstens nach Libourne schaffen. Dass er zu spät kommen würde, war klar. Was für eine Blamage.

Dabei war er um drei Uhr morgens losgefahren. Wie ein Irrer war er durch den Nebel vor Saarbrücken gerast, vor Metz hatte ihn ein Stau aufgehalten, das Chaos um Orléans hatte ihn mehr als eine Stunde gekostet, und auf dem letzten Stück hatte die Polizei ihn bei 180 km/h gestoppt. Er hatte richtig viel zahlen müssen, und dass er überhaupt weiterfahren durfte, verdankte er nur seinem dunklen Anzug und der schwarzen Krawatte.

Gestern Abend hatte er bei Sichel vorbeigeschaut. Der Versicherungskaufmann war der einzige seiner ehemaligen Mitschüler, mit dem ihn eine Freundschaft verband. Bei ihm schloss Martin alle Versicherungen ab, und sie gingen häufig gemeinsam joggen. Der Haut-Bourton war gut bei ihm aufgehoben. Sichel hatte sich damit zufriedengegeben, nach

Martins Rückkehr über den Sachverhalt aufgeklärt zu werden.

Natürlich war Martin zu spät zu Petra gekommen, was die Aussicht auf einen angenehmen Abend mit ihr zunichte machte. Sie hatten sich gestritten – über seine Verspätung, seinen mangelnden Ehrgeiz und sein Vorhaben. Martin hatte versucht, ihr zu erklären, dass jetzt, acht Jahre, nachdem die Weinstöcke gepflanzt worden waren, die Trauben so gut waren wie nie zuvor. Die konnte er niemand anderem überlassen, zumal es bereits Optionen auf den neuen Wein gab, der noch nicht einmal geerntet war. Doch es war hoffnungslos gewesen. Petra wollte ihn einfach nicht verstehen. So konnte es wirklich nicht mehr weitergehen.

Martin schrak aus seinen Gedanken. Am Schlagbaum hatte man sich offensichtlich geeinigt, die Fahrer vor ihm stiegen in ihre Autos, es ging weiter, und auch er zahlte am Glaskasten. Danach quälte er sich hinter Traktoren über die Landstraße und erreichte Saint-Émilion eine Stunde später. Er parkte am Rand des Städtchens und hastete hinauf zur Kirche.

Die Trauergemeinde strebte bereits auseinander. Viele waren gekommen, mehr als hundert Personen. Jemand machte Aufnahmen mit Blitzlicht. Umarmungen, Tränen, Händeschütteln, ehrliche und gespielte Mitleidsbezeugungen. Den einen oder anderen kannte Martin vom Sehen, es waren Verwandte, Nachbarn und Freunde, Geschäftsleute und Winzer. Da mochte auch der eine oder andere darunter sein, der insgeheim froh war, dass Gastons kritische Stimme verstummt war.

Mit leicht gesenktem Kopf ging Martin auf die Gruppe zu, grüßte hier und da im Vorübergehen und bahnte sich einen Weg zu Caroline.

Sie hielt Simone und Daniel an den Händen und sah ihn erleichtert an: »Ich habe gewusst, du kommst.«

Sie umarmten sich lange. Caroline zitterte. In Anwesenheit

ihrer Kinder versuchte sie jedoch, die Tränen zurückzuhalten. »Ich habe Angst gehabt, dir könnte etwas passiert sein, du hast lange gebraucht.« Ihre Augen schwammen in Tränen.

Caroline war ein Schatten ihrer selbst, blass, mit rot geränderten Augen, die Lippen zwei Striche, ihre Haut fast durchsichtig. Von ihrer Lebenslust, die ihn damals sofort für sie eingenommen hatte, war wenig übrig.

Martin ging in die Hocke und drückte die beiden Kinder an sich, die ihn hilflos angrinsten, als begriffen sie nicht, was um sie herum geschah. Mit tonloser Stimme stellte Caroline ihre Mutter vor, eine herrische Frau mit abweisenden Augen, und die Eltern von Gaston. Besonders der Mutter war anzumerken, wie grausam es war, das eigene Kind zu überleben. Ihr Gesicht schien wie aus Wachs, sie knetete ihre Finger und blickte immer wieder hilflos ihren Mann an. Niemand sagte etwas, bis Jean-Claude zu ihnen trat.

Gastons Bruder schüttelte Martin herzlich die Hand. »Gaston hat oft gesagt, an dir sei ein Winzer verloren gegangen. Ich glaube, er hat es ernst gemeint. Du wirst uns bei der Lese eine große Hilfe sein.«

Der hoch aufgeschossene Mann mit den grauen Strähnen im schwarzen Haar und den weichen dunkelbraunen Augen ähnelte seinem Bruder kaum, doch er war Martin auf Anhieb sympathisch, die wichtigste Voraussetzung für eine vernünftige Zusammenarbeit. Martin freute sich über die freundlichen Worte und war erleichtert, dass ihm niemand das Zuspätkommen verübelte.

Die Umstehenden nahmen die Gelegenheit zum Themenwechsel wahr. Endlich konnte man wieder über Wein reden, mit dem alle verbunden waren: Jean-Claude als Agraringenieur und Dozent, Gastons Eltern bewirtschafteten ihre eigenen Weinberge in Saint-Chinian, und Carolines Vater leitete die Exportabteilung eines Großhändlers in Narbonne, seit er aus gesundheitlichen Gründen seine Weinberge in Minervois verpachtet hatte.

»Das Wetter hat sich gehalten«, sagte Caroline so leise, dass Martin sich zu ihr hinabbeugen musste, um sie zu verstehen. »Der Regen war kurz, an dem Tag, an dem du abgefahren bist. Das hat den Extrakt nicht verwässert. Das kühle Wetter hat die Reife verzögert, was Besseres konnte uns nicht passieren. Wir beginnen morgen mit der Lese … wenn du einverstanden bist.«

Sie wurden von Trauergästen unterbrochen, die ihre Hilfe anboten. »Wenn du etwas brauchst, Caroline … wir sind immer für dich da. Du kannst mit uns rechnen. Ruf uns an … sei stark … du bist so tapfer … die Kinder brauchen dich jetzt besonders …«

Caroline bat Martin, Madame Lisette und Monsieur Jérôme mitzunehmen. Sie waren ihre Nachbarn und lebten auf der anderen Seite der Anhöhe, jenseits von Gastons Weinberg. Früher hatte er ihnen gehört.

Mit blutendem Herzen hatten sie mit angesehen, wie der Cabernet Franc ausgerissen und stattdessen Merlot gepflanzt wurde, die Rebstöcke so dicht wie bei den Premiers Crus üblich, zehntausend Stöcke pro Hektar. Auch den größten Teil des Cabernet Sauvignon hatte Gaston durch Merlot ersetzt. Aber was er später aus den neuen Rebsorten herausgeholt hatte, selten mehr als eine oder höchstens zwei Trauben am Stock lassend, das hatte sie überzeugt. Sie neideten ihm den Erfolg in keiner Weise. Monsieur Jérôme, der die sechzig längst überschritten hatte, hätte sich selbst eine so radikale Umgestaltung nicht zugetraut, aber er hatte Gaston immer mit Rat und Tat zur Seite gestanden – und mit seiner Erfahrung hinsichtlich des Terroirs, der Bodenbeschaffenheit und des Klimas. Madame Lisette kümmerte sich um die Kinder, eine Art Ersatz für die Enkel, die sie sich von ihrer Tochter erhofft hatte. Die machte stattdessen Karriere in der Politik.

»Sie haben Charlotte nie kennengelernt, Monsieur Martin?«, fragte Madame Lisette. »Da drüben steht sie.« Sie zeigte auf eine elegante brünette Frau Mitte dreißig, die sich mit einem langhaarigen Mann auf einem Motorrad unterhielt. Vertraulich neigte sich Madame Lisette Martin zu: »Sie wollte nicht mit zur Beerdigung kommen, sie hasst so etwas. Eigentlich macht sie bei uns Ferien – und dann dieses Unglück.« Madame Lisette stöhnte. »Paris tut ihr nicht gut, das Ministerium, die Verantwortung, das ist kein Leben für Charlotte, sie ist schließlich hier aufgewachsen. Und wir dachten, sie macht in Paris ihr Glück. Na, Eltern stellen sich das Leben ihrer Kinder meistens anders vor. Sie ist ein herzensguter Mensch, viel zu schade für die Politik, die verdirbt jeden. Seien Sie nachsichtig mit ihr, sie ist nicht gut auf … äh … Männer zu sprechen seit ihrer Scheidung.«

Das fehlt mir gerade noch, dachte Martin. Sein Bedarf an komplizierten Frauen war gedeckt. Der Stress mit Petra und die Aufregung der letzten Woche reichten ihm, jetzt kam die Verantwortung für Gastons Wein hinzu, denn anders war Carolines Nachsatz »wenn du einverstanden bist« wohl kaum zu verstehen.

Auf Schritt und Tritt würde er Gaston begegnen. Auf jedem Quadratmeter Erde hatte er seine Fußabdrücke hinterlassen, jeden Weinstock in die von ihm gewünschte Richtung gezogen, jedes Fass lag dort, wo er es hatte haben wollen. Bei allem, was Martin von jetzt an tat, würde er sich fragen, ob Gaston es wohl besser gemacht hätte. Andererseits konnte er endlich das verwirklichen, was er sich nie offen eingestanden hätte: selbst einen Wein zu machen. Und wenn Petra sich deswegen von ihm trennen wollte, überließ er ihr gern die Initiative. Im Moment war es ihm egal, ob das feige war – jetzt musste er zeigen, was Gaston ihm beigebracht hatte.

Madame Lisette rief ihre Tochter, und als Charlotte sich nach ihr umdrehte, fiel ihr Blick auf Martin. Sie musterte ihn kühl, erwiderte zwar seinen Blick, doch mit wenig Interesse. Er sah ihre dunklen Augen, das scharf geschnittene Gesicht mit den hohen Wangenknochen, den fröhlichen und leicht spöttischen Mund und merkte, dass sie ihm gefiel. Sie war nicht mehr das hübsche junge Mädchen, dessen Foto bei Madame Lisette auf der Vitrine stand, sie war eine attraktive Frau. Die kräftigen Augenbrauen, die erst anstiegen und zu den Schläfen hin abfielen, erinnerten ihn, wenn sie die Augen weit öffnete, an ein Käuzchen. Er lächelte sie an, doch sie sah durch ihn hindurch und wandte sich wieder ihrem Gesprächspartner zu, der sie zum Abschied umarmte, eine Geste der Vertrautheit. Als er seine Maschine anließ und den Helm aufsetzte, wandte sie sich ab, warf mit einem Ruck das Haar aus dem Gesicht und kam gelangweilt näher. Sie sah sich noch einmal nach dem Motorradfahrer um und winkte. Martin wunderte sich, dass es ihn störte.

»Charlotte hat die École Nationale d'Administration in Paris absolviert«, sagte Madame Lisette stolz, »unsere Eliteuniversität, und das mit Auszeichnung! Jetzt arbeitet sie für die Regierung. Sie hat einen guten Posten und verdient ausgezeichnet, sie hat alles, was man sich wünscht.« Madame Lisette senkte die Stimme, als Charlotte näher kam. »Aber ich glaube, sie ist trotzdem nicht glücklich. Eine Mutter weiß das.«

Sie zog ihre Tochter am Arm zu Martin, Charlotte ließ es mit Nachsicht geschehen. »Das ist Monsieur Martin, seit vielen Jahren ein Freund von Gaston … und Caroline – und von uns natürlich auch. Du warst nie hier, wenn er zu Besuch war? Wirklich schade. Wir kennen ihn genauso lange wie Caroline und Gaston. Er ist Weinhändler, in Deutschland. Er war von Anfang an dabei, schon als Gaston das erste Mal zu uns kam.«

Martin nickte freundlich, und Madame Lisette lächelte ihn dankbar an, ihre Tochter hingegen blieb auf kühler Distanz.

»Wir haben damals in der Küche unseren Wein getrunken, natürlich war er einfacher als der von Gaston, aber gut war er auch, nicht wahr, Martin? Gaston war sich damals nicht sicher, ob er das Land kaufen sollte. Doch Sie, Martin, waren auf Anhieb von unserem Wein überzeugt. Er hat mehr daran geschnüffelt als ihn getrunken und Gaston zugeredet«, sagte sie zu Charlotte gewandt und tätschelte Martins Arm.

»Haben Sie tatsächlich eine so gute Nase?«

Martin erschrak über Charlottes Frage, denn er hatte sich ihr unmerklich zugeneigt, um ihren Duft aufzufangen. Die Frau roch verdammt gut, mehr nach sich selbst als nach Parfum. So sollte es sein.

Madame Lisette antwortete ihrer Tochter: »Bestimmt hat er die, Charlotte.«

All dieser Lobhudelei überdrüssig, schob Charlotte ihre Mutter in Richtung Parkplatz. »Lass uns fahren. Caroline braucht uns im Haus. Sieh mal, wer alles mitkommt.« Sie deutete auf die Wagenkolonne, die sich auf dem Parkplatz formierte. Dann wandte sie sich Martin zu, taxierte ihn fast abweisend. »Können wir endlich losfahren? Wo steht denn Ihr … Mercedes?«

Martin zog befremdet die Augenbrauen hoch. Weshalb dieser provokante Ton? Er blieb verbindlich: »Der Wagen steht weiter unten, ich hole ihn gern, dann brauchen Sie nicht so weit zu laufen. Übrigens fahre ich einen Citroën, Madame, da passt mehr rein, wenn's beliebt.«

»Wir kommen selbstverständlich mit. Ein bisschen laufen schadet nicht«, entgegnete Madame Lisette, verärgert über die Unfreundlichkeit ihrer Tochter.

Nicht sehr entgegenkommend, diese Dame aus Paris, dachte Martin, während sie die Straße hinuntergingen. Politikerin, Karrierefrau, keine Kinder, geschieden, latent aggresiv – von solchen Frauen hielt man sich besser fern. Doch er konnte sich irren, und sie sah verdammt gut aus. Nein, nicht denselben Fehler machen wie bei Petra, sagte er sich und betrachtete verstohlen ihre Figur. Sie trug einen hellgrauen Trenchcoat, darunter einen eleganten schwarzen Hosenanzug, die Hose hatte die richtige Länge für die Schuhe mit den halbhohen Absätzen. Alles aus Paris, nicht nur die Garderobe, auch ihr Gang. Und diese Frau war aufgewachsen wie Carolines Kinder, zwischen Weinbergen und Obstbäumen? Kaum zu glauben.

Martin lenkte seinen alten, aber heiß geliebten Citroën vorbei an Weingärten mit unscheinbaren Kellereien, herrschaftlichen, von hohen Pappeln eingerahmten Châteaus, und überall waren Traktoren mit Anhängern voller Trauben oder Kisten unterwegs, zwischen den Rebzeilen arbeiteten Frauen und Männer, schnitten Trauben, schleppten Kiepen und hievten sie auf Lieferwagen, kleine Figuren im grünen Weinlaub unter dem warmen Licht der Nachmittagssonne. Gaston hätte seine Freude daran, er wäre glücklich bei dem Anblick, dachte Martin und schluckte die aufsteigenden Tränen hinunter.

Schließlich bogen sie in die schmale Straße, in der er jeden Winzer kannte, jede Rebzeile. Sogar die Erde erinnerte ihn an Gaston. Er hatte sie in die Hand genommen, daran gerochen und einige Krümel in den Mund gesteckt, um den Säurewert festzustellen. Monsieur Jérôme unterbrach Martins Gedanken. »Ich muss dringend mit Ihnen reden. Gaston hat mir vor seinem Tod etwas anvertraut …« Doch bevor er weitersprechen konnte, sahen sie, dass etwas beim Haus nicht stimmte.

Einige Trauergäste standen wild gestikulierend vor der Haustür und in der Einfahrt. Eine Frau lief ihnen aufgeregt entgegen. »Es ist eingebrochen worden im Haus! Mein Gott, wie schrecklich, die arme Caroline.«

Martin stürzte ins Haus. Er fand Caroline im Arbeitszimmer. Sie saß schluchzend auf einem Stuhl, die Frauen umringten sie. Ordner waren aus den Regalen gerissen, Papiere lagen auf dem Boden, Schubladen standen offen. Eine Vase war zerbrochen, die Blumen lagen inmitten der Scherben.

Alle redeten laut durcheinander. »Hat man schon die Polizei gerufen?« »Was ist gestohlen worden?« »Wer kann das gewesen sein?«

Caroline hielt sich weinend die Ohren zu, bis ihre Mutter sie aus dem Raum zog. Sie drehte sich kurz um. »Wir wollen jetzt keine Polizei!«, befahl sie barsch und schob ihre Tochter die Treppe hinauf. Madame Lisette verschwand mit Simone und Daniel in deren Zimmer.

Martin erinnerte sich an den mysteriösen Schwager am Telefon. »Hat jemand in der Garage nachgesehen?« Noch bevor jemand antworten konnte, rannte er los, Jean-Claude folgte ihm.

Er hatte richtig vermutet. Die Metalltür war aufgebrochen worden, drinnen bot sich ihnen ein ähnliches Durcheinander wie im Büro. Schläuche lagen wie Riesenschlangen zwischen Gärbottichen und Werkzeugen. Schwefel aus einem aufgerissenen Sack hatte sich wie Puder über den Boden ausgebreitet. Martin erkannte verschiedene Fußabdrücke.

»Es waren mindestens zwei«, sagte Martin und ging in die Hocke. »Hier, da sind zwei verschiedene Abdrücke, ein breiter und ein etwas schmalerer.«

Jean-Claude trat zurück. »Überlassen wir das der Polizei, wir sollten nichts anrühren.« Da bemerkte er die rote Lache, die sich aus dem Nebenraum unter der Tür hindurch einen Weg gebahnt hatte, und erstarrte.

Martin konnte sich ein Grinsen nicht verkneifen. »Das ist Wein, mein Lieber, nicht das, was du denkst.«

Jean-Claude seufzte erleichtert. »Bei den Katastrophen der letzten Tage kommt man auf die schlimmsten Ideen.«

Martin nahm die Tür in Augenschein. »Die haben sie mit einem Brecheisen geknackt, haben sich richtig Zeit gelassen.« Er zog die Metalltür auf, hinter der die kleinen Eichenfässer lagen, in denen der Pechant vom Vorjahr alterte, und die auf Flaschen gezogenen Weine aus den vorhergehenden Jahren. Glücklicherweise war fast alles heil geblieben. Wie gut, dass Gaston sich vor kurzem entschlossen hatte, die Flaschen in Drahtkäfigen aufzubewahren.

»Da hat jemand was gesucht!« Martin musste wieder an

den Diebstahl des Haut-Bourton denken. Gab es da einen Zusammenhang?

Vom Haus kamen weitere Trauergäste herüber, aber Jean-Claude ließ niemanden herein. »Tut mir leid, aber ihr verwischt sonst die Spuren! Wir lassen alles so, bis die Polizei kommt.«

»Ihr selbst seid mitten durchgelaufen«, bemerkte Charlotte, die mit den anderen herübergekommen war, und sah Martin dabei vorwurfsvoll an. »Das hier ist Sache der Kriminalpolizei von Libourne oder Bordeaux, aber Sie glauben doch nicht, dass heute noch jemand erscheint? Die werden höchstens Anweisung geben, nichts anzurühren, und morgen kommen. Ist etwas gestohlen worden?«

»Soweit ich sehen kann, nein«, sagte Martin zögernd. »Sie müssen gewusst haben, dass niemand im Haus ist. Aber wir sollten dennoch die Polizei verständigen.«

»Man merkt, dass Sie nicht von hier sind.« Charlotte bedachte ihn jetzt mit einem überheblichen Blick. »Um diese Uhrzeit kommt keiner mehr. Außerdem sieht das nach dem Werk einer Bande aus, die systematisch Häuser ausräumt. Das passiert alle naselang.« Sie klang entschieden, so als gäbe es keinen Zweifel.

Martin sagte nichts. Es hatte keinen Sinn, mit dieser Frau zu diskutieren. Er zog die Garagentür zu und kehrte mit den anderen Gästen, die lebhaft aufeinander einredeten, zum Wohnhaus zurück.

Kurz darauf verabschiedeten sich die Ersten. Dem Toten die letzte Ehre zu erweisen war eine Selbstverständlichkeit, aber der Einbruch war zu viel.

Als der letzte Wagen abgefahren und Stille eingekehrt war, versammelten sich die Familie und die Nachbarn im Salon. Der Champagner wurde warm, die Kanapees vertrockneten auf den silbernen Servierplatten, kaum jemand rührte etwas an. Caroline schlief fest, nachdem ihre Mutter ihr zwei Valium verabreicht hatte.

Man unterhielt sich leise darüber, wie Caroline den Verlust ihres Mannes verkraften würde, ob sie die Lese mit Jean-Claudes und Martins Hilfe schaffen könnte, wer auf der Beerdigung gewesen sei und wer nicht, ob die Rückzahlung des Kredits für den Kauf des Weinbergs gesichert sei und wann die Unfallversicherung zahlen werde. Sie würde zahlen, daran bestand kein Zweifel, nur konnte es eine Weile dauern.

Martin kauerte sich in den Ohrensessel und lauschte dem Gemurmel, bis ihm die Augen zufielen.

Jean-Claude weckte ihn wieder auf. »Wir machen Schluss für heute, die anderen sind schon zu Bett gegangen. Leider haben wir dein Zimmer belegt, dir bleibt nur das Sofa.«

Martin wusste von früher, wie das Sofa war. Das würde eine ungemütliche Nacht werden. Sein Magen knurrte. Zum ersten Mal seit dem Abend im Dorfhotel war er richtig hungrig. Dabei aß er sonst mit Leidenschaft und war in letzter Zeit für seine Verhältnisse sogar ein wenig dick geworden. Er joggte zu selten, trainierte nicht konsequent genug. Gleich morgen wollte er wieder laufen, seinem Rücken würde es gut bekommen, und die Laufschuhe hatte er immer dabei.

Er rappelte sich auf und ging in die Küche. Charlotte hatte die Jacke ihres Hosenanzugs über einen Stuhl gehängt, die Ärmel der weißen Bluse hochgekrempelt und räumte den Geschirrspüler aus. Ihr Haar hing vorn über die Schultern und ließ den schlanken Nacken frei. Martin betrachtete sie versonnen, bis sie sich umdrehte, als hätte sie seinen Blick gespürt. Ihm stieg das Blut in die Wangen – wie albern. Verlegen griff er nach den Kanapees, Jean-Claude schenkte ihm Champagner ein.

Endlich konnte Martin die Frage stellen, die ihn seit Tagen bewegte: »Am Tag nach Gastons Tod habe ich hier angerufen. Da hat sich jemand am Telefon als sein Schwager ausgegeben und mir von dem Unfall erzählt. Wer kann das gewesen sein? Ich war so geschockt, dass ich gar nicht weiter nachgefragt habe. Wer wusste, dass Gaston tot war?«

»Wir wussten es«, sagte Charlotte und nahm das nächste Glas aus dem Geschirrspüler, um es zu polieren. »Mittags kam Caroline völlig aufgelöst zu uns und sagte, dass Gaston etwas zugestoßen sei und sie ins Krankenhaus müsse. Ich war gerade angekommen und hatte noch nicht einmal die Koffer ausgepackt. Meine Mutter hat sie begleitet, ich habe währenddessen die Kinder von der Schule abgeholt. Abends war Caroline mit den Kindern bei uns, und am nächsten Tag sind sie zu Marie und Victor nach Bordeaux gefahren.«

Jean-Claude nickte. »Wann hast du angerufen? Freitag? Ich bin am Sonntag gekommen, vorher war hier niemand. Am Wochenende konnten wir sowieso nichts ausrichten. Erst musste die Untersuchung vom Unfallort abgeschlossen sein.«

»Und was hat die ergeben?«, fragte Martin.

»Gaston war Donnerstagvormittag bei LaCroix, im Lager von diesem Negocien, diesem Großhändler, drüben in Bordeaux, in Bègles. Kennst du es?«

»Ja«, sagte Martin, »ich bin vor einigen Jahren mal da gewesen, wollte mit denen ins Geschäft kommen.«

»Was Gaston da gewollt hat, weiß niemand«, fuhr Jean-Claude fort. »Er hat Caroline nichts gesagt, und mit LaCroix hatte er keinen Termin vereinbart. Jedenfalls haben sie das gesagt. Ein Packer hat in der Lagerhalle den Krach gehört, als die Paletten umstürzten. Die Arbeiter haben wie die Wilden gearbeitet, um Gaston da rauszuholen. Der Notarzt war sofort da, aber es hat nichts genutzt. Er soll sofort tot gewesen sein. Ein Algerier, der den Gabelstapler gefahren hat, ist seitdem verschwunden.«

»Welchen Gabelstapler?«, fragte Martin und betrachtete Charlottes Hände, sie polierte noch immer dasselbe Glas.

»Der ist beim Rangieren gegen die Paletten gefahren und hat den Stapel zum Einsturz gebracht. Gaston stand wohl darunter. Vielleicht hatte er auch Paletten geladen und musste bremsen. Anders konnte sich niemand erklären, wie Gaston unter die Paletten gekommen ist. Die Berufsgenossenschaft jedenfalls meint, es müsse so gewesen sein. Jetzt haben sich die Behörden eingeschaltet, das Aufsichtsamt, die Ausländerpolizei und natürlich die Versicherung.«

»Und dieser Algerier, wieso ist der abgehauen?« Martin starrte weiter auf das Glas in Charlottes Händen. Als sie es bemerkte, stellte sie es schnell weg.

»Ein Illegaler, gefälschte Arbeitspapiere, falsche Adresse. Klar, dass so einer untertaucht. Möchtest du noch ein Glas, Martin? Aber du gehst besser schlafen, dir fallen schon die Augen zu.«

Martin hatte sich bisher krampfhaft bemüht, wach zu bleiben, denn Jean-Claudes Bericht interessierte ihn brennend. Außerdem wollte er ihm noch unbedingt von dem Diebstahl des Weins berichten, aber wenn er übermüdet war, geriet sein Französisch durcheinander. Dankbar ließ er sich auf das Sofa fallen, und als er die Bettdecke über sich zog, machte Jean-Claude das Licht aus. Charlotte war unbemerkt gegangen.

»Martin«, flüsterte eine Stimme eindringlich neben seinem Ohr. »Schläfst du?«

Er wehrte sich gegen das Aufwachen. Wer zupfte da an seinem Arm?

»Martin, du bist wach. Ich weiß das. Du machst das immer.« Daniel beugte sich über ihn und zog mit einem Finger ein Lid hoch. Unwillkürlich musste Martin lächeln. »Wach endlich auf. Die haben doch was geklaut.«

Martin wälzte sich ächzend vom Sofa. Es fühlte sich an, als wäre seine Wirbelsäule an mehreren Stellen angebrochen. Auf dem Fußboden hätte er besser geschlafen. »Was ist los, Daniel?«, stöhnte er und machte die ersten Bewegungsversuche.

»Papas Computer ist weg«, flüsterte der Junge. »Ich wollte was spielen, da hab ich's gemerkt. Den Bildschirm haben sie dagelassen.«

»Wann wird die Polizei hier sein?« Martin ließ den Blick über die bedrückte Runde am Frühstückstisch schweifen. Jeder stippte schweigend sein Croissant in den Kaffee. Caroline sah schlechter aus als am Abend zuvor. »Sie können jeden Moment hier sein … Jean-Claude hat sie benachrichtigt.«

»Sie haben gemeckert, dass wir nicht eher Bescheid gesagt haben.« Gastons Bruder zuckte die Schultern. »Egal. Sie haben Experten vom Raubdezernat in Bordeaux angefordert. Das kann dauern. Wir sollen nichts anrühren. Blödsinn, bei den vielen Menschen im Haus. Und Daniel musste im Büro rumstöbern …«

»So hat er wenigstens entdeckt, dass der Computer gestohlen wurde«, verteidigte Martin den Jungen.

»Und alle Disketten«, ergänzte Daniel verstört.

Alle Disketten?, durchfuhr es Martin. Das waren Gastons gesamte Geschäftsunterlagen, Abrechnungen, Bestellungen, Notizen über die Weine, Kundenlisten, Zeitpläne. Er stöhnte. Noch eine Katastrophe.

Zwei Stunden später fuhren zwei Polizeiwagen vor. Die Beamten des Einbruchdezernats, begleitet von zwei jungen Gendarmen, holten ihre Geräte aus dem Wagen, begannen Fragen zu stellen, machten Fotos, ließen sich die Garage zeigen, vermaßen die Fußspuren und suchten nach Fingerabdrücken. Zuletzt ließen sie sich Formulare und Aussagen unterschreiben und sprachen der Witwe ihr Beileid aus.

»Diese Einbrüche häufen sich. Wir vermuten eine organisierte Bande dahinter, die arbeitet mit System«, meinte einer der Beamten. »Wir haben die Spuren gesichert, so gut es ging, aber Ihre Gäste haben alles verwischt. Die Schwefelspuren enden ein Stück vor dem Weinkeller im Kies, da gibt es keine Reifenabdrücke. Wahrscheinlich sind die Täter in einen Wagen gestiegen. Wenn man den hätte, könnte man ihn auf Schwefelrückstände untersuchen. Aber so?« Der Beamte lächelte gequält. »Viel Hoffnung will ich Ihnen nicht machen. Wir werden uns erkundigen, ob jemand zur fraglichen Zeit einen Wagen beobachtet hat, möglicherweise einer von den Erntehelfern. Merkwürdig ist es schon, dass sie nur den Computer mitgenommen haben.«

Die Gendarmen bekamen ein Glas Wein und bedienten sich an den restlichen Kanapees – man kannte sich flüchtig. Anschließend fuhren sie wieder. Die Stille danach war bedrückend.

Martin drängte es in den Weinberg, es wurde höchste Zeit. Mit Caroline und Jean-Claude schritt er Zeile für Zeile ab. Sie begutachteten den Reifezustand der Trauben, brachen in jeder Rebzeile Beeren auf, probierten und rochen daran und prüften den Zuckergehalt mit dem Refraktometer. Gaston hatte recht gehabt: Die Trauben waren jetzt reif.

Martin blieb stehen. »Wir müssen sofort mit der Lese beginnen, am besten gleich heute Nachmittag, so gegen fünf, wenn es wieder kühler wird, und wir arbeiten bis zum Einbruch der Nacht. Morgen fangen wir früh an. Caroline, bestell bitte die Erntehelfer für sechs Uhr, nein, besser für halb sechs. Wir lesen dann bis etwa zehn Uhr. Danach wird es zu warm, die Gärung könnte bei diesem hohen Reifegrad unkontrolliert einsetzen. In der Garage können wir die Trauben gut lagern, da ist es kühl genug. In drei Tagen müssen wir fertig sein. Wir haben drei Gärbottiche, für jeden Tag einen. Sind die Helfer gut?«

»Ja«, sagte Caroline. »Ich kenne die Leute, sie haben auch im letzten Jahr ihre Sache bestens gemacht. Die Kisten zum Lesen der Trauben sind alle sauber und trocken.«

Na endlich, dachte Martin, sie kehrt ins Leben zurück.

Auf dem Rückweg konnte Martin endlich vom Diebstahl des Haut-Bourton, den Gaston ihm aufgenötigt hatte, berichten. »Hast du die beiden Flaschen in die Tüte mit dem Baguette gesteckt?«, fragte er Caroline.

»Nein, ich weiß überhaupt nichts davon. Gaston hat den Namen nie erwähnt.«

»Niemals? Merkwürdig.« Martin entdeckte eine Traube, die sich nicht gut entwickelt hatte, und wartete, ob Jean-Claude reagierte. Als er es nicht tat, schnitt er sie aus der Blätterwand und ließ sie auf den Boden fallen. »Ich habe den Wein probiert, wie Gaston es wollte, und ihn mit einem aus demselben Jahr verglichen, den ich noch im Keller hatte. Die Unterschiede sind gravierend. Ich weiß nicht, wie oft ich angerufen habe, bis sich dieser angebliche Schwager gemeldet hat.«

»Das kann keiner von uns gewesen sein«, meinte Caroline.

»Das ist ja das Problem«, sagte Martin. »Ich war so erschüttert von dem, was der Mann sagte, dass mir gar nicht in den Sinn kam, dass es nicht Jean-Claude hätte sein können. Und später war ich mir nicht mehr sicher, ob ich mich nicht geirrt hatte. Einen Hausschlüssel hat sonst keiner?«

Caroline sah Martin ängstlich an. »Nur die Nachbarn, aber auf die ist Verlass.«

»Vielleicht war es einer der Einbrecher«, meinte Jean-Claude.

»Die werden so dumm sein und ans Telefon gehen. Nein, es muss jemand anderes gewesen sein. Aber wer?«

4

Die Erntehelfer kamen schon vor dem Morgengrauen, doch mit der Lese wurde gewartet, bis der Tau auf den Trauben getrocknet war. Jean-Claude und Martin arbeiteten Hand in Hand, als hätten sie jahrelang nichts anderes getan, nur die Kreuzschmerzen verleideten Martin die Arbeit. Wenn Jean-Claude sich abwandte, ruderte er mit den Armen, bog sich vor und zurück und ließ den Oberkörper pendeln. Es war kalt in der Morgenfrühe – das war gut für die Trauben, damit sie nicht weiterreiften und die Gärung nicht unkontrolliert einsetzte, für seinen Rücken jedoch war es eine Quälerei. Bis zehn Uhr waren für diesen Tag alle reifen Trauben geerntet, lagen in flachen Kisten in der Garage, und Caroline entließ die Helfer bis zum nächsten Morgen.

Als sie nach dem Mittagessen die Arbeit für den nächsten Tag besprachen, stand Martin unvermittelt auf. »Caroline, vielleicht kann heute Nachmittag jemand anderes die Lesekisten reinigen. Ich fahre zu LaCroix!«

Sie zuckte zusammen und blickte ihn entgeistert an.

»Ihr braucht mich heute nicht mehr. Ich muss mir das Lager ansehen. Ich will wissen, wo und wie Gaston umgekommen ist. Ich komme hier an, und die Beerdigung ist vorbei. Gut, das war mein Pech. Aber Gaston? Ich habe ihn nicht mehr gesehen, seit ...«, Martin ging zum Fenster und blickte auf die Einfahrt, »... seit er da draußen meinen Wagen beladen hat. Ich habe das Gefühl, er kommt jeden Moment rein, sagt etwas, holt sich was zu trinken … Aber er ist nicht mehr da, und er kommt auch nie mehr wieder. Ich begreife es nicht. Und deshalb muss ich zu LaCroix! Versteht ihr das?« Um seinen Entschluss zu unterstreichen, trank er seinen Kaffee im Stehen.

Caroline schüttelte verständnislos den Kopf. »Du brauchst Ruhe, Martin. Du rast zwischen Deutschland und Bordeaux hin und her, kümmerst dich um alles. Für deinen Rücken wäre es besser, wenn du eine Pause einlegen würdest.«

»Was ist mit seinem Rücken?«, fragte Jean-Claude. »Ist die Arbeit zu anstrengend?« Er grinste. »Wirst alt, was? Ich rate dir, heirate, bevor es zu spät ist.«

»Kein schlechter Gedanke«, sagte Martin abweisend. »Ich denke bei Gelegenheit darüber nach.«

»Er hat sich verhoben, damals, als wir das Haus umgebaut haben«, schaltete Caroline sich ein. Sie ging zum Fenster und blickte auf den Kiesweg. »Er hat Steine für die Mauer an der Einfahrt geschleppt, den ganzen Vormittag lang, bis es ihm in den Rücken gefahren ist. Plötzlich erstarrte er mitten in der Bewegung. Ich sehe noch sein verdutztes Gesicht.« Der Anflug eines Lächelns huschte über ihr Gesicht. »Wir haben Doktor Lefevre gerufen, der hat ihm die Hose runtergezogen, draußen, direkt vor dem Haus, und ihm zwei Spritzen in den Hintern gegeben. Später konnten wir ihn zumindest hinlegen.«

In diesem Moment erinnerte Caroline ein wenig an die Frau, die Martin kannte. Der Alltag schien ihr gutzutun, die Menschen um sie herum, vor allem die Kinder.

»Näher als hier kannst du Gaston nicht sein, wenn es das ist, was dich bewegt. Ich kann dich zwar verstehen«, versicherte Caroline, »aber du änderst nichts, wenn du zu LaCroix fährst.«

»Bitte, gib mir den Stadtplan, Caroline, oder zeichne mir zumindest den Weg auf. Es ist lange her, dass ich dort war. Warst du nach dem Unfall drüben?«

»Nein. Und ich will den Ort auch niemals sehen!«

Martin fand die Lagerhalle auf Anhieb. Er hatte die Dordogne bei Branne überquert, war auf Landstraßen durch Entre-Deux-Mers gefahren, bis er auf die Rocade traf. Dort herrschte ausnahmsweise mal kein Stau, und so kam er ohne Probleme über die Garonne und nahm die erste Abfahrt hinter der Brücke. LaCroix war eines der großen Handelshäuser im Bordelais, wurde täglich beliefert und von internationalen Speditionen angefahren, daher war der Weg durch die Landschaft aus trostlosen Zweckbauten gut ausgeschildert.

LaCroix bot Weine aller Qualitätsstufen an, vom einfachen Bordeaux Rouge bis zum Premier Cru der Klasse A, Cinsault aus Corbières, Chenin blanc von der Loire, roten und weißen Burgunder von der Côte d'Or und Gewürztraminer aus dem Elsass, Champagner aller Spielarten und beste Sauternes. Zusätzlich kaufte LaCroix billigste Fassweine und füllte sie als Handelsmarken ab, vertrieb australischen Syrah und südafrikanischen Pinotage sowie Billigweine aus Rumänien und Spitzenqualität aus Argentinien.

Martin parkte den Wagen in Sichtweite des Haupttors und schlenderte am Grundstück vorbei, dessen Straßenfront etwa zweihundert Meter einnahm. Ein Zaun mit Stacheldraht umgab das Gelände, Rolltore sicherten die Einfahrten. Die erste war für Lastwagen bestimmt, vor der zweiten hielt gerade ein Tankzug. Der Pförtner trat aus seinem Glaskasten neben dem Tor, sprach mit dem Fahrer – dabei schob er den Unterkiefer vor wie ein nach Luft schnappender Karpfen – und ließ das Tor zurückgleiten. Der Tankwagen fuhr zum linken Teil der Halle und hielt neben einer Wand, aus der eine Reihe von Abfüllstutzen ragten. Der Pförtner scheuerte sich mit dem Rücken am Türrahmen seines Glaskastens und zog sich wieder dorthin zurück.

Martin überlegte. Wenn er im Büro um eine Besichtigungserlaubnis nachsuchte, würde man ihm Fragen stellen. Was könnte er als Begründung vorbringen? Dass er wissen wollte, wo sein bester Freund verunglückt war? Sie würden ihm sicherlich einen Tritt in den Hintern geben. Sollte er sich als Kunde ausgeben? Völlig absurd – wer will schon ein Lager besichtigen, und sein kleiner Weinhandel war viel zu unbedeutend für LaCroix, außerdem würde eine Führung ihn in seiner Bewegungsfreiheit einschränken. Er könnte sich als wichtiger Einkäufer ausgeben, doch ohne vorherige Kontaktaufnahme war das unglaubwürdig. Im besten Fall würde ihn der Exportleiter empfangen, ihm Preislisten in die Hand drücken und ihn wieder wegschicken. Nein, er musste versuchen, ungesehen in die Halle zu kommen. Nur wie? Als ein Lieferwagen das Gelände verließ, kam ihm die Idee.

Er wartete, an das Heck seines Wagens gelehnt und in eine Zeitung blickend. Es dauerte eine halbe Stunde, bis ein Sattelschlepper ihm die erwünschte Gelegenheit verschaffte. Vom Sattelschlepper verdeckt, schlenderte Martin wie absichtslos auf das Tor zu, der Pförtner konnte ihn unmöglich sehen. Es öffnete sich, der Sattelschlepper fuhr an, Martin lief in seinem Schatten bis in die Mitte des Hofes und bog dann nach rechts zur Laderampe ab, nahm die wenigen Stufen mit drei Sätzen und tauchte ins Halbdunkel der Halle.

Sie war riesig, und es herrschte perfekte Ordnung. Stahlregale mit großen Fächern, die jeweils zwei beladene Paletten aufnahmen, reichten bis unter die Decke.

Martin hörte einen Gabelstapler herankommen und versteckte sich zwischen Kistenstapeln. Das Elektrofahrzeug schnurrte vorbei, er sah das dunkle Gesicht des Fahrers. Etwa auch ein Algerier? Wahrscheinlich beschäftigen sie nur Nordafrikaner, dachte er und erinnerte sich an den Arbeiter, der seit Gastons Tod verschwunden war. Der Gabelstapler verschwand in der Tiefe der Halle, kam mit einer Palette Weinkartons zurück und fuhr zur Rampe.

Martin lief die Reihen der Regale ab. Vielleicht gab es einen Hinweis, irgendein Zeichen, eine Spur. Wo war Gaston verunglückt? Besondere Aufmerksamkeit schenkte Martin den Holzkisten: Chantemerle, Cheval-Blanc, Latour und Rothschild, Figeac und Cos-d'Estournel, Pichon-Longueville und d'Yquem. Bekannte Namen, aber vielen anderen war er bislang nirgendwo begegnet, kein Wunder, wenn elftausend Winzer »Bordeaux« als Ursprungsgebiet ihrer Weine aufs Etikett schrieben. Er hörte ein Geräusch und erschrak, aber er sah niemanden.

Mitten in dem Labyrinth der Gänge stutzte er. Rechts war eines der Fächer zu ebener Erde fast vollständig ausgeräumt, lediglich in der zweiten Reihe stand ein Stapel Holzkisten, in eine durchsichtige Folie gewickelt. An einer Stelle hing sie herunter, dahinter klaffte ein Loch, eine Kiste fehlte. Martin trat näher. Die Kisten aus Kiefernholz trugen keinen Namen, weder an den Seiten noch vorn war ein Schriftzug zu sehen. So packte niemand, es war verschenkte Werbefläche. War das Absicht? Am Boden davor lagen große Holzsplitter und Scherben. Sicher von einer heruntergefallenen Kiste, dachte Martin und bückte sich.

Ein stechender Schmerz durchfuhr ihn, und er zuckte zusammen. Hoffentlich überstehe ich die Ernte, schoss es ihm durch den Kopf, als er sich langsam aufrichtete und dabei an einem Stapel Kisten abstützte. So ging es nicht weiter, er musste mehr für seinen Rücken tun, regelmäßig Sport treiben, Yoga vielleicht oder Schwimmen, obwohl er diese Art körperlicher Ertüchtigung, noch dazu im kalten Wasser, zutiefst verabscheute.

Im Gang war alles ruhig, niemand war in der Nähe, es ging auf den Feierabend zu. Als Martin sich wieder umwandte, fiel sein Blick auf wirre Linien mitten im Gang. Die Kreidestriche waren im Halbdunkel kaum sichtbar und von Reifenspuren verwischt. Was war das für ein Gekritzel? Markierungen auf keinen Fall, denn alle Regale trugen Schilder mit einem Code. Erst als Martin genauer hinsah, fügten sich die Striche zu einem Bild. Ihm sträubten sich die Haare.

Es waren die Umrisse einer liegenden Gestalt, die Arme auf beiden Seiten des Kopfes wie zum Schutz in die Höhe gerissen, ein Bein angezogen, eines ausgestreckt. Neben dem Kopf war ein dunkler Schatten auf dem Zement.

Martin schluckte, ihm wurde kalt, er wollte den Blick von der makabren Zeichnung abwenden, konnte es aber nicht. Hier also war Gaston gestorben. Ihm war, als sähe er den Toten dort vor sich liegen. Mühsam riss er sich von der grauenhaften Vorstellung los, wandte sich erschüttert ab und lehnte sich tief atmend an einen Stahlpfosten.

Nach einer Weile fiel ihm der Grund seines Hierseins wieder ein, und er hockte sich erneut vor den Stapel und untersuchte die Splitter und Bretter. Er musste sich zwingen, sich nicht nach der Zeichnung umzublicken.

Auf einem gespaltenen Brett fand er die Hälfte eines Wappens und den halben Namen eines Châteaus. Vorsichtig entfernte er die Glassplitter von dem dazu passenden Teil und setzte die Hälften zusammen. Was er nun sah, überraschte ihn nicht; es war, als hätte er damit gerechnet: »Château Haut-Bourton«.

Der Schriftzug und das Wappen, das sich ein reicher Bürger hatte entwerfen lassen, um sich zu adeln, entsprachen dem auf den Etiketten der Flaschen, die Gaston ihm gegeben hatte, und denen aus seinem Keller. War es das, was Gaston hier gesucht hatte?

Etwas an dem Schriftzug irritierte ihn. Er fuhr mit dem Finger darüber. Der Schriftzug war aufgedruckt, wie auf der Kiste, die Gaston an jenem Morgen in seinen Wagen geschoben hatte. Doch die Kiste in seinem Keller – war der Schriftzug nicht mit einem heißen Prägestempel ins Holz gebrannt worden? Eine kostspielige und bei bekannten Châteaus durchaus übliche Methode. An einer Scherbe hing der Rest des Etiketts: Jahrgang 1989.

Darüber, was dieser Fund bedeutete, konnte er später nachdenken. Er fand eine Zeitung und schlug alles darin ein.

Dann untersuchte er noch einmal den Stapel. Außen klebte normalerweise eine Plastikhülle für die Frachtdokumente.

Hier war es nicht anders. Er zog eine Kopie der Zollerklärung heraus und warf einen raschen Blick darauf: Château Moulin de la Vaux war als Absender angegeben, als Empfänger … Er steckte das Papier in die Tasche. Später würde er Zeit finden, alles genau durchzulesen.

Kein Zweifel. Hier hatte der Haut-Bourton gelagert. Eine Kiste war zu Bruch gegangen und sicher erst vor kurzem abtransportiert worden, denn sonst hätte man die Scherben längst weggeräumt. Hatte der Schriftzug auf jener Kiste, die ihm Gaston gegeben hatte, auch so ausgesehen? Martin versuchte krampfhaft, sich zu erinnern. Er zerrte an der Plastikumhüllung des Stapels, um eine weitere Kiste herauszuziehen und sich Gewissheit zu verschaffen.

»Ist hier der Winzer umgekommen?«

Martin fuhr herum und erstarrte. Vor ihm stand ein kleiner Mann, wie aus dem Nichts aufgetaucht. »Oh, Scheiße«, entfuhr es Martin. Jetzt hatten sie ihn erwischt. Schnell verbarg er das Päckchen mit der Scherbe und den Holzsplittern hinter seinem Rücken.

Wer war der Mann? Wieso trug er einen schwarzen Anzug? Auch das Gestell der Brille, das seinem Gesicht einen maskenhaften Ausdruck verlieh, war schwarz. »Sie sind Deutscher, nicht wahr?«, fragte der Unbekannte und starrte Martin durchdringend an. »Ein Franzose sagt *merde* und nicht Scheiße, wenn etwas danebengeht. Oh, ich wollte Ihnen nicht zu nahetreten, Monsieur. Es gibt bestimmt einen triftigen Grund für Ihre Anwesenheit?«

Martin fasste sich rasch. Angriff war in dieser Lage die einzige Verteidigung. »Ja, den habe ich tatsächlich! Hier, genau an dieser Stelle, ist vor einigen Tagen Gaston Latroye umgekommen!«, brauste Martin auf. »Und ich will wissen, wie es dazu gekommen ist. Das verstehen Sie doch bestimmt, Monsieur!« Martin machte einen drohenden Schritt auf den Mann zu. »Weil Sie Ihre Paletten miserabel stapeln, weil Sie mit den Gabelstaplern leichtsinnig herumrasen, weil Sie illegale Einwanderer als Personal einstellen, deshalb ist er tot!« So, jetzt konnten sie ihn rausschmeißen. Zumindest hätte er einen korrekten Abgang.

Sein Gegenüber reagierte unerwartet gelassen. »Für Ihre Empörung habe ich volles Verständnis. Und Sie scheinen bestens informiert zu sein.« Der Mann lächelte noch immer. »Gaston Latroye, soso, er war ein Freund von Ihnen, Monsieur?« Sein Interesse schien echt.

»Ja, er war mein bester Freund und ein begnadeter Winzer!«, stieß Martin heftig hervor. »Von Paletten erschlagen. Sehen Sie, hier, die Striche auf dem Boden. Da muss er gelegen haben.« Martin zeigte auf die Linien am Boden. »Die haben sich nicht einmal die Mühe gemacht, das Blut richtig wegzuwischen ... Und was ist das? Bremsspuren von einem Gabelstapler wahrscheinlich. Ha.«

»Hat Ihr, äh, Freund hier gearbeitet?«

»Weshalb fragen *Sie* mich das? Sie wissen das doch, schließlich arbeiten Sie bei LaCroix, oder nicht?«

»Wie kommen Sie darauf? Nein. Ich ... arbeite für die ... Versicherung. Wir prüfen jeden Fall mit – äh – tödlichem Ausgang. Ich habe mich nicht vorgestellt, pardon, mein Name ist Grivot.« Er streckte die Hand aus.

Martin ergriff sie und atmete erleichtert auf.

»Wieso beunruhigt Sie der Gedanke, ich könnte bei LaCroix arbeiten? Es lässt nur den Schluss zu, dass Sie hier, sagen wir, unberechtigt eingedrungen sind?« Grivot machte eine beschwichtigende Handbewegung. »Keine Sorge. Wir behalten das für uns. Aber dafür erwarte ich einen Gefallen.«

Martins Puls verlangsamte sich.

»Erzählen Sie mir von Ihrem Freund. Was hat er hier gewollt?«

»Das wüsste ich auch gern, und deshalb bin ich hier.« Martin wollte gerade erzählen, wie er von Gastons Tod erfahren hatte, dann bremste er sich jedoch. Das ging den Versicherungsmann nichts an. »Ich kannte Gaston seit langem, er war weder ein Dummkopf noch leichtsinnig. Jemand wie er rennt nicht blind durch diese Gänge. Ich habe mit ihm zusammengearbeitet, ich war sein Agent für den deutschen Markt.« Martin nestelte eine Visitenkarte aus der Brieftasche und gab sie dem Mann. »Ich bin vorgestern aus Frankfurt gekommen, extra zur Beerdigung. Jetzt helfe ich seiner Frau bei der Weinlese.«

Grivot betrachtete die Karte. »Weinhändler sind Sie, schau an. Hier dreht sich anscheinend alles um Wein. Sie können mir bestimmt helfen. Ich verstehe nichts davon, rein gar nichts, ich trinke am liebsten Tee. Was glauben Sie, wie der Unfall passiert ist?« Er blickte auf die Stelle, an der Gaston zu Tode gekommen war.

»Ich nehme an, der Gabelstapler ist von dort gekommen.« Martin zeigte nach rechts in den Gang. »Möglich, dass der Fahrer ihn erst im letzten Moment gesehen hat. Er wird scharf gebremst haben, da sind doch Bremsspuren, und die Paletten kippten nach vorn. Es heißt auch, hier habe ein Stapel Paletten gestanden und der Fahrer sei dagegen gefahren. Und dass der Fahrer untergetaucht sein soll.«

»Ja. Das sagt man. Wir suchen … äh, er wird gesucht, mit wenig Aussicht auf Erfolg, wie wir annehmen. Die Arbeiter von LaCroix sind nicht besonders gesprächig. Viele Nordafrikaner.«

»Was soll das heißen? Sie sind gut genug, die Drecksarbeit zu machen …«

Der Versicherungsagent hob abwehrend die Hände. »Gelassenheit ist eine Tugend, Monsieur. Bei Ihnen in Deutschland sind es die Türken. Angeblich weiß niemand, wo der Fahrer gewohnt hat und wie er richtig heißt. Keiner hat etwas gesehen, keine Zeugen, keine Angehörigen. Die Lagerarbeiter haben nur das Krachen der Paletten gehört, aber keinen Schrei. Oh, ich bin vielleicht etwas pietätlos. Verzeihen Sie. Das macht die Gewohnheit.«

»Machen Sie diese Art von Untersuchungen häufig?«

Martin wunderte sich, was für einen Kauz die Versicherung geschickt hatte.

»Nur wenn es die Umstände erfordern, wie in diesem Fall, Sie verstehen?«

Martin verstand nicht, aber er nickte. »Haben Sie mit seiner Frau gesprochen? Wissen Sie, dass während der Beerdigung in seinem Haus eingebrochen wurde?«

»Was sagen Sie? Eingebrochen?« Grivot war überrascht, und er tat nicht nur so. »Wieso weiß ich davon nichts?«

»Wieso sollten Sie? Wir kamen vom Friedhof. Einbrecher hatten die Haustür aufgebrochen und die Garage, wo der Wein gemacht wird.«

»Haben Sie … die Polizei verständigt?«

»Selbstverständlich. Sie meinten, die Einbrecher wären darauf spezialisiert, frei stehende Häuser auszurauben, eine Bande.«

»Junger Mann, Sie sind Gold wert. Von welchem Kommissariat waren die Beamten?«

Es ärgerte Martin, mit seinen 38 Jahren von Grivot als »junger Mann« tituliert zu werden. »Keine Ahnung, woher soll ich das wissen? Und im Übrigen heiße ich Bongers, Monsieur!«

»Verzeihen Sie, junger … äh, Monsieur Bongeeers. Was ist gestohlen worden?« Die Nase des Versicherungsagenten wurde spitz, die Oberlippe hob sich in der Mitte und entblößte die oberen Schneidezähne. Er erinnerte Martin an eine Ratte, die etwas witterte. »Merkwürdigerweise haben die Einbrecher nur den PC mitgenommen und alle Disketten und CDs, damit fehlen die Geschäftsunterlagen und sämtliche Aufzeichnungen über den Wein. Aber nicht nur das Haus ist durchsucht worden, auch die Garage und das Flaschenlager.«

Grivot kritzelte etwas auf einen Block und reckte plötzlich den Kopf. »Sie halten da etwas hinter Ihrem Rücken verborgen. Darf ich fragen, was es ist?«

Martin ärgerte sich über seine Dummheit. Er war in die Halle gestolpert wie ein Idiot, und nun musste er sich von diesem Versicherungsmenschen ausfragen lassen. »Das hat für Sie keine Bedeutung«, brummte er. »Es ist nichts, alte Bretter und Scherben.« Er durfte sie diesem Grivot keinesfalls überlassen; es waren die einzigen Anhaltspunkte, die ihm vielleicht Aufschluss darüber gaben, was hier geschehen war.

»Und wieso heben Sie es auf und wickeln es sogar ein? Zeigen Sie mal her. Sie werden doch hier keine, äh … Umstände machen wollen, in Ihrer Lage. Für uns könnte es wichtig sein, ein interessanter Hinweis vielleicht?«

Plötzlich waren die Schritte mehrerer Männer zu hören, sie näherten sich rasch. Grivot verschwand so schnell, wie er gekommen war. Martin schob das Päckchen unter die Jacke, und als er sich in einen schmalen Durchgang zwängte, fühlte er, wie sich eine Scherbe in seine Haut bohrte. Der Schmerz wurde noch stärker, als ihn jemand herumriss.

Hinter ihm standen zwei Araber in grünen Overalls. Sie griffen nach seinen Armen und drehten sie ihm auf den Rücken.

Ein kleiner, feister Mann in einem grauen Kittel baute sich schnaufend vor ihm auf. »Was hast du hier zu suchen?«, schrie er nach Luft schnappend und fuchtelte mit den Fäusten vor Martins Gesicht herum.

Martin riss den Kopf zurück, stolperte und bekam die Arme frei. Die Männer wichen zur Seite, blieben aber nah genug, um ihn jederzeit wieder packen zu können.

»Du hältst dich wohl für ganz gewieft«, schrie der Dicke, womöglich ein Vorarbeiter. »Tagsüber die Lage peilen, nachts den Bruch machen, sehr schlau, du Dreckskerl. Aber nicht schlau genug!« Der Mann war vom Laufen außer Atem und rang nach Luft. »Wo ist dein Kumpel, he? Da war doch noch einer. Wo ist er? Such ihn, Kemal!«, befahl er einem der Araber – wie einem Hund, dachte Martin.

Er sah den Glanz in den Augen des Dicken, die feinen roten Linien unter der Haut der Wangenknochen. Sein unangenehmer Geruch war eindeutig. Wie verantwortungslos und dumm, einen Trinker in einem Weinlager zu beschäftigen, noch dazu einen Choleriker. Gleichzeitig wunderte Martin sich, dass er keinerlei Angst vor den drei Männern empfand. Er fühlte sich im Recht. Er war hier eingedrungen, um etwas zu klären.

Keuchend zwängte sich der Dicke selbst zwischen die Stapel, gab das Vorhaben jedoch schnell wieder auf, die Kisten standen zu eng. »Komm da raus!«, brüllte er mit überschnappender Stimme. »He, Kemal, du fauler Sack, hoffentlich hast du ihn bald, und bring ihn her!« Dann warf er sich drohend vor Martin in Positur. »Wo ist dein Kumpel? Was wollt ihr hier? Mach's Maul auf, oder sollen wir's aus dir rausprügeln?«

Vor seinen Arbeitern spielt er sich auf, dachte Martin, aber sonst ist er feige. Er kannte diese Typen, sie küssten ihren Chefs die Füße und beklauten sie hintenherum, fälschten Lieferscheine und machten mit den LKW-Fahrern gemeinsame Sache. Aber dieser schien ihm nicht ungefährlich.

Der Arbeiter, der Kemal gerufen wurde, kam zurück. »Weiß nicht, Chef, andere ist weg.« Unsicher blickte er zum Dicken, der sich wieder Martin vorknöpfte.

»Hier ist gerade einer gestorben, der wie du hier rumgeschnüffelt hat.« Er stieß Martin vor die Brust.

Das Glas bohrte sich schmerzhaft in Martins Brust, und er wich mit schmerzverzerrtem Gesicht zurück. Hätte er bloß das verfluchte Päckchen fallen gelassen. »Lassen Sie mich los! Ich bin kein Einbrecher«, fauchte er wütend.

Der Dicke trat verblüfft einen Schritt zurück. Mit Widerstand hatte er nicht gerechnet. »Willst du was aufs Maul?«

Eine Schlägerei mit den drei Männern war das Letzte, was Martin gebrauchen konnte. Ihm blieb nur die verbale Offensive, bei dem Versicherungsmann hatte es auch funktioniert.

Doch der Dicke kam ihm zuvor. »Raus! Bringt diesen …

Scheißkerl«, er bedachte Martin mit einem abfälligen Blick, der den Arbeitern klarmachen sollte, dass Rücksichtnahme überflüssig war, »zum Büro. Soll die Polizei sich mit ihm herumärgern«, befahl er. Plötzlich bemerkte er das Päckchen unter Martins Jacke. »Was hast du da? Zeig her!«

Martins Gedanken überschlugen sich. Wie konnte er das Päckchen retten, den möglichen Beweis für … ja, wofür? Aber in dieser Lage blieb ihm nichts anderes übrig, als es herauszurücken, bei einem Kampf gegen die drei hatte er schlechte Karten. Der Fettwanst schien wenig Skrupel zu haben, drohend kamen er und die Arbeiter näher. Martin wich zurück und gab ihnen schließlich das Päckchen. Mit der anderen Hand betastete er die Wunde auf der Brust. Als er sie zurückzog, sah er Blut an der Hand.

Der Dicke wickelte die Holzsplitter aus, gab sie einem Arbeiter, nahm die Scherbe in die Hand und betrachtete das Etikett. Überrascht hob er den Kopf. »Verdammt!« Dann sah er sich um, ob ihn jemand hören konnte, und sagte leise: »Nicht ins Büro – bringt ihn in den Keller, und auf keinen Fall die Polizei …«

»Die ist schon da«, ertönte eine Martin bekannte Stimme aus dem Dunkel, und Grivot trat linkisch ins Licht. Er zog etwas aus der Brieftasche und zeigte es dem Lagerleiter. »Ich bin die Polizei.« Dabei lächelte er maliziös. Die Fassungslosigkeit des Dicken schien ihm zu gefallen.

Der erholte sich schnell von dem Schock. »Oh, warum sagen Sie das nicht gleich, Monsieur … Kommissar. Ich wurde nicht informiert, dass Sie im Hause sind. Ich leite hier das Lager.«

Glück in der letzten Minute, Martin atmete auf. Gleichzeitig ärgerte er sich über sich selbst. Er hatte den Fettwanst unterschätzt, so viele Gehirnzellen hatte sich der Mann anscheinend doch noch nicht weggesoffen. In Zukunft würde er sich vorsehen müssen, er tappte hier in Bordeaux herum, als sei er im Urlaub. Dabei sagte die Kreidezeichnung auf dem Boden ganz klar, dass es hier um den Tod eines Menschen ging.

Der Lagerleiter drehte sich zu den Arbeitern um. »Ihr verschwindet jetzt, mit dem da. Macht, was ich gesagt habe.«

Grivot, jetzt Kommissar statt Versicherungsagent, lächelte nicht mehr. »Nichts da, Sie machen gar nichts! Damit wir uns richtig verstehen: Dieser Herr arbeitet mit mir zusammen.«

»Dann will ich auch Ihren Ausweis sehen«, herrschte der Lagerleiter Martin an. Es war offensichtlich, dass er Grivot nicht glaubte. »Erklären Sie mir mal ...«

»Ihnen erkläre ich gar nichts, Monsieur, außerdem stelle ich hier die Fragen.« Mit einer Handbewegung schnitt Grivot dem Lagerleiter das Wort ab und sagte zu Martin: »Sie können gehen, Monsieur Bo ...« Den letzten Teil des Namens sprach er nicht mehr aus. »Sie melden sich nachher bei mir, nein, besser, ich rufe Sie an. Nun gehen Sie schon!«

Übergangslos war Grivot zu seinem Vorgesetzten geworden, Widerspruch zwecklos, Martin war baff, er musste mitspielen. Er blickte vom Kommissar in seinem zerknautschten Anzug zum Lagerleiter mit den roten Äderchen im Gesicht, die vor Wut anschwollen. Die Nordafrikaner zogen sich aus der Kampflinie zurück. Allen war klar, dass hier etwas nicht stimmte, aber Grivots Ausweis hatte niemand etwas entgegenzusetzen.

»*Allez, allez,* Monsieur, gehen Sie! Was stehen Sie hier noch rum? Machen Sie Ihre Arbeit.«

Martin verbiss sich ein Schmunzeln. Ihm gefiel die Art, wie Grivot ihm die Chance zum Verschwinden gab.

»Ihr begleitet ihn trotzdem, ohne Umweg zum Ausgang!«

Kurz bevor sie zur Rampe kamen, hörte er den Kommissar mit seiner höflich-sarkastischen Stimme sagen: »Das Paket, das Sie da in der Hand haben, das überlassen Sie besser mir.« Die Antwort des Lagerleiters blieb unverständlich.

Die Algerier führten Martin wie einen Gefangenen über

den Hof. Aus den Fenstern des Bürogebäudes sahen Angestellte zu, und auch der Fahrer des Sattelschleppers gaffte. Am Tor blieben die Arbeiter stehen und bedeuteten ihm zu verschwinden.

Der Auftritt in der Lagerhalle war ohne Zweifel eine Niederlage, aber Martins Beklemmung hatte einen anderen Grund. In ihm keimte der Verdacht, dass es sich bei Gastons Tod nicht um einen Unfall handelte. Jetzt, da die Spannung von ihm wich, breiteten sich in ihm Angst und Wut aus. Hätte er nur dem Lagerleiter und Grivot weiter zuhören können. Eigentlich unverfroren von dem Mann, ihn so auszuhorchen, andererseits hatte er ihn davor bewahrt, in die Hände des Lagerleiters zu fallen – oder vor Schlimmerem? Was hatten sie mit ihm vorgehabt im Keller? Weshalb hatte der Dicke seine Meinung geändert, nachdem er die Bretter und die Scherbe gesehen hatte?

Sollte er auf Grivot warten? Aber Behörden ging man besser aus dem Weg, noch dazu als Ausländer. Weshalb war die Polizei hier? Oder war Grivot gar kein Polizist? Gab es die Berufsbezeichnung Kommissar auch bei französischen Versicherungen? Nein, er hatte eindeutig »Ich bin die Polizei« gesagt. Zweifelten sie den Unfall an? Grivot hatte sich interessiert gezeigt, die Erklärung mit dem Gabelstapler hatte ihm eingeleuchtet. Ihm jedoch die Unterschiede zwischen dem Haut-Bourton von Gaston und dem aus seinem Keller klarzumachen würde wesentlich mehr Mühe erfordern; wenn er es überhaupt wissen wollte.

Als Martin endlich hinter dem Steuer saß, fühlte er sich wieder einigermaßen sicher, obwohl er im Rückspiegel sah, dass ihm ein Arbeiter gefolgt war und das Kennzeichen seines Wagens notierte. Er hatte eine deutsche Nummer. Jetzt wussten sie, dass Grivot gelogen hatte. Sie? Wer war das?

Er ließ den Wagen an und wendete. Die Brücke war dicht, die Rocade ebenfalls, Rushhour, nichts ging mehr. Weiter vorn stand ein Lastwagen quer, bahnte sich mit seiner Masse millimeterweise einen Weg von der rechten Spur nach ganz links. Martin stellte den Motor ab und rieb sich den Nacken. Dann zog er vorsichtig den Pullover über den Kopf – es schmerzte bereits, wenn er die Arme hob – und knöpfte das Hemd auf. Die Wunde auf der Brust war lang, aber nicht tief und das Blut bereits getrocknet. Er konnte aufatmen, und nach der nervenaufreibenden Stunde bei LaCroix hatte er endlich Zeit zum Nachdenken.

Hätte er Grivot von seinem aufgebrochenen Wagen erzählen sollen oder von den Franzosen in seinem Laden? Von den Unterschieden zwischen den Weinen desselben Jahrgangs? Je länger die Weinprobe zurücklag, desto mehr zweifelte Martin an seinem Urteil. Die Weine konnten aus verschiedenen Fässern stammen, jede Flasche konnte sich anders entwickeln, die eine hatte Kork, die andere nicht, ein Wein oxidierte weniger, der andere mehr. Der Unterschied zwischen den beiden Haut-Bourton würde sich nur dem Kenner erschließen. Sein Haut-Bourton hatte Noblesse und Rasse, eine große Komplexität, Dichte und Feinheit, ohne jeden Zweifel. Im Gegensatz zu dem, den Gaston ihm gegeben hatte …

Als er sich streckte, fühlte er wieder Schmerzen in der Brust und tastete nach der Wunde, dabei knisterte Papier in der Jackentasche. Das Zolldokument, genau. Jetzt konnte er es lesen.

Martin setzte seine Brille auf und faltete das Papier auseinander. Hunderte dieser Dokumente hatte er in Händen gehabt, sie ausgefüllt, gestempelt, dem Zoll und wieder zurück an die Winzer geschickt. Es war der Nachweis für nicht zu entrichtende Mehrwertsteuer für Lieferungen aus EU-Ländern. Den Winzern dienten sie als Beleg, dass und an wen sie den Wein verkauft hatten. Die Aktenordner mit diesen Zetteln mussten kilometerlange Gänge füllen. Ob sie tatsächlich jemand prüfte?

Als Absender firmierte ein Château Moulin de la Vaux in

Belvès-de-Castillon. Davon hatte Martin gehört. Belvès, so viel wusste er, lag östlich von Saint-Émilion an der Dordogne, wahrscheinlich gehörte es zur Appellation Castillon. Die Weine von dort waren nicht schlecht, aber auch nichts Besonderes. Caroline würde den Ort wahrscheinlich kennen, Monsieur Jérôme, der Nachbar mit der unnahbaren Tochter, sicher auch. Martin sah sie vor sich, ihr feines Gesicht, die wachen Augen, das glatte braune Haar und ganz besonders ihren Nacken … Sie wirkte so kühl und distanziert, aber sie gefiel ihm. Ein Hupkonzert riss ihn aus seinem Tagtraum. Er ließ den Motor an, fuhr fünfzig Meter weiter, nur um ihn wieder abzustellen. Bordeaux steckte im Feierabendchaos.

Er las weiter. Es handelte sich also nicht um den Haut-Bourton, sondern um einen einfachen Bordeaux Supérieur, der an eine Hamburger Firma, wahrscheinlich im Freihafen, geliefert worden war. Das ließ sich herausfinden. Auch die Spedition war erwähnt, sie wickelte einen großen Teil der Importe aus Frankreich ab, und auch Martin hatte sie schon für Transporte herangezogen. Das Datum und die Zeit der Abholung waren ebenfalls vermerkt: Montag, vier Tage nach Gastons Tod, 8 Uhr 30.

Martin legte die Brille aufs Armaturenbrett und rieb sich die Augen. War es möglich, dass Gastons Tod kein Unfall war?

Die Lieferung war mit 6000 Flaschen angegeben. Die Bezeichnung lautete auf Bordeaux Supérieur mit 13,5 Prozent Alkohol. Das passte zur Appellation Castillon.

An diesem Dokument war alles normal. Nur, wer verpackte einen einfachen Bordeaux Supérieur in Holzkisten? Lächerlich bei einem Durchschnittswein. Aber mit einem schönen Wappen darauf konnte man ihn fürs Doppelte verkaufen, die Kunden ließen sich blenden. Sie meinten, ein großes Gewächs zum kleinen Preis vor sich zu haben. Wirklich guter Wein hingegen war wie eine schöne Frau ohne Schminke.

Der Stau löste sich auf, zuerst langsam, dann immer zügiger. Die Straßenlaternen wurden eingeschaltet, und als er eine Stunde später vor Carolines Haus ausstieg, war der Nachthimmel mit Sternen übersät.

Man saß bereits beim Abendessen. Gastons Eltern waren abgereist, Carolines Mutter war geblieben, leider. Schmallippig sah sie Martin entgegen, und als Caroline ihm das Essen aufwärmte, missgönnte sie ihm sogar das. Er verstand nicht, warum sie so feindselig war. Als die Kinder im Bett lagen, er wie üblich die E-Mails abgefragt und beantwortet hatte, berichtete er von LaCroix.

Caroline wurde immer blasser. »Dieser Versicherungsmensch oder Kommissar, glaubst du, er ruft an? Und das mit Gaston – du … du hältst es für möglich, dass es kein … Unfall … dass jemand Gaston …?«, stammelte sie.

Ihre Augen weiteten sich, sie schlug die Hände vor den Mund. Hilflos blickte sie vom einen zum anderen.

Carolines Mutter konnte ihre Verbitterung über das Gehörte nicht verbergen. »Sie meinen also, er wurde … es war Absicht?« Sie zischte mehr, als dass sie sprach, und ihre Worte klangen, als käme Martin selbst als Täter in Betracht. »Gaston hatte keine Feinde!«

»Wer weiß«, sagte Martin vieldeutig und dachte an jenen denkwürdigen Morgen. »Gaston suchte etwas bei LaCroix, und er hat es anscheinend gefunden. Und genau an dieser Stelle war die Zeichnung. In dem Moment …«

»Was denken Sie sich eigentlich?«, fuhr ihn die verhärmte Frau an. »Sie platzen hier rein, in unser Haus, in unsere Familie, sagen das einfach so dahin, ungefragt, und nach allem, was geschehen ist, scheren Sie sich einen Dreck darum, wie meine Tochter das aufnimmt? Sind Sie noch bei Verstand? Und Sie halten sich für einen Freund? Sehen Sie nicht, was Sie Caroline damit antun? Sind Sie blind, oder sind Sie so unverschämt?«

5

Die ersten Sonnenstrahlen blitzten über den Horizont und vertrieben die Schatten der Nacht. Langsam hob sich der Nebel aus den Senken. Wieder kündigte sich ein warmer Tag an, das Wetter konnte für die Lese nicht besser sein.

Martin stand gebückt zwischen den Rebzeilen, richtete sich auf, um den verspannten Rücken zu lockern, und gähnte. Als er sich streckte, spürte er schmerzhaft die Wunde auf der Brust. Caroline hatte sie desinfiziert und verbunden. Er schaute sich um. Die Erntehelfer bewegten sich geschickt durch die Rebzeilen, Jean-Claude war in der Nähe, er schnitt in der Reihe neben ihm die letzten Trauben. Sie hatten den Wein nicht wie üblich Reihe für Reihe gelesen, sondern nur die Trauben herausgeschnitten, die wirklich reif waren, und den Vorgang täglich wiederholt. Es erforderte genaue Kenntnis des Reifegrades und mehr Zeit, doch mit dieser Methode hatte Gaston die besten Ergebnisse erzielt. Was schlecht, unreif oder faul war, fiel zu Boden.

Die Erntehelfer aus dem letzten Jahr machten ihre Sache bestens. Gestern hatten sie sich beeilen müssen und bis zum Dunkelwerden gearbeitet. Hätten sie einen Tag länger gewartet, wäre der Zuckergehalt in den Beeren noch weiter gestiegen und der Säureanteil zurückgegangen, was die Harmonie des Weins später zerstört hätte.

Vom Traubengut her würde es ein selten guter und vielseitiger Wein werden, sehr warm, der zu erwartende Alkoholgehalt an der Obergrenze, mit einem grandiosen Körper und einer schönen Säure. Gaston hätte seine Freude daran gehabt. Die erste Phase war so gut wie abgeschlossen, sie waren schneller vorangekommen als erwartet, und das Wetter hatte es gut mit ihnen gemeint.

»Wenn alle Trauben im Gärtank sind, reise ich ab«, hatte Jean-Claude angekündigt.

Der Zeitplan stimmte, und auch Martin konnte für einige Tage nach Hause fahren und sich um den Laden kümmern, was dringend nötig war.

Eigentlich hätte er zufrieden sein müssen, aber seit dem Besuch bei LaCroix war er unruhig. Heute Nacht hatte er wirres Zeug geträumt, von einem dicken Mann im schwarzen Anzug, der ihm beim Joggen Paletten vor die Füße warf und ihn beschimpfte. Er war gerannt und gerannt und mit dem Gefühl aufgewacht, kein Auge zugetan zu haben. Wahrscheinlich war die Angst, Fehler beim Ausbau des Weins zu machen, der Grund für seine Träume. Seit er die Verantwortung übernommen hatte, quälte er sich mit Vorwürfen. Wäre er letztes Jahr nicht zu bequem gewesen, sich alle Arbeitsschritte genau zu notieren, hätte er jetzt keine Sorgen. Er konnte so viel falsch machen, von der Gärtemperatur über die Maischestandzeit bis zur Einstellung der Maschine zum Entrappen. Jeder kleine Fehler hatte verheerende Auswirkungen. Außerdem musste er sich mit der neuen Pumpe vertraut machen …

Martin quälte sein Gehirn, um sich alles in Erinnerung zu rufen. Es half wenig. Da Gastons Aufzeichnungen fehlten und sein Kellerbuch verschwunden blieb, musste er sich von jetzt an auf sein Glück verlassen, auf seine Erinnerung, seine Intuition und die Nase. Beruhigend allein war der Gedanke, dass jeder Jahrgang sein Eigenleben hatte und anders ausfiel.

Aber ihm fehlte die praktische Erfahrung, Jean-Claude war ein Theoretiker, und mit Caroline konnte er kaum rechnen. Ein einziger Fehler – und alles wäre verdorben, die Arbeit des gesamten Jahres. Ob er sich blamierte, war gleichgültig, es ging um Carolines Existenz. Ein halber Tag zu lange im Gärtank, ein plötzlicher Temperaturanstieg, wenn auch nur für kurze Zeit … Er wagte nicht, den Gedanken zu Ende zu denken.

Gastons Wein-Tagebücher mit allen wichtigen Informationen sowie der PC und das Kellerbuch seien weiterhin unauffindbar, hatte der Polizist mitgeteilt, der mit weiteren Formularen zum Unterschreiben vorbeigekommen war. Wie erwartet, gab es keine Spur von den Einbrechern, auch die Befragung der Erntehelfer hatte nichts ergeben. Wer konnte mit Gastons Aufzeichnungen etwas anfangen? Doch nur jemand aus der Branche – aber wer?

Nachdem er eine Nacht darüber geschlafen hatte, war Martin sich sicher, dass Gastons Tod kein Unfall war. Es gab zu viele Ungereimtheiten: Gastons Verhalten, den Diebstahl des Haut-Bourton, die unterschiedliche Qualität der Proben. Jemand hatte seinen Freund ermordet! Die Kreidestriche auf dem Boden der Lagerhalle standen Martin wie eine Drohung vor Augen. Hätte er nur zwei Minuten mehr gehabt, hätte er klären können, ob Haut-Bourton in den Kisten war oder tatsächlich dieser Moulin de la Vaux, wie auf dem Zollpapier angegeben. Hatte Gaston die Plastikumhüllung aufgerissen? Wenn ihm nur nicht dieser Grivot dazwischengepfuscht hätte! Sollte er ihn darauf hinweisen und ihn im Lager nachsehen lassen?

Martin glaubte, die Stimme dieses undurchsichtigen Mannes irgendwann schon einmal gehört zu haben. Nachher musste er unbedingt im Polizeipräsidium anrufen und sich nach ihm erkundigen. Dann wüsste er zumindest, ob es diesen Kommissar gab. Sie könnten sich treffen, und er könnte ihn ausfragen. Bisher war es andersrum gelaufen.

Mit Jean-Claude hatte er die halbe Nacht darüber gestritten, was von den Ungereimtheiten in der Lagerhalle zu halten sei. Gastons Bruder hatte sich von den Fakten in keiner

Weise beeindrucken lassen, er hatte gemauert, geblockt und hartnäckig an der Version von einem Unfall festgehalten.

Was immer geschehen war, von jetzt an würde man auch Martin nicht aus den Augen lassen. Man? Wer war das, wem war er in die Quere gekommen, bereits auf der Rückfahrt nach Deutschland? Martin erinnerte sich an den Auftritt des Korsen und der Lederjacke. Verdammt, er hatte nichts, woran er sich halten konnte, alles war vage und schwammig. Würden sich die Unbekannten mit der Kiste Haut-Bourton aus dem Kofferraum und den Flaschen aus seinem Keller begnügen oder ihm weiter auf die Pelle rücken? Zumindest blieb ihm noch eine von Gastons Flaschen, um den Test zu wiederholen und sich ein sicheres Urteil zu bilden. Das ergab doch nur Sinn, wenn es etwas mit Gastons Tod zu tun hatte.

Oder sollte er sich besser raushalten, den Wein machen, diesem Grivot erzählen, was er wusste, und sich um seine eigenen Angelegenheiten kümmern? Nein, das konnte er nicht. Gaston war sein Freund gewesen, er war es ihm schuldig, dass er seinen Tod nicht einfach hinnahm, noch dazu bei seinem Verdacht.

Caroline hatte sich an der Debatte nicht beteiligt. Sie sprach kaum noch, starrte die Wände an, aß fast nichts, ließ sich nicht aufmuntern und suchte hinter ihren Kindern Schutz. Deshalb hatte die Mutter ihren Aufenthalt um einige Tage verlängert, was die ohnehin gedrückte Stimmung im Haus nicht gerade verbesserte.

Martin suchte in der Rebzeile neben der Landstraße nach den letzten reifen Trauben. Ein weißer Lieferwagen näherte sich aus Saint-Émilion, fuhr im Schritttempo vorbei, der Fahrer sah zu ihm her, hielt an und setzte zurück.

Sofort vergewisserte sich Martin, dass Jean-Claude und die Erntehelfer in der Nähe waren, denn nur in Gesellschaft fühlte er sich noch sicher.

Ein Mann mit grau meliertem Haar, Mitte fünfzig, schwang sich leichtfüßig aus dem Wagen, zog das zerknautschte Sakko zurecht und schob eine Hand in die Tasche seiner ausgebeulten Kordhose. Was Martin, der ihn misstrauisch musterte, besonders auffiel, waren die Lehmränder an den Schuhen. Anderer Boden als hier, dachte Martin, möglicherweise ein Winzer.

Sich umblickend, ging der Mann auf ihn zu. »Guten Morgen, Monsieur«, sagte er, gerade so, als freue er sich, ihn zu sehen. »Ein wunderbarer Tag für die Lese, nicht wahr? Aber ist es nicht ein wenig spät für Merlot?«

Das Gesicht des Mannes war fein und glatt, kurze Lachfalten in den Augenwinkeln ließen auf einen gesunden Humor und wenig Sorgen schließen. Das Haar war nicht mehr voll und locker nach hinten gekämmt. Der vornehme Ausdruck des Gesichts, das natürliche Autorität ausstrahlte, passte jedoch nicht zur legeren Kleidung. Der Fremde schien jemand zu sein, der es gewohnt war, Entscheidungen zu treffen, und sicher sein konnte, dass seine Anweisungen befolgt wurden. Alles in allem der aussterbende Typ des Landedelmannes.

»Für Merlot ist es gerade richtig«, antwortete Martin kurz angebunden. »Wir sind so gut wie fertig.«

»Ich bin sicher, dass Monsieur Latroye weiß, was er tut«, sagte der Fremde verbindlich. Ihm war Martins aggressiver Unterton nicht entgangen. »Wenn Sie die Unterbrechung verzeihen, würden Sie ihn bitte holen, oder ist er in der Garage?«

Martin zögerte, er war es nicht gewohnt, Anweisungen entgegenzunehmen.

»Das ist doch sein Weinberg, oder? Übrigens, ich heiße Bichot, Alexandre Bichot.«

»Bichot?« Martin versuchte, sich zu erinnern. Er war diesem Namen bereits begegnet. Nachdenklich runzelte er die Stirn.

»Bemühen Sie sich nicht zu sehr.« Die Antwort wirkte belustigt. »Man kennt meinen Namen. Möglicherweise passt mein Äußeres momentan nicht ganz dazu«, sagte er und blickte auf seine Schuhe.

»Sind Sie der – Bichot von Château Grandville?«

»Den haben Sie sich anders vorgestellt, nicht wahr?« Bichot wirkte amüsiert und seufzte: »Diese Reaktion bin ich gewohnt. Die Leute denken, dass man in Nadelstreifen rumläuft, wenn man ein weltbekanntes Château führt, zumindest in der Weinbranche.«

»Das ist es nicht«, entgegnete Martin, »ich habe lediglich überlegt, woher ich den Namen kenne. Es stimmt, dieser Weinberg gehörte Gaston Latroye. Sie wissen es noch nicht?«

»Er hat doch nicht etwa verkauft?« Bichot klang bestürzt.

»Wenn es das wäre, nein, aber, wie soll ich sagen ...« Martin fehlten nun die Worte. Wie sprach man auf Französisch über den Tod? In dieser Situation war er nie zuvor gewesen. Er rang sich zu einem Satz durch, von dem er annahm, dass er nicht pietätlos klang. Er sagte kurz: »Gaston Latroye können Sie nicht sprechen. Er lebt nicht mehr.«

Bichot schien entsetzt. Er starrte Martin ungläubig an, sein Mund klappte auf, unwillig schüttelte er den Kopf, als wolle er das Gehörte zurückweisen: »Tot? Gaston? Seit wann?«

Martin wollte sich nicht in Erklärungen verrennen und rief Jean-Claude. Es war Sache des Bruders und nicht seine, darüber zu sprechen. Jean-Claude klärte den Winzer über die Umstände auf. Dabei ließ er nicht den geringsten Zweifel an einem Unfall aufkommen. Was Martin von LaCroix erzählt hatte, sparte er aus.

Bichot brauchte eine Weile, um sich zu fassen. »Mon Dieu, was für ein riesiger Verlust für uns alle. Aber wie schrecklich das für seine Frau ist, können wir kaum ermessen. Ich selbst habe meine Frau vor drei Jahren verloren, bei einem Autounfall.« Er blickte zu Boden und scharrte mit dem Fuß in der trockenen Erde. »Wir kannten uns gut. Ich habe Gastons Arbeit mit großem Interesse verfolgt. Es hat mich fasziniert, wie jemand in so kurzer Zeit im Bordelais seinen unnachahmlichen Stil finden konnte. Und jetzt?«

»Sie sehen, wir machen weiter. Wir haben ja Monsieur

Bongers.« Jean-Claude machte eine weit ausholende Geste: »Er hat das hier mit Gaston zusammen geschaffen. Martin war von Anfang an dabei. Keiner, außer meiner Schwägerin vielleicht, kennt die Vorstellungen und Arbeitsweise meines Bruders besser als er. Sie haben damals zusammen diesen Weinberg ausgesucht. Offen gesagt, führt Monsieur Bongers das Kommando.«

»Ach. Dann sind Sie der Freund aus Deutschland!« Bichot ergriff erfreut Martins Hand. »Gaston hat von Ihnen gesprochen. Die Natur soll Sie mit einer fantastischen Nase ausgestattet haben, ein echter Grenouille sozusagen.«

»Nicht sehr schmeichelhaft, mit einem wahnsinnigen Frauenmörder verglichen zu werden, auch wenn es nur ein literarischer ist.«

»Pardon, ich dachte eigentlich eher an seine Nase als an seine Exzesse.«

»Das hört sich besser an«, sagte Martin verbindlich. »Das Wichtigste über den Weinbau habe ich von Gaston gelernt, der Rest sind Übung, Natur und Gewohnheit.« Es war Martin peinlich, dass Jean-Claude ihn vor Bichot derart lobte, während er in Wirklichkeit unsicher herumstolperte. Bichot war einer der wirklich großen Winzer des Bordelais, und Martin war gespannt, ihn kennenzulernen. »Können wir uns nachher drüben im Haus weiter unterhalten? Jean-Claude, was meinst du? Wir sind bestimmt in einer Stunde fertig.«

Gastons Bruder pflichtete ihm bei. »Wir gehen dann sowieso rüber zum Frühstück. Caroline wird sich freuen, momentan tut ihr jede Ablenkung gut.«

Bichot war einverstanden.

Wenig später trafen sich die drei Männer in der Küche. Caroline drängte ihre Mutter, die jeden Besuch am liebsten vergraulte, aus dem Raum und ließ die Männer allein.

Bichot hängte sein Sakko über die Lehne seines Stuhls

und setzte sich an den Küchentisch. Er machte weder den Eindruck eines Multimillionärs, der er zweifellos war, noch den des Besitzers eines der bekanntesten Châteaus des Bordelais. Bichot fragte Martin einiges zum Ausbau des Weins und ob er ihn schönen und filtern wolle, und kam dann zu dem Grund seines Besuchs. »Ich wollte Gaston um Hilfe bitten. Wir haben uns überraschend von einem unserer Önologen trennen müssen, von heute auf morgen. Sie können sich vorstellen, was das mitten in der Lese für uns bedeutet. Eine mittlere Katastrophe.«

Martin hörte nur mit halbem Ohr zu, wie Bichot von seinen über die Region verteilten Châteaus berichtete, von den zwei anderen Önologen, die er beschäftigte, die aber mit dem Wein von Grandville nicht vertraut seien. Weshalb er den Mann fristlos entlassen hatte, behielt er für sich. Entweder hat er für die Konkurrenz gearbeitet oder Geheimnisse ausgeplaudert, vermutete Martin, oder nicht parriert? Bichot hatte gehofft, dass Gaston ihn zumindest in diesem Jahr beraten könne.

Das alles war für Martin äußerst interessant, aber er hatte den vagen Eindruck, dass der Mann mehr wusste, als er preisgab. Gaston und er mussten sich recht gut gekannt haben, denn Bichot benutzte Gastons Vornamen, wenn er über ihn sprach. Er kannte anscheinend alle Jahrgänge des Pechant und wusste über die Bodenbeschaffenheit so gut Bescheid, als hätte er selbst eine chemische Analyse in Auftrag gegeben, was Martin mehr als erstaunte. Was für eine Beziehung hatte zwischen seinem Freund und Bichot bestanden?

»Und was ist mit Ihnen?« Bichot riss Martin aus seinen Gedanken. »Haben Sie keine Lust, uns zu helfen – und zum Beispiel auf Grandville Erfahrungen zu sammeln? Es könnte Ihnen beim Pechant nutzen.«

»Ich? Wie stellen Sie sich das vor? Ich habe mit unserem kleinen Weinberg mehr als genug zu tun. Außerdem gibt es einige Leute, die das besser können als ich, und ich kenne

Ihre Weine nur im Endstadium, die Proben liegen auch schon lange zurück.«

»Das lässt sich leicht ändern. Laut Gaston sind Sie ein Verkostungsprofi. Ich weiß noch, wie er sagte, er habe selten einen Menschen getroffen, der so ausgeprägte olfaktorische Fähigkeiten habe wie Sie. Ich brauche jemanden, auf den ich mich verlassen kann, der unvoreingenommen ist und mir nicht nach dem Munde redet. Wie viele Weine verkosten Sie pro Jahr?«

Martin zog die Schultern hoch und schob die Unterlippe vor. »Als Händler? Na, ein- bis zweitausend, vielleicht ein Dutzend mehr, vielleicht weniger. Es kommt darauf an.«

Bichot entging Martins reservierte Haltung nicht, und er machte einen Rückzieher. »Schauen Sie sich Grandville erst mal an. Es wird Ihnen gefallen.«

»Davon bin ich überzeugt, doch das wird kaum möglich sein. Montag fahre ich zurück, ich kann mein Geschäft nicht länger allein lassen.«

»Vielleicht lässt es sich bis dahin noch einrichten?«

Da Martin die Unentschlossenheit anzusehen war, fuhr Bichot fort: »Wir feiern unser großes Jubiläum. Vor zweihundert Jahren hat meine Familie auf Grandville ihre erste Ernte eingebracht. Wir sind zwar mit der Lese des Cabernet nicht durch, aber der Termin steht fest. Ich lade Sie ein, es wird ein sehr schönes Diner werden, dem Anlass entsprechend. Es kommen einige interessante Leute, die Besitzer der ersten Châteaus, wichtige Negociants, die Presse, vielleicht der Präfekt, Sie nennen ihn in Deutschland wohl Bürgermeister, dann Kammerpräsidenten und so weiter, und Sie können gleich einige unserer besten Weine probieren.«

Im Flur klingelte das Telefon. Caroline rief nach Martin. »Du hast dein Handy wieder nicht eingeschaltet ...«

Eilig stand Martin auf und beantwortete Frau Schnors Fragen. Als er aufgelegt hatte, nahm er Caroline still beiseite. »Kannst du mir sagen, was Gaston mit Bichot zu tun hatte?«

»Hat er dir nichts gesagt?«

»Nein. Er hat zwar mal von einem bekannten Winzer gesprochen, drüben im Médoc, aber nichts Konkretes.«

»Wenn Bichot kam, brachte er meistens irgendwelche Flaschen mit; sie sind dann gleich in die Garage gegangen, um sie zu probieren. Mehr weiß ich nicht.«

»War er oft hier?«

»Bichot? Na, vielleicht habe ich ihn zwei- oder dreimal gesehen.« Da war sie wieder, die Abwehr in Carolines Stimme. »Ich mag ihn nicht, das habe ich auch Gaston gesagt. Du weißt, ich habe Schwierigkeiten mit solchen Leuten. Die sind mir zu reich, für die sind wir nichts weiter als Gesinde. Das ist heute so wie damals, vor der Revolution. Aber er hat Gaston bei seiner Eitelkeit erwischt.«

»Gaston war nicht eitel.«

»Nein? Ich kenne ihn besser – kannte, vielmehr. Du warst zwar mit ihm befreundet, aber ich war mit ihm verheiratet.« Charlotte senkte den Kopf, und da ihre Mutter oben auf der Treppe erschien und mit ihrem Adlerblick heruntersah, schwieg Martin und kehrte in die Küche zurück.

Jean-Claude setzte Bichot gerade über den Einbruch während der Beerdigung ins Bild. »Ein Interesse der Polizei an der Aufklärung spüre ich nicht. Sie reden wie alle Beamten, sie hätten nicht genügend Mittel, keine Leute und so weiter.«

Martin nutzte eine Gesprächspause für die Frage, die ihm auf der Zunge lag: »Monsieur Bichot, kennen Sie ein Château Haut-Bourton oder seinen Besitzer?« Dabei versuchte er, seiner Stimme einen möglichst beiläufigen Klang zu geben.

Das entging Bichot nicht. Der Winzer und Chateau-Besitzer zögerte eine Sekunde, als suche er nach der richtigen Antwort. »Ja, ich kenne sowohl das Château wie auch seinen Besitzer, Monsieur Garenne. Wir sind sozusagen Nachbarn. Weshalb fragen Sie?«

Seine wahres Interesse verbergend, antwortete Martin: »Ich überlege, ob ich den Wein in mein Angebot aufnehme, er könnte eine Bereicherung sein. LaCroix vertreibt ihn, nicht wahr?«

Bichot nickte.

»Was sagt jemand wie Sie, jemand, der einen Premier Cru macht, zu den Weinen von Haut-Bourton?« Noch während er sprach, erinnerte Martin sich wieder an die Unterschiede zwischen den beiden verkosteten Weinen und an das unerquickliche Zusammentreffen in der Lagerhalle.

Bichot beantwortete Martins Frage nicht. »Wenn es Ihnen darum geht, einen Kontakt herzustellen, kann ich helfen. Monsieur Garenne ist selbstverständlich auch eingeladen. Ich bringe Sie gern zusammen. Persönlicher Kontakt, Sie wissen das, ist durch nichts zu ersetzen, und es ist sicher besser, wenn man sich, unbelastet von anderen Meinungen, sein eigenes Bild von einem Winzer macht.«

Es klang diplomatisch, aber ein härteres Urteil hätte Bichot kaum fällen können, dachte Martin.

»Es wäre mir wirklich ein Vergnügen, auch Sie, Monsieur Latroye, auf Grandville begrüßen zu dürfen.«

»Sehr freundlich, Monsieur Bichot. Aber eine Feier kommt für uns im Augenblick nicht infrage.«

»Das verstehe ich. Für Monsieur Bongers hingegen kann es sehr hilfreich sein. Also?« Bichot lächelte Martin auffordernd an.

Martin durfte sich die Gelegenheit, diesen Garenne kennenzulernen, auf keinen Fall entgehen lassen: »Ich komme gern. Smoking?«

»Selbstverständlich. Ich schicke Ihnen zwei Einladungen.«

Nachdem Martin sich versichert hatte, dass Bichot abgefahren war, rief er im Polizeipräsidium von Bordeaux an und bat, mit Kommissar Grivot verbunden zu werden.

»Welches Kommissariat?«, fragte die Stimme am Telefon.

Da Martin darüber keine Angaben machen konnte, verband ihn die Telefonistin mit verschiedenen Dienststellen, aber niemand kannte einen Kommissar mit diesem Namen.

Schließlich landete er wieder in der Telefonzentrale. »Bedaure, Monsieur. Haben Sie nicht zumindest seinen Vornamen?«

»Nein, er hat sich nur mit Grivot vorgestellt.«

»Versuchen Sie es besser im neuen Präsidium am Gare Boutière, Monsieur, wir sind mitten im Umzug.« Ohne ihm die andere Telefonnummer zu geben, unterbrach sie die Verbindung.

Mit einiger Mühe brachte Martin die neue Nummer in Erfahrung, aber auch dort kannte niemand einen Kommissar Grivot. Martin legte auf und ging frustriert in die Garage.

Am Nachmittag stand ihm die bislang unangenehmste Aufgabe der Weinlese bevor. Die Trauben mussten aufgebrochen und entrappt werden. Vor diesem Augenblick fürchtete Martin sich geradezu. Bei einer falschen Einstellung der Maschine konnten die Kerne verletzt werden und ihre harte, bittere Gerbsäure an den Wein abgeben. Aber in dem Moment, als Martin die Anzeige vor sich sah, erinnerte er sich an die Position, auf der sie im letzten Jahr gestanden hatte. Wieder ein Schritt weiter, dachte er erleichtert.

Zusammen mit Jean-Claude kippte er die Trauben in die Maschine, die das Entrappen und das Aufbrechen der Beeren in einem Arbeitsgang besorgte. Auf diese Weise entstanden nicht so viele Trübstoffe. In diesem Jahr benutzten sie zum ersten Mal die neue Schlauchpumpe, die Gaston vor kurzem angeschafft hatte; dadurch gelangten die Beeren ohne weitere Verletzung in den Gärbehälter.

Währenddessen schwirrte Martin ständig dieser Grivot im Kopf herum. Was hatte er bei LaCroix gewollt, und weshalb hatte der Lagerleiter so schnell klein beigegeben?

Jean-Claude interessierte die Frage weniger: »Lass uns die Arbeit beenden. Im Moment ist nur der Wein wichtig. Den Rest müssen wir der Polizei und der Versicherung überlassen.«

»Die Polizei hat kein Interesse, wie du selbst gesagt hast.«

Jean-Claudes Einstellung ärgerte Martin. »Ihr ist der Umzug ins neue Präsidium wichtiger, und die Versicherung wird sich alles Mögliche einfallen lassen, um an der Auszahlung der Lebensversicherung vorbeizukommen. Die leben vom Einsacken und nicht vom Auszahlen.«

»Ja, und wenn sich herausstellen sollte, dass es kein Unfall war? Dann zahlt die Versicherung nicht. Und das wäre das Letzte, was Caroline braucht«, sagte Jean-Claude bissig.

Sein Standpunkt leuchtete Martin ein. Auf der anderen Seite konnte er Gastons Tod nicht so stehen lassen. »Aber wenn es doch Mord war …«

Jean-Claude unterbrach ihn abrupt: »Das ist Sache unserer Familie.«

»Dann ist es wohl besser, keine schlafenden Hunde zu wecken.« Martin gab sich versöhnlich, aber von diesem Moment an war es mit der beginnenden Freundschaft vorbei. Im Grunde genommen hatte sich Jean-Claude nie wirklich für das interessiert, was sein Bruder mit Caroline und ihm hier aufgebaut hatte, das Basteln an seiner Universitätskarriere war ihm stets wichtiger gewesen. Ein einziges Mal war er in all den Jahren hier aufgekreuzt. Quälte nicht auch ihn die Frage, ob jemand seinen Bruder ermordet haben könnte?

»Wir müssen mit Caroline besprechen, wie es weitergeht, wenn du zurückfährst. Ich bin ab morgen weg.«

»Augenblick.« Martins Handy piepste und vibrierte in der Brusttasche seiner Drillichjacke. Frau Schnor war wieder dran. Eine Lieferung sei falsch, sie hätten den Wein nie bestellt, aber der Spediteur weigere sich, die Palette wieder aufzuladen. Martin gab ihr entsprechende Anweisungen und fragte nach Klüsters.

»Seit ich ihm von dem Korsen und dem Typen in der Lederjacke erzählt habe, ist er wie ausgewechselt«, beruhigte ihn Frau Schnor. »Er lässt mich keine Minute aus den Augen. Aber leider geht das Geschäft nicht besonders gut.« Sie nannte ihm die Verkaufszahlen der vergangenen Woche.

»Wenn Sie einen oder zwei Tage länger brauchen sollten – na ja, bei der Flaute schaffen wir das auch ohne Sie.«

Jean-Claude war mittlerweile ins Haus zurückgegangen, Martin legte eine Kette vor die Garagentür, denn das Schloss war noch nicht repariert worden, und schlenderte den Pfad entlang, der von Gastons Grundstück durch die Weinberge führte. Nach dem unerfreulichen Gespräch mit Jean-Claude brauchte er ein wenig Ruhe. Er blieb abrupt stehen und schaute sich um.

Merlot war überall geerntet, Cabernet Sauvignon hing noch an den Rebstöcken, ihm fehlten noch zwei Wochen Sonne. Cabernet Franc war in den letzten Jahren aus den Weinbergen rings um Saint-Émilion zunehmend verschwunden, stattdessen war Merlot angebaut worden, der dem Wein Eleganz und Süße gab, einen fruchtigen Kirschgeschmack, dazu den Duft nach Früchtekuchen. Außerdem machte ein höherer Merlot-Anteil den Bordeaux früher trinkreif, denn selbst Weinkenner wollten nicht mehr zehn Jahre oder länger warten, bis sie ihren Wein genießen konnten.

Von Weitem sah Martin das Haus der Nachbarn. Er beschloss, ihnen einen Besuch abzustatten. Seit der Beerdigung hatten sie sich nicht mehr sehen lassen.

Madame Lisette schnitt im Garten Chrysanthemen. Der üppige gelbe Strauß in ihrem Arm machte sie um Jahre jünger. Ihr Gesicht war vom langen Sommer tief gebräunt und strahlte. Ihre Mundwinkel zeigten trotz eines Lebens voller Arbeit aufwärts. Als Martin herankam, schaute sie halb belustigt, halb melancholisch über die Rebstöcke, die rings um ihr Haus wuchsen.

»Recht wenig ist uns von unserem Weinberg geblieben, Monsieur Martin. Manchmal bin ich traurig, dass wir verkauft haben – der Wein war auch *unser* Leben. Aber einen so wunderbaren Wein, wie Gaston ihn machte, hätten wir nie zustandegebracht. Zu unserer Zeit machte man alles anders, ›traditionell‹ würden Sie es nennen. Aber Jèrôme und ich gehören nicht mehr dazu und haben nur noch wenig eigenen Wein im Keller, von jedem Jahrgang ein Fässchen – Sie müssen unseren ältesten unbedingt probieren – und unser Gemüse, die Blumen, die Obstbäume. Charlotte meint, wir sollten in die Stadt ziehen, da hätten wir's bequemer. Aber Sie sehen selbst, dass es ihr gar nicht bekommt. Am liebsten ist sie allein. Das war früher anders. Und da macht sie so einen unmöglichen Vorschlag. Unsere Freunde leben alle hier, allein deshalb bleiben wir. Städte, die werden doch nur von Verrückten bewohnt, oder? Ich müsste in den Blumenladen, wenn ich solche Chrysanthemen haben wollte. Die würden ein Vermögen kosten.« Sie hielt Martin das Bouquet hin.

Jérôme ist ein Glückspilz, eine solche Frau geheiratet zu haben, dachte Martin. Sie ist früher bestimmt sehr hübsch gewesen. So wie Charlotte heute. Schade nur, dass sie nicht so dachte wie ihre Mutter. Er seufzte innerlich.

»Wie schön, dass Sie mal bei uns vorbeischauen«, fuhr Madame Lisette fort. »Sie sind stets willkommen. Wie geht es drüben?«

Während Martin von der angespannten Stimmung im Hause erzählte, folgte er Madame Lisette, die einen Eimer mit Wasser füllte und die Blumen hineinstellte.

Sie legte die Blumenschere beiseite. »Da fällt mir ein. Kommen Sie rein, bitte, mein Mann will dringend mit Ihnen sprechen. Ich glaube, er möchte etwas loswerden.« Sie öffnete die Haustür und zeigte Martin den Weg. »Ach, ich vergaß, Sie kennen sich ja aus. Kommen Sie in die Küche – oh, Charlotte!«

Ihre Tochter stand an dem alten, gescheuerten Küchentisch und rieb eine zerteilte Wildente mit Marinade ein. Ringsherum standen die Zutaten: trübes Olivenöl in einer Glaskaraffe, ein Honigtopf, ein paar Zweige Rosmarin und ein Häufchen Basilikumblätter. Verblüfft sah Martin, wie die so kühl wirkende Charlotte das Geflügel mit den Fingern einrieb, statt den Pinsel zu nehmen, und sie danach ableckte.

»Sie kochen gern?«, fragte er unvermittelt.

»Wenn man es nicht jeden Tag muss oder nur für sich allein, kann es Spaß machen.«

»Nehmen Sie Himbeeressig für die Marinade?«

»Ja, wieso? Kennen Sie das Rezept?« Erstaunt blickte sie auf. »Haben Sie das etwa gerochen?«

»Ich nehme Feigenessig dazu, probieren Sie den mal aus, und Feigen in Rotwein passen ausgezeichnet dazu.«

»Sie kochen auch?« Ihr Erstaunen war echt.

Martin hatte das Gefühl, dass es hier womöglich ein gemeinsames Thema gab, denn Charlotte reagierte nicht mehr ganz so spröde und abweisend. Er würde sie gerne langsam aus der Reserve locken. Aber hatte er nicht eigentlich genug Aufregung?

»Sie kommt in Paris leider selten zum Kochen«, mischte sich ihre Mutter ein. »Ihr Beruf ist zu anstrengend. Sie ist jetzt eine Woche hier und hat sich kein bisschen erholt.«

»Maman! Muss das sein?« Charlotte blitzte ihre Mutter vorwurfsvoll an.

»Lass doch, Martin ist ein Freund des Hauses, wie Gaston. Er war oft bei uns, und ohne ihn wüssten sie jetzt drüben überhaupt nicht, wie sie mit dem *Pechant* weitermachen sollten. Caroline ist nicht ansprechbar, und Jean-Claude ist ein Intellektueller, aber kein Handwerker. Alles wäre hin, die Mühe von so vielen Jahren.« Sie wandte sich Martin zu. »Charlotte arbeitet im Außenministerium, sie ist Staatssekretärin. «

»... Unterstaatssekretärin, Maman«, korrigierte Charlotte gequält. Anscheinend war ihr die Unterhaltung bereits zu persönlich.

»Meinetwegen. Scheint ein fürchterlicher Beruf zu sein, wenn man dich hört.« Sie wandte sich Martin zu. »Dabei haben wir uns krummgelegt, ihr die Ausbildung zu ermöglichen. Jetzt gefällt es ihr nicht mehr, sie findet es abscheulich. Oh, der Kaffee ist fertig.«

Charlotte drapierte derweil die Ententeile in einer feuerfesten Form auf Zwiebeln und gehackten Tomaten, streute Basilikumblätter darüber und legte einen Zweig Rosmarin dazu, hockte sich vor den Backofen und schob die Schüssel hinein.

Martin betrachtete ihren Rücken und den gebeugten Nacken, der ihn schon am Abend der Beerdigung fasziniert hatte. In beigefarbenen Jeans und einem rosa Sweatshirt gefiel sie ihm besser als in Schwarz wie an jenem Abend, sie war weicher und freundlicher, hatte geradezu etwas Mädchenhaftes.

»In einer Stunde können wir essen«, sagte sie und räumte den Tisch frei.

»Sie bleiben doch, Martin, oder? Bitte.« Madame Lisettes Einladung war so herzlich gemeint, dass er unmöglich ablehnen konnte. Fragend sah er Charlotte an.

Schweigend gab sie ihr Einverständnis, ihn streifte ein Blick, in dem sich distanzierte Skepsis mit wohlmeinender Neugier mischten. Beim Kochen schien sie ein anderer Mensch, nicht so kühl, distanziert und bestimmend, sondern wie eine Frau, die er selbst gern zum Essen eingeladen hätte. Bichot wollte zwei Einladungen für das Diner auf Grandville schicken – vielleicht ergab sich später eine Gelegenheit, sie zu fragen, ob sie mitkommen wolle. Es würde klüger sein, damit bis nach dem Essen zu warten, mit vollem Magen waren die Menschen zugänglicher.

»Sie machen Außenpolitik?«, fragte er, um die Unterhaltung zu beginnen.

»So weit ist es noch nicht. Ich mache keine Politik, ich gebe mir Mühe, dafür zu sorgen, dass die Politik anderer ausgeführt wird, so gut es geht.« Charlotte setzte sich und trank einen Schluck Kaffee. »Ich kontrolliere, ob und wie Beschlüsse umgesetzt werden, ich verschaffe mir einen Überblick über unsere Partner im Ausland, über ihre Fähigkeiten, die Institutionen, Finanzen und so weiter.«

»Das klingt wie Geheimdienstarbeit.« Martin nahm sich vor, auf der Hut zu sein.

»Ist es nicht. Vielleicht ja, das eine oder andere Dossier wird von dort kommen, wer weiß. Ich beschäftige mich mit Entwicklungshilfe für afrikanische Länder, eine sehr undankbare Tätigkeit.«

»Wieso? Ist das nicht positiv? Man hilft, gibt Geld, bildet Leute aus, schafft Möglichkeiten, damit kommen die Leute aus dem Elend.«

»Theoretisch ja. Wir geben ihnen fünfzehn Millionen für Selbsthilfeprojekte und technische Hilfe, alles äußerst nachhaltig, wie es auf den Konferenzen so schön heißt. Wir wissen natürlich, dass die Hälfte davon in den Taschen der Führungsschicht landet. Und damit die ihren Reichtum sichert, verkaufen wir ihnen für dreißig Millionen Waffen. Es hört sich extrem an, aber so ist es, das ist meine private Meinung«, sagte sie mit bitterem Unterton. »Das habe ich früher nicht gewusst, und es waren nicht die Voraussetzungen, unter denen ich mich für diesen Beruf entschieden habe. Wir helfen den Ländern, auf die Beine zu kommen, dann legen wir sie rein und binden sie so fest in den Weltmarkt ein, dass sie sich überhaupt nicht mehr bewegen können. Geopolitik nennt man das. Vor lauter Schulden haben diese Länder keine Bewegungsmöglichkeit mehr.« Sie zögerte einen Moment lang und dachte nach. »Ist es nicht ein bisschen wie bei Caroline? Die Bank hat sie jetzt fest im Griff.« Und nach einer kurzen Pause fügte sie hinzu: »Zumindest hat sie die Chance, durch Gastons Tod mit einem Schlag von den Schulden runterzukommen, wenn die Lebensversicherung ausgezahlt wird. Ihr habt euer Geld für den Weinberg damals sofort gekriegt, Maman. Jetzt ist sie dran.« In ihrer Stimme lag Verbitterung.

»Charlotte!« Madame Lisette war entsetzt. »So habe ich dich noch nie reden hören. Sei nicht so zynisch.«

»Entschuldige, die letzten Monate waren vielleicht ein bisschen anstrengend. Aber ist es nicht so?« Sie stellte die

Kaffeetasse hin und verließ ohne ein weiteres Wort die Küche.

»Ich glaube, wir müssen uns Sorgen machen«, sagte Madame Lisette. »Seit einem Jahr ist Charlotte so, nein, länger, es hat vor ihrer Scheidung angefangen. Dabei hat sie alles: eine große, schöne Wohnung, richtig viel Geld, tolles Cabrio … Na ja, es ist klar, was ihr fehlt.« Traurig rührte sie in ihrer Kaffeetasse.

Martin hörte, wie der Lieferwagen von Monsieur Jérôme vor dem Haus hielt. Fröhlich pfeifend kam der Hausherr in die Küche, begrüßte seine Frau und schüttelte Martin herzlich die Hand.

»Sie machen gute Arbeit da drüben, alle Achtung, die ganze Nachbarschaft redet darüber. Als Deutscher haben Sie es bei uns nicht leicht, Martin. Wir Franzosen haben unsere Schwierigkeiten mit euch, besonders wir Alten.«

»Das ist so lange her, Monsieur Jérôme …«

»Nein, für viele seid ihr noch immer die *boches*. Immer wieder kommt das hoch, selbst bei den Jungen, dabei wissen die nicht mal, dass dieses Schimpfwort von Bosch stammt. Bosch hat vor dem Krieg bei uns elektrische Geräte produziert. Ach, was erzähle ich Ihnen, lassen wir das. So, jetzt das Wichtigste. Kommen Sie mit, ich habe was für Sie.«

Monsieur Jérôme setzte eine geheimnisvolle Miene auf und schob Martin unter dem missbilligenden Blick seiner Frau aus der Küche.

Er ging zur Werkstatt, schloss die grüne Tür auf und machte Licht. In diesem Moment vibrierte Martins Handy. Immer zum ungünstigsten Zeitpunkt, fluchte er still. Er hasste das Ding. Nirgends ließ es einen in Ruhe, immer und überall war man verfügbar. Gereizt meldete er sich.

»Na, mein Lieber, wo störe ich dich? Wo treibst du dich rum? Bestimmt in einem Weinberg, oder?«, flötete Petra ihm ins Ohr.

Martin zögerte. Was konnte er sagen, ohne ihr Grund zur

Kritik zu geben? »Finanzgespräche«, etwas Klügeres fiel ihm nicht ein, »bin gerade bei wichtigen Abschlüssen.«

»Dann will ich nicht stören. Wann kommst du zurück? Nächstes Wochenende ist Presseball. Ich wollte dich mitnehmen. Bist du dann hier?«

Oh, Gott, der Presseball. Das war überhaupt nicht nach seinem Geschmack, wenn tausend Leute gleichzeitig »ich« schrien. Und sobald er seinen Beruf erwähnte, war er von selbst ernannten Weinexperten umgeben, die ihm erklärten, wie Wein gemacht wurde. War bei dem Diner auf Grandville anderes zu erwarten? Hoffentlich. Zumindest würde er den Besitzer von Haut-Bourton treffen.

»Ich fahre erst am Montag, davor bin ich noch zu einem Diner auf Château Grandville eingeladen.« Kaum hatte er es ausgesprochen, bereute er es bereits.

»Das ist ja großartig«, sagte Petra überschwänglich. »Das habe ich mir immer gewünscht. Fein. Scheint, dass du es endlich geschafft hast, wenn man dich zu so was einlädt. Du, da komme ich selbstverständlich mit. Dafür nehme ich dich dann mit zum Presseball.« Sie klang begeistert. »Ich buche sofort einen Flug. Wann findet das genau statt? «

Martin gab ihr die Daten durch, und mit einem schnellen »Danke!« war das Gespräch beendet. Er starrte das Handy an und fühlte sich wie ein Luftballon, aus dem die Luft entwich.

Monsieur Jérôme blickte ihn aufmerksam an. »Ärger?«, fragte er, als Martin böse schnaubte.

Er schüttelte den Kopf. »Nein, meine Freundin. Sie will kommen.«

Wieso hatte er nicht den Mund gehalten? Jetzt würde sie alles daransetzen, um einen Flug zu bekommen und hier aufzukreuzen. Vom Dinieren auf berühmten Schlössern hatte sie geträumt, seit sie sich kannten. Endlich war sie am Ziel ihrer Wünsche und er am Ende der seinen. Er konnte sie ja schlecht ausladen. Resignierend verabschiedete er sich von der Vorstellung, Charlotte als Begleiterin zu haben.

Monsieur Jérôme klopfte Martin aufmunternd auf die Schulter. Er ging zu einem Sekretär mit verschrammten Intarsien und ließ die Schreibklappe herunter. Er zog eine große Schublade voller Nägel ganz heraus, griff in den Hohlraum dahinter und holte ein Päckchen hervor.

»Ich glaube, das ist für Sie! Gaston hat es mir kurz vor seinem Tod anvertraut. Er hat mich beschworen, es keinem Menschen zu geben, nur im äußersten Notfall. Der ist ja wohl eingetreten. Ich wollte es zuerst Caroline geben, aber sie ist nicht ansprechbar.«

Die Form kam Martin bekannt vor. Mit pochendem Herzen riss er das Papier auf. Und tatsächlich hielt er Gastons private Aufzeichnungen in der Hand. Drei schwarze Kladden mit roten Ecken.

Glücklich überflog er die Verkostungsnotizen, die Kundenliste und, als Wichtigstes, das Tagebuch der Ernte und der Kellerarbeit des letzten Jahres. Gaston hatte alles Schritt für Schritt in seiner peniblen Handschrift notiert, deutlich gegliedert und das Wesentliche unterstrichen. Martin fand die Einstellung der Maschine zum Entrappen, den Pressdruck von 2,5 bar für den Trester – und war erleichtert. Er hatte es richtig gemacht.

»Etwas Kostbareres als diese Zeilen hätten Sie mir nicht geben können, Monsieur Jérôme«, sagte er begeistert. »Das ist mit Geld nicht aufzuwiegen! Was für ein Glück, dass Gaston so umsichtig gewesen ist. Ob er etwas geahnt hat? Die letzte Eintragung stammt vom Tag vor seinem Tod.« Martin erinnerte sich, wie der Freund am Abend vor seiner Abreise in seinem winzigen Büro gesessen und geschrieben hatte.

Wieder vibrierte Martins Handy. Unwillig zog er es aus der Tasche.

»Hallo, ich bin es, ich habe den Flug. Ich komme morgen am späten Nachmittag und fahre dann mit dir im Auto zurück. Okay?«

Martin suchte verzweifelt nach einer Möglichkeit, Petra das Kommen zu verleiden. »Ich habe fürchterlich viel zu tun im Weinberg und gesellschaftliche Verpflichtungen, ich werde kaum Zeit haben.« Ach, lächerlich, davon würde sie sich nicht abhalten lassen.

»Ich störe nicht. Aber du holst mich ab! Versprochen?«

»Ja, selbstverständlich«, antwortete Martin.

Monsieur Jérôme schaltete sich wieder ein. »Ich habe lange überlegt, ob ich Ihnen das Päckchen geben soll, aber wem sonst?«

»Jean-Claude?«

»Ach, Sie standen Gaston viel näher.« Monsieur Jérôme schloss den Sekretär ab.

»Er ist aus Mahagoni, oder? Ein wirklich wunderbares Stück. Louis-seize? Und darin bewahren Sie Nägel auf?«

»Zu was anderem taugt der nicht mehr. Das Ding fällt fast auseinander.«

»Leim vollbringt wahre Wunder. Der Sekretär ist ein Vermögen wert. Lassen Sie ihn aufarbeiten.«

»Das predigt Charlotte auch. Das kann sie machen, wenn sie ihn erbt. Bis dahin bleibt er mein Schraubenschrank. In meiner Kindheit stand er in unserem Wohnzimmer. Meine Großmutter aus Flandern hat ihn in die Familie gebracht, er war ein Teil ihrer Aussteuer.«

»Wenn Ihnen jemand den Sekretär abkaufen will, sagen Sie auf jeden Fall nein!«

»Hätte ich das bei meinem Weinberg auch tun sollen, als Gaston ihn gekauft hat? Das Land ist heute glatt das Dreifache wert.« Martin wollte aufbegehren, doch Monsieur Jérôme wechselte übergangslos das Thema. »Wenn die Lebensversicherung ausbezahlt wird, kann Caroline den Kredit abzahlen, und es bleibt ihr sogar einiges über. Dann wird sie den Weinberg sicher verkaufen. Allein macht sie nicht weiter, da bin ich mir sicher. Es ist zu viel Arbeit, zu hart, und sie kann es nicht, sie versteht nicht so viel davon wie Sie oder

Gaston. Caroline denkt urwüchsig, wie man es in Saint-Chinian eben tut.«

»Die Winzer dort haben sehr viel gelernt. Sie machen inzwischen viel modernere Weine.«

»Caroline ist nicht der Typ dafür. Sie lässt den Wein entscheiden, wie er werden will. Das ist einerseits gut, andererseits vergibt sie Chancen. Bei einem Wein wie dem Pechant kann man sich das nicht erlauben. Weshalb kaufen Sie den Weinberg nicht?«

»Ich?« Martin fuhr zusammen. Monsieur Jérômes Worte trafen ihn völlig unvorbereitet. Obwohl er noch nie darüber nachgedacht hatte, fühlte er sich ertappt. Aber es war unmöglich. Der Weinberg war, wie Monsieur Jérôme ganz richtig gesagt hatte, inzwischen das Dreifache des ursprünglichen Preises wert. So viel Kapital würde er nur mit allergrößter Anstrengung aufbringen können. Dabei war er froh, dass sein Laden endlich schuldenfrei war und gut lief. Trotzdem war der Gedanke an einen eigenen Weinberg mehr als verlockend.

Madame Lisette rief zum Essen. »Ich habe Caroline Bescheid gesagt, dass Sie bleiben, das ist Ihnen doch recht?«

»Sie sind eine begnadete Köchin, Charlotte.« Martin kehrte in die Küche zurück. Es duftete fantastisch.

Sie nahm das Kompliment so gelassen hin, als hätte sie nichts anderes erwartet. Während des Essens bombardierte sie Martin mit Fragen zum Pechant, zu Bordeaux-Weinen und zu den Unterschieden zwischen den Appellationen am linken Ufer der Gironde, Pauillac, Saint-Estèphe und Margaux, die sich alle in irgendeiner Weise voneinander unterschieden – und denen am rechten Ufer wie Saint-Émilion, Pomerol und Fronsac. Es war nicht ganz einfach, ihre Fragen zu beantworten, und Martin scheute sich nicht zu sagen, wenn er etwas nicht wusste. So rasch ließ er sich von niemandem ins Bockshorn jagen.

Die Fragen wirkten auf ihn wie ein Test seines Fachwissens, obwohl sie charmant gestellt waren. Wollte Charlotte sich ein Bild von seiner Kompetenz machen? Oder war es die Macht der Gewohnheit, Leute auszufragen?

Mit ihrem Gesicht vor Augen trat er den Heimweg durch die Dunkelheit an, Gastons Aufzeichnungen fest unter den Arm geklemmt.

6

Im Haus brannte noch Licht. Jean-Claude sichtete mit dem Steuerberater die Rechnungen und Belege der letzten Monate. Jemand von der Bank hatte sich überraschend gemeldet und eine Zwischenbilanz verlangt.

Solche Anrufe kamen nur dann, wenn Kredite in Gefahr waren. Martin wunderte sich. Woher wusste die Bank von Gastons Tod?

»Stand etwas in der Zeitung über den Mo… über Gastons … Unfall?«

»Ja«, sagte Jean-Claude kurz angebunden, »eine knappe Meldung: ›Winzer tödlich verunglückt‹ oder so ähnlich.«

Martin ging in den Keller und holte sich eine Flasche Wein – den Pechant von 1995. Er nahm die Flasche, setzte sich auf einen Schemel und starrte die groben grauen Wände an. Was war in diesem Haus nur los?

Fürchteten sie, dass er den Wein verdarb? Kaum anzunehmen, denn Caroline überließ ihm alle Entscheidungen, sowohl im Weinberg wie auch in der Garage, und Jean-Claude war heilfroh, dass nicht er die Verantwortung übernehmen musste. Was hatte Monsieur Jérôme gesagt? Dass man auch in der Nachbarschaft seine Arbeit mit Wohlwollen betrachte? Weshalb dann hier diese Distanz?

Waren es Geldsorgen? Hatte Caroline Angst, den Weinberg und ihr Haus zu verlieren? Aber für die Tilgung des Kredits war genug Geld da, die Verkäufe vom vorletzten

Jahrgang waren besser als erwartet, und die Preise entsprachen dem Lob der Fachpresse. Der Wein vom letzten Jahr würde Mitte nächsten Jahres in den Verkauf gehen. Nach den ersten Fassproben war er überdurchschnittlich gut bewertet worden und dank der vielen Reservierungen so gut wie verkauft. Er selbst würde wie üblich sechshundert Flaschen abnehmen. Das Geld könnte er Caroline sofort geben. Was aber, wenn Gaston als Produzent nicht mehr mit Hand und Namen dahinterstand? Der Pechant konnte über Nacht erheblich an Wert verlieren.

Und was war mit der Lebensversicherung? Wurde sie auch bezahlt, wenn Gaston ermordet worden war? Falls nicht, könnte das die Reaktion der Familie erklären. Das konnte er zwar verstehen, dennoch erfüllte es ihn mit Wut, dass die anderen zur Tagesordnung übergingen und bereit waren, mit der Ungewissheit zu leben, ob es Mord oder ein Unfall gewesen war.

Martin schrak aus seinen Gedanken. So kam er nicht weiter. Er würde Gastons Aufzeichnungen in Ruhe lesen. Ihr Auftauchen war momentan der einzige Lichtblick, möglicherweise fand sich sogar ein Hinweis auf den Haut-Bourton.

Als er die Treppe zu seinem Zimmer hinaufging, rief Jean-Claude ihn zurück: »Dein Inspektor hat angerufen!« Missbilligend blickte er auf die Weinflasche in Martins Hand.

Mit dem Anruf dieses Monsieur Grivot hatte Martin kaum mehr gerechnet. »Was wollte er? Ist er nun von der Polizei oder nicht?«

»Woher soll ich das wissen. Er sagte, er könne deine Hilfe brauchen und dass er sich wieder meldet.«

»Hast du seine Nummer notiert?«

»Wieso sollte ich? Nein, *er* will wieder anrufen.«

Martin schluckte seinen Ärger hinunter. Jean-Claude hätte Grivot seine Handynummer geben können. Dass er es nicht getan hatte, machte sein mangelndes Interesse an der

Aufklärung ziemlich deutlich. Kaum brachte er das Gespräch auf Gastons Tod, blockte Jean-Claude ab.

»Darf ich mir die Abrechnungen morgen mal ansehen?«, sondierte Martin vorsichtig und hoffte, unter den Belegen irgendeine Notiz zu finden, die womöglich auf eine Verbindung von Gaston mit LaCroix oder dem Haut-Bourton hindeutete. Geschäftsunterlagen konnten, wenn man sie zu lesen verstand, eine Fundgrube sein. »Es wäre interessant zu wissen, wie diese Dinge bei euch gehandhabt werden.« Ob ihm Jean-Claude das abnahm?

»Viel zu kompliziert, da steige nicht einmal ich durch. Gute Nacht!«

Jean-Claude schloss die Bürotür wieder. Das war eindeutig. Martin ging in sein Zimmer, das Jean-Claude unwillig geräumt hatte, setzte sich auf die Bettkante, öffnete die Flasche, roch am Korken – einwandfrei –, goss ein wenig Wein ins Glas, probierte, war zufrieden und öffnete die erste Kladde.

Weshalb hatte Gaston die Aufzeichnungen bei Monsieur Jérôme in Sicherheit gebracht? Hatte er geahnt, dass er in Gefahr war? Martin begann zu lesen. Allmählich stellte sich das erhoffte Hochgefühl ein.

Lückenlos hatte Gaston den Weg beschrieben, den der Wein während des Ausbaus nehmen musste. Es war die perfekte Anleitung, selbstverständlich nur in organisatorischer und technischer Hinsicht. Den genauen Ablauf schrieb die Entwicklung des Weins vor, und auf die musste er reagieren. Die geschmackliche Bewertung und die sich daraus ergebenden Konsequenzen hingegen lagen in Martins Verantwortung.

Immer wieder blätterte er die Seiten durch. Nirgends wurde der Haut-Bourton erwähnt. Erst beim dritten Mal entdeckte er ziemlich am Ende des letzten Tagebuches eine hingekritzelte Zeile: »18 H-B., A. B. – 18. 8.« War das ein Hinweis? H-B.? Das konnte Haut-Bourton bedeuten. Was aber steckte hinter der Abkürzung A. B.? Dahinter das Datum des 18. August. Der lag mehr als einen Monat zurück. Was war an diesem Tag geschehen?

Martin suchte weiter nach einem Sinn, bis ihm die Augen zufielen. Den Wecker brauchte er nicht zu stellen, die Trauben waren geerntet, der Wein blubberte vor sich hin, er durfte endlich ausschlafen.

Er löschte das Licht. Beim Einschlafen dachte er an Charlotte, die allmählich auftaute, und daran, dass er Petra vom Flugplatz abholen musste. Hoffentlich würde er in Bordeaux den Weg zu diesem Kostümverleih wiederfinden, wo er sich vor zwei Jahren schon einmal einen Smoking geliehen hatte. Morgen wollte Bichot die Einladungen schicken. Bichot? Alexandre Bichot! Hatte Gaston ihn mit A. B. gemeint?

Zum ersten Mal seit langem schlief Martin wieder besser. Geweckt wurde er von der einzigen Fliege im Zimmer, die sich auf seinem Gesicht niederließ. Die Erinnerung an Bichot machte ihn schlagartig wach, und er griff nach Gastons Notizen. Nach fünf Minuten hatte er die Beschreibung des Haut-Bourton gefunden. Gestern hatte er sie übersehen, da Gaston sie zusammenhanglos zwischen andere Notizen gesetzt hatte.

Die Beschreibung des Weins deckte sich nahezu vollständig mit seinen Eindrücken. Sein Freund hatte wie immer mit der Farbe begonnen: »Tiefes, tintenfarbenes Rot, undurchsichtig. Fehlender Braunton für das Alter, entspricht nicht dem Jahrgang. Wärmegeprägt, Frucht scheint nur intensiv – Pflaume, schwarze Johannisbeere, künstlich, zu flach. Schokolade, Leder, Gummi? Evtl. Gärfehler. Barrique zu scharf – Nelke überdeutlich, leicht karamellisiert, nicht wirklich gealtert. Eichenspäne statt Barrique. Holz wird sich halten, Frucht zurückgehen. Tannin zu rau, entspricht nicht dem Médoc, Körper und Struktur schwach, Süße-Säure-Komponente stimmt halbwegs. Billig, ein Blender.«

Perfekt. Das war es, was er an seinem Freund geschätzt hatte. Er konnte sich klarer ausdrücken als er selbst. Dieser

Wein entsprach nicht dem aus seinem Keller. Er musste erst vor kurzem abgefüllt worden sein. Ein Fehler, der durch lange Lagerung entstand, hätte sich anders gezeigt. Wenn es nicht der originäre Wein war, was war es dann? Eine Fälschung?

Ein gefälschter Deuxième Cru? Unglaublich! Der Gedanke war ungeheuerlich. Das hatte es noch nie gegeben oder war zuvor nie bemerkt worden, dachte Martin und ließ sich in die Kissen sinken. Oder man hatte es verschwiegen, um Händler und Kunden nicht zu beunruhigen?

Wenn Uhren, Handtaschen, Ersatzteile für Autos und Computer gefälscht wurden, wieso nicht auch ein Wein? Er war ein Produkt wie jedes andere. Ab und an wurden Weine falsch deklariert, Fantasiebezeichnungen erfunden und Etiketten verwendet, die denen von berühmten Châteaus ähnelten. Es war zu Gerichtsverfahren gekommen, die Beweislage war mehr als schwierig, und vor der finanziellen Gewalt von Billiganbietern, die den größten Teil des europäischen Marktes beherrschten, wurde gekuscht. Wenn Grands Crus nach Jahrzehnten aufgefüllt und mit neuen Korken verschlossen wurden, verlangte die Vorschrift, dass dazu der Wein desselben Jahrgangs verwendet wurde. Es ging das Gerücht, dass auch bekannte Kellereien sich nicht daran hielten. Den Nachweis zu erbringen war überaus kompliziert. Dieser Betrug hier war jedoch anders, besser ausgeführt: Er war für Laien, die mit dem Original nicht in Berührung kamen, so gut wie nicht als solcher zu erkennen. Also musste unter allen Umständen verhindert werden, dass Originale auftauchten.

Er hatte den Betrug wohl auch nur deshalb bemerkt, weil er beide Weine nebeneinander probiert hatte. Eine Fälschung hätte er nicht als solche erkannt, lediglich sich über die schlechte Qualität des Weins gewundert. Die Welt will betrogen werden, hieß es, aber diese Worte hatten sicher die Betrüger in die Welt gesetzt.

Weshalb hatte Gaston ihm den Haut-Bourton mitgegeben? Damit er …? Ja, was zum Teufel? Zum Probieren hätte eine Flasche gereicht. Wozu dann die ganze Kiste und noch zwei Flaschen extra? Hatte Gaston etwa Angst gehabt, den Wein bei sich aufzubewahren, und wollte ihn in Sicherheit wissen, oder sollte Martin ihn tatsächlich nur testen? Es war zu spät, Gaston danach zu fragen.

Morgen würde er Garenne kennenlernen, den Chef von Haut-Bourton. Sollte er ihn allein auf eine Vermutung hin ansprechen? Hatte jemand Gaston umgebracht, nur weil er gewusst hatte, dass es eine Fälschung gab? Es hätte Gaston kaum genutzt, wenn er es herumposaunt hätte. Außerdem, wie hätte er es beweisen sollen? Oder ging es um Geld?

Alles, was man im Liegen denkt, ist Blödsinn, dachte Martin und stand auf. Der Duft frischer Croissants lockte ihn nach unten. Kaum hatte er gut gelaunt die Küche betreten, erstarb jedes Gespräch. Er stürzte den Kaffee hinunter, verzichtete auf ein Croissant und flüchtete in die Garage.

Die Gärung hatte begonnen, die aufsteigende Kohlensäure schwemmte die Beeren an die Oberfläche und bildete den Tresterhut. Die dicke Schicht musste immer wieder gelockert und die Beeren mussten unter den Wein gemischt werden, damit sich die Farbe und das weiche, süße Tannin vollständig aus ihrer Haut lösen konnten. Martin nahm dazu eine Art Paddel. Später würde er den Wein unten abziehen und oben drüberlaufen lassen, was den Wein zwar in Bewegung versetzen würde, aber die neue Pumpe arbeitete schonend.

Als Jean-Claude dazukam, erläuterte Martin ihm die nächsten Arbeitsschritte so präzise, wie er konnte.

Jean-Claude blickte ihn skeptisch an. »Wirst du weitermachen, bis der Wein abgefüllt wird? Du weißt, dass das anderthalb Jahre dauert!«

»Klar«, sagte Martin. »Hättest du mit mir die Arbeit hier begonnen, wenn du nicht vom Ergebnis überzeugt wärst?«

»Mit Sicherheit nicht. Kannst du denn so oft aus dem Geschäft weg?«

»Ich werde es einrichten. Eine Woche hier, eine Woche dort. Nur die Fahrerei kostet mich immer einen Tag – egal. Ich kann auch fliegen und mir hier einen Wagen mieten.«

»Wie du meinst. Das ist deine Sache. Hast du dich endlich von dem Gedanken gelöst, dass hinter Gastons Tod etwas anderes steckt? Vergiss diese Hirngespinste. Dann kannst du dich besser auf die Arbeit konzentrieren.«

Martin spürte, wie er wütend wurde. Er murmelte eine Entschuldigung und ging in sein Zimmer. Nein, er würde Jean-Claudes Rat nicht befolgen.

In den Weinführern suchte er nach dem Namen aus dem Zolldokument von LaCroix: Château Moulin de la Vaux, Appellation Côtes de Castillon. In der Gegend hatte gegen Ende des Hundertjährigen Krieges die Entscheidungsschlacht zwischen Franzosen und Engländern stattgefunden. Martin blätterte in Namensregistern, bei den Appellationen, im Index der Gemeinden, doch ein Weingut mit Namen Moulin de la Vaux war nirgends erwähnt. Vielleicht würde er in Belvés fündig werden, dem Zentrum der Appellation, oder in der Stadtverwaltung von Castillon-la-Bataille, wie auf dem Formular angegeben.

Es war nicht weit. Die Landstraße wand sich durch Weinfelder und winzige Dörfer mit grauen Sandsteinhäusern. An jeder Einfahrt wurde zur Weinprobe eingeladen. Zerfetzte Wahlplakate der Sozialisten bedeckten die Mauern, neofaschistische Parolen waren übermalt worden, aber die Farbe deckte nicht. Hier und da bewegten sich Pflückerkolonnen durch die Weingärten, und hochbeinige Erntemaschinen rollten wie riesige Insekten über die Rebzeilen und schaufelten sich die Trauben in den Leib.

Kaum ein Flecken Erde, der nicht mit Wein bestockt war, man konnte den Eindruck gewinnen, dass Wein sogar auf den Verkehrsinseln oder im Kreisverkehr wuchs. Alles gehörte zu Bordeaux, alle Weine erhielten diesen Namen, ob gut oder schlecht. Was würden das für Gewächse sein, wenn sie, meist schon im nächsten Frühjahr, ein Etikett trugen mit einem herrschaftlichen Château, die Rebzeilen strahlenförmig darauf zulaufend. Dazu ein klangvoller Name in hübscher Typografie, der der Fantasie das nötige Futter gab.

Hinter Castillon achtete Martin auf Wegweiser zum Château Moulin de la Vaux. Während andere Kellereien ausgewiesen waren, fehlte hier jeder Hinweis. Auch in Belvés kannte niemand ein Château dieses Namens. Auf dem Rückweg hielt er kurz vor Castillon an einer ländlichen Tankstelle und studierte die Karte.

Im Bistro direkt nebenan zog jemand die vergilbten Vorhänge beiseite, gleich darauf öffnete sich die Tür. Ein unrasierter Mann mit beginnender Glatze und einem grauen Kittel, wahrscheinlich der Tankwart, schlurfte herüber, bückte sich zum Wagenfenster und blickte Martin neugierig durch die Scheibe an. Martin ließ sie nach unten gleiten und fragte ihn, ob er zufällig ein Château Moulin de la Vaux kenne.

Der Tankwart richtete sich auf, strich sich nachdenklich über den Kopf und nickte mehrmals. »Ja.«

»Kennen Sie den Weg dahin? Können Sie ihn mir bitte beschreiben?«

»Was wollen Sie da?«

Martin sah den Mann verblüfft an. Hatte das den Tankwart zu interessieren? »Wieso fragen Sie mich das?«

»Sie haben mich ja auch was gefragt. Es kann mir egal sein, aber da ist niemand mehr um diese Zeit.«

»Woher wissen Sie das?«

»Die Arbeiter sind vorbeigekommen, sie haben hier Billard gespielt, das tun sie immer, dann sind sie weg. Ich habe mich gewundert, dass sie so früh fertig waren.«

»Dann ist das Château nicht weit?«

»Nein.«

»Nun zeigen Sie mir schon den Weg.« Martin war kurz vor der Verzweiflung.

»Ist ja gut, Monsieur. Also, Sie fahren geradeaus Richtung Belvés, nach genau anderthalb Kilometern nach links auf einer schmalen Straße, etwa einen halben Kilometer, bis Sie zu einem Wäldchen kommen. Dann biegen Sie rechts ab in den Schotterweg, und auf dem Hügel liegt dann der Laden. Eine Mühle gibt es nicht mehr, die ist vor Jahren abgebrannt. Aber ich sage Ihnen gleich, Sie finden da jetzt keinen mehr.«

Martin gab dem Tankwart ein großzügiges Trinkgeld und fuhr weiter. Er folgte seinen Angaben, und als er in den Schotterweg einbog, sah er rechts ein Blechschild: *Château Moulin de la Vaux.* Die Farbe blätterte ab, und es war voller ausgefranster Löcher, als hätte jemand darauf geschossen.

Das Château auf der Hügelkuppe sah nicht viel einladender aus, es ähnelte mehr einem heruntergekommenen Bauernhof als einem Weingut. Zwei große, scheunenartige Gebäude rechts und links, dazwischen ein weiter Innenhof, vorne neben dem Tor ein kleines, an die Scheune gelehntes Wohnhaus für den Verwalter.

Martin stellte den Wagen in einem nahen Wäldchen ab, wo er nicht gesehen werden konnte. Er zog die Laufschuhe an und lief in weitem Bogen von hinten auf das Château zu. Nirgends eine Menschenseele. Die leicht zur Straße hin abfallenden Weingärten machten einen verwahrlosten Eindruck. Die Pfähle für die Spanndrähte der Rebzeilen staken schief im Boden, einige waren morsch, die Rebstöcke standen zu eng, es gab viel zu viel Laub für gute Durchlüftung und richtige Sonneneinstrahlung, obwohl die Rebzeilen von Ost nach West verliefen und den ganzen Tag über Sonne hatten. Der Kellermeister oder Önologe hier war sein Geld nicht wert. Und doch wurde der Weinberg bewirtschaftet, sämtliche Trauben waren geerntet.

Martin rüttelte an dem Holztor, es war neu und sah stabil aus. Doch alles blieb still, und zu seiner Erleichterung schlugen keine Hunde an. Er sah an der hohen Backsteinmauer hinauf, die mit Glasscherben gespickt war. Ohne fremde Hilfe und ohne einen dicken Teppich, den man über die Glasscherben werfen konnte, kam hier niemand rein.

Vielleicht hatte er an der Rückseite mehr Erfolg? Dort fand er einen Anbau mit vergitterten Fenstern und einer Tür. Sie war zu Martins Überraschung unverschlossen. Dahinter lag ein dunkler Raum, der bis zur Decke mit zerbrochenen Fässern, Fassreifen, morschen Kisten und rostigen Maschinenteilen gefüllt war. Unschlüssig betrachtete Martin das Gerümpel. Als seine Augen sich an die Dunkelheit gewöhnt hatten, bemerkte er Fußabdrücke, die vor einem Blech endeten. Er rückte die verbeulte Platte zur Seite und blickte in einen niedrigen Tunnel. Wahrscheinlich hatten ihn die Arbeiter angelegt, um unbemerkt Wein beiseitezuschaffen.

Martin zögerte nicht und kroch hindurch. Hinter einem Haufen schräg stehender Paletten kam er heraus. Mit einem Schlag war es hell. Er stand in einer der Scheunen, am Ende einer Reihe von mehr als mannshohen Gärtanks, deren Fassungsvermögen er auf vierzigtausend Liter schätzte.

Plötzlich hörte er ein Geräusch. Martin fuhr herum, aber es war nur ein schlagendes Fenster.

Vorsichtig erkundete er die Halle. Alle Gärtanks waren randvoll. Die Temperatur wurde mittels nachträglich eingebauter Kühlschlangen niedrig gehalten. Plastikwannen fingen die Tropfen aus undichten Abfüllstutzen auf, und an der gegenüberliegenden Wand standen zwei neue zylindrische Pressen. Über allem lag der süßsaure Geruch nach Gärung, und als Martin in den Innenhof trat, fiel er fast in einen lilafarbenen Berg aus gepressten Traubenschalen und -kämmen. Eine schwarze Wolke von Essigfliegen stob auf. Das Zeug musste seit Tagen vor sich hin modern.

Im Hof befand sich außen an der Hallenwand eine Reihe gekachelter Gruben. Dort entluden Lastwagen ihre Trauben, Schneckengewinde beförderten sie weiter in die Maschine zum Entrappen und Pressen, denn bei einfachen Weinen wurde nur der Most und nicht, wie bei Gaston, die ganze Beere vergoren.

An der hinteren Mauer des Hofes stand neben einem Gabelstapler der Auflieger eines Sattelschleppers. Es musste eine mobile Abfüllanlage sein. Martin öffnete die hintere Tür und kletterte auf die Ladefläche. Er kannte diese Art von Fahrzeugen. Sie wurden von Winzern, die sich keine eigene Abfüllanlage leisten konnten oder deren Produktion zu gering war, für kurze Zeit gemietet. Dafür durften sie später »Mis en Bouteille au Château« auf ihr Etikett schreiben, abgefüllt im Château. Diese Anlage machte, im Gegensatz zum Rest des Betriebs, einen gepflegten Eindruck. Alle Metallteile glänzten, nicht einmal auf den Schutzverkleidungen aus Plexiglas fanden sich Spuren von Weintropfen. Jemand hatte sich die größte Mühe gegeben, Zuleitungen, Greifvorrichtungen und Transportbänder penibel sauber zu halten. Doch weder Kartons noch Etikettenreste gaben Auskunft, was zuletzt abgefüllt und etikettiert worden war. Martin schloss die Hecktür und machte sich an die Inspektion der zweiten Halle.

Hier standen noch die Gärtanks aus Zement, wie man sie benutzt hatte, bevor Edelstahl in Mode kam. Was hier gärte, war Fassware der billigsten Sorte, Wein für die Großmärkte, der in Plastikschläuchen abgepackt wurde – aber niemals in Holzkisten. In einer Ecke lagen Eichenspäne am Boden. Martin registrierte sie nur flüchtig, er war auf der Suche nach Kisten aus Kiefernholz.

Einmal mehr ärgerte er sich, dass dieser verdammte Grivot zu früh gekommen war. Enthielt der Kistenstapel nun Flaschen mit Haut-Bourton oder Wein von Moulin de la Vaux? Ach, es war müßig, sich darüber den Kopf zu zerbrechen. Er müsste diesen Moulin probieren. Das Flaschenlager vermutete er im Keller, eine Treppe führte nach unten.

Martin tastete im Halbdunkel nach dem Schalter, prallte gegen einen Pfeiler, was ihn schmerzlich an die Wunde in der Brust erinnerte, und fand den Schalter. Das Licht ging an.

An der langen Seite des Kellers ragten Rohre und Ventile aus der Wand, was darauf schließen ließ, dass auch dahinter Tanks lagen. Wie groß ihr Fassungsvermögen war, ließ sich nicht bestimmen, und sie trugen auch keine Beschriftung. Martin fand keine Hinweise auf Rebsorte, Füllmenge oder das Datum der Belegung.

Das Flaschenlager befand sich gegenüber den Tanks. Die meisten der aufeinandergetürmten Drahtcontainer waren leer, nur in einem lag eine so große Zahl von Flaschen, dass es niemandem auffallen würde, wenn zwei fehlten. Martin steckte sie in seine Umhängetasche, und gerade, als er das Licht ausschalten wollte, entdeckte er die eingeschweißte Palette mit Kartons. Er brauchte die durchsichtige Plastikhülle gar nicht aufzureißen, die Pappkartons lagen mit der Schrift nach oben: Moulin de la Vaux. Martin fuhr sich mit den Fingern durchs Haar. Sieh an, Pappe für den Moulin – dann waren die fürs Inland bestimmt und die Holzkisten mit Aufdruck fürs Ausland, wenn Moulin de la Vaux außerhalb Frankreichs zur Edelmarke aufgebaut werden sollte. Und was war dann mit dem Haut-Bourton?

Unschlüssig blickte er sich um, doch er sah nichts, was ihn weiterbrachte. Er machte kehrt, löschte das Licht und tastete sich nach oben.

Im Hof blieb er stehen. Sein Blick fiel auf eine Tür mit dem Schild »*Patrón*«. Jemand hatte ein Strichmännchen mit einem riesigen Phallus darauf gezeichnet. Die Tür hatte ein Sicherheitsschloss und war abgeschlossen. Durchs Fenster konnte er nur wenig sehen. Abgestoßene Büromöbel, hölzerne Rollschränke, eine wunderbare alte Schreibtischlampe, die er lieber in seinem Büro gesehen hätte, und eine noch ältere Rechenmaschine. Rechts am Boden standen Kartons mit Etiketten. Sie waren ockerfarben, so wie die vom Haut-Bourton. Sollte er die Tür eintreten oder die Scheibe einschlagen? Sosehr er sich die Nase an der Scheibe platt drückte, er konnte den Aufdruck nicht erkennen. Gewaltsam in den Raum einzudringen wäre unklug, er wollte niemanden aufscheuchen. Missmutig machte er sich auf den Rückweg.

Nichts hatte er entdeckt, was auf eine Verbindung zwischen dem Moulin de la Vaux und dem Haut-Bourton schließen ließ. Er war auf der falschen Fährte. Wieso aber gab es keine Tafeln wie in anderen Kellereien, welche Weine in den Gärtanks waren? Nicht einmal die Mengen waren angegeben. Wem mochte dieser runtergekommene Laden gehören? Wem von den elftausend Winzern im Bordelais? Bestimmt wusste es der komische Vogel von der Tankstelle.

Das Bistro neben der Tankstelle war gerammelt voll, laut und verqualmt. Martin bahnte sich einen Weg zum Tresen, wo ihn der Tankwart empfing. »Keiner mehr da auf Moulin?«, fragte er, jetzt mit langer Schürze als Wirt und Patrón, viel freundlicher als am Vormittag. »Wie ich gesagt habe. Und, was gefunden?«

»Was soll ich gefunden haben?«, wich Martin aus.

»Na, erzählen Sie mir nichts, Sie suchen doch was. Das merkt jeder. Da drüben, am Billardtisch, sind zwei Arbeiter von Moulin. Die Algerier sind schon weg, die bleiben unter sich. Spielen Sie Billard?«

Martin nickte. »Leidlich. Algerier? Im Weinbau?«

Der Wirt brachte Pernod und eine Karaffe mit Wasser zu einem anderen Tisch und kam zurück. »Sind billig, und Trauben abschneiden ist einfach. Ich dachte zuerst, Sie sind von der Ausländerbehörde, aber dann habe ich Ihr deutsches Nummernschild gesehen. Dafür sprechen Sie verdammt gut Französisch. Was trinken Sie?«

Martin bestellte einen Espresso und einen Armagnac und suchte sich einen freien Platz gleich neben dem Billardtisch. Den Spielern zuzusehen war fast so gut, wie selbst zu spielen, er konnte darüber nachdenken, was er an ihrer Stelle täte, und nach der Karambolage sagen, was sie falsch gemacht hatten.

Der Patrón brachte ihm das Gewünschte. »Der da am Billardtisch, der mit der Matte, Jacques, der spielt verdammt gut. Aber er schummelt. Passen Sie auf. Am besten, man spielt mit ihm zusammen. Aber das wollen alle.« Der Patrón lachte, klopfte Martin auf die Schulter und eilte zum nächsten Gast.

Dieser Jacques war Martin gleich beim Hereinkommen aufgefallen. Nach einem Kellereiarbeiter sah er nicht aus mit seinem schulterlangen Haar, der schmalen, langen Nase und den wachen, verschlagenen Augen. Er wirkte wie ein freundliches Schlitzohr. Martin schätzte ihn auf Mitte dreißig, etwas jünger als er selbst.

Während Jacques das Piston des Queues mit Kreide bestrich, taxierte er seine Mitspieler. Als seinem Gegner eine Karambolage misslang, holte er tief Luft, krempelte die Hemdsärmel auf und fasste das Queue mit seinen feingliedrigen Fingern. Der Stoß war schnell und hart, die Kugeln flitzten über den Tisch. Als sie ausgerollt waren, lagen sie so, dass die nächste Karambolage gelingen musste. Und das tat sie. Nach der siebenten Karambolage standen die ersten von den Tischen auf, nach der achten erstarb das Gespräch, nach der neunten herrschte Stille. Jacques war mit dem Queue und dem Tisch eins geworden.

»Wenn er nicht hier ist, verführt er Ehefrauen«, feixte der Wirt im Vorbeigehen.

Jacques hob triumphierend den Kopf, und genau in diesem Augenblick misslang ihm die fast sichere Passage. Martin hatte den Eindruck, dass er zu viel Effet auf die linke Seite der Kugel gegeben hatte. Jacques zuckte die Achseln. Er bemerkte Martins Blick und trat zu ihm. »Neu hier?«

»Wie man's nimmt.«

»Und wie nimmt man's?«

»Wie es kommt.«

Jacques strich sich das Haar aus der Stirn und grinste. Martins Antwort schien ihm zu gefallen. »Was trinkst du?«

»Armagnac und Kaffee.«

»Zu niedrigen Blutdruck?«

»Bisher noch nicht.«

»Ist ein *boche*«, sagte der Wirt im Vorbeigehen.

»Ja«, antwortete Jacques, »aber ganz sympathisch. Patrice, bring ihm noch 'nen Armagnac, dieses Mal 'nen doppelten. Mal sehen, was er kann. Mir ein Bier.« Er nahm die Flasche und forderte Martin auf, mit an seinen Tisch zu kommen.

»Was machst du hier? Du siehst aus wie ein Einkäufer.«

»Ja, bin ich. Im Moment jedoch mache ich Wein. Für einen Freund.«

»Und wer ist dein Freund?«

»Ein Winzer aus Saint-Émilion.«

»Braucht er dazu die Hilfe von 'nem deutschen Weinhändler?«

»Seine Frau braucht sie, er nicht, er ist tot ...«

»Wieso?« Jacques kniff die Augen kaum merklich zusammen.

»Er hatte leider einen Unfall, in einem Lager, drüben in Bordeaux.«

»Ach ja, bei LaCroix, habe davon gelesen. Schon komisch, so was. Da geht einer in ein Weinlager, und ihm fallen Paletten auf den Kopf. Merkwürdig, dieser Unfall. Ich nehme an, du glaubst nicht daran. Würde ich auch nicht. So, jetzt bist du dran, musst gegen mich spielen.«

Die Partie war ziemlich schwierig, Martin fehlte die Übung, und sein Partner spielte ohne Willen zum Sieg. Dafür hatte Jacques reichlich davon. Wenn die Situation ausweglos war, legte Martin die Bälle zumindest so auf dem grünen Tuch zurecht, dass Jacques, der nach ihm an der Reihe war, sie nicht erreichen konnte.

»Spielst du so, weil du gewinnen willst oder weil du geizig bist?«, fragte Jacques, als sie sich wieder setzten und er sich das Haar aus dem Gesicht strich.

»Sagst du allen Leuten auf den Kopf zu, was du denkst?«

»Du planst viel. Aber dir fehlt der starke Impuls, du richtest dich nach der Situation. Du willst nicht um jeden Preis gewinnen – aber verlieren erst recht nicht, und geizig bist du auch nicht. Erst wenn man dich in die Enge treibt, vermasselst du einem die Tour.«

»Arbeitest du hier als Bistro-Analytiker oder als Trainer?«, fragte Martin amüsiert.

»Keine schlechte Idee. Glaubst du, die Jungs könnten mich bezahlen? Erzähl mir lieber was von deinem Freund.«

»Weshalb interessiert er dich?«

»Vielleicht kann ich dir helfen. Du fragst den Patrón aus, schleichst durch die Weinberge, das fällt auf. Das ist nicht gut für dich. Das könnten die falschen Leute hören. Man hört manches, besonders, wenn die Arbeiter sauer sind.«

»Was denn zum Beispiel?«

Jacques sah Martin forschend an. »Sei vorsichtig, mein Freund.« Er stand auf und griff nach seinem Queue. »Spielen wir weiter?«

»Weißt du, wem Moulin gehört?«

Jacques drehte sich um. »Ich kenne nur seinen Namen, Garenne heißt er. Gesehen habe ich den noch nie hier. Dem gehört auch eins von den ganz berühmten Châteaus drüben im Médoc – Haut-Bourton.« Mit diesen Worten wandte er sich dem neuen Spiel zu.

Die Dinge fügen sich mal wieder ganz ohne eigenes Zutun, dachte Martin.

7

Bichot hatte Wort gehalten und zwei auf Büttenpapier gedruckte Einladungen geschickt. Als Martins Kopfschmerzen langsam nachließen, fuhr er zum Flugplatz, um Petra abzuholen.

Er hatte viel zu viel getrunken und so gut wie nichts über Moulin de la Vaux erfahren. Die beiden Arbeiter waren resistent gegen jede Annäherung. Jacques dagegen wurde immer gesprächiger. Martin hatte ihn nach Hause gebracht, weil sein Motorrad den Geist aufgegeben hatte.

»Wenn du was brauchst oder so, ruf den Wirt vom Bistro an. Ich schaue fast jeden Tag bei ihm rein. Wegen deines Weins, wenn du nicht klarkommst … ich bin Kellermeister. Aber bei der Kälte in den dunklen Löchern kriege ich Rheuma. Und wenn du mal wieder in ein Château einsteigen solltest, dann sag vorher Bescheid und verstecke deinen Wagen besser«, verabschiedete sich Jacques.

Martin schaffte es rechtzeitig zum Flugplatz. Petra winkte ihm schon von weitem zu. Sie wirkte ausgelassen wie selten, umarmte ihn. Überschwänglich bedankte sie sich für die Einladung, die sie selbst ausgesprochen hatte. Auf der Fahrt nach Bordeaux telefonierte sie ohne Unterbrechung und wurde nervös, als Martin sich auf der Suche nach dem Smokingverleih verfuhr. Ihre gute Laune war sofort dahin, und sie kehrte zu den üblichen Vorhaltungen zurück.

Das Wiedersehen mit Caroline verlief steif. Die Frauen

waren sich, obwohl Petra zwei- oder dreimal in Saint-Émilion gewesen war, fremd geblieben. Die eine verstand die andere nicht, wobei Caroline sich zumindest Mühe gab. Aber ihre Welten waren Lichtjahre voneinander entfernt.

Carolines Mutter hingegen plauderte angeregt mit Petra über ihren Beruf und das gesellschaftliche Leben in Frankreich und stellte sich als intime Kennerin der Bordelaiser Gesellschaft dar. Ihr Wissen schien vornehmlich aus Klatschmagazinen zu stammen. Martin, zum Übersetzen verdonnert, langweilte sich zu Tode. Andererseits war er froh, dass er auf diese Weise das Alleinsein mit Petra hinausschieben konnte.

Später im Bett überwog die sportliche Komponente. Petra nahm sich, was sie wollte, mehr gierig als zärtlich, erlebte ihr Gefühl für sich allein, und Martin tat, als würde es ihm gefallen. Dabei fand er es bedrückend, er hatte noch nie auf eine so distanzierte Weise mit einer Frau geschlafen. Das würde das letzte Mal sein. Wenn wir wieder in Deutschland sind, mache ich Schluss, war sein letzter Gedanke, als er sich auf die Seite rollte.

Am nächsten Morgen stahl er sich früh aus dem Bett. Als Petra im Halbschlaf etwas Vorwurfsvolles murmelte, schützte er Arbeit vor und zog sich im Bad an. Trotz der Anwesenheit von Carolines Mutter in der Küche machte er sich nach einem knappen »Bonjour« einen Kaffee und verzog sich damit nach draußen.

Die Kaffeeschale wärmte ihm die Hände, denn der Morgen war kalt und klar. Martin setzte sich auf eine Kiste und starrte die abgeernteten Weinstöcke an. Wie anders alles war ohne Gaston. Nicht einmal zwei Wochen waren seit seinem Tod vergangen, und wirklich alles hatte sich seitdem verändert. Er hatte niemanden mehr zum Reden und für dumme Witze, niemand verstand ihn oder fühlte mit ihm, und an Carolines Leben teilzunehmen bedeutete, ihr Leid zu teilen. Aber es stand auch etwas zwischen ihnen. Sichel war sein Vertrauter in geschäftlichen Fragen, aber eine so tiefe Freundschaft wie mit Gaston verband sie nicht. Mit Gaston hingegen hatte er über alles reden können: über die dumme Affäre, die er vor einigen Jahren mit einer gemeinsamen Bekannten in Bordeaux angefangen und rasch wieder beendet hatte, über seine Unentschlossenheit Petra gegenüber – keiner von ihnen hatte je ein Blatt vor den Mund genommen. Sie hatten sich gestritten, dass die Fetzen flogen, ohne sich gram zu sein. Niemals war einer von ihnen nachtragend gewesen, jedes Missverständnis hatten sie ausräumen können. Martin wusste gar nicht mehr, wie es war, ohne einen richtigen Freund zu leben.

Er trank den Kaffee aus und ging in die Garage. Behutsam lockerte er den Tresterhut und pumpte Wein darüber. Anschließend packte ihn die Putzwut. Um Petra auszuweichen, war ihm jedes Mittel recht. Drei Stunden später waren Garage und Flaschenlager so sauber wie niemals zuvor.

Als er ins Haus zurückkehrte und Petra zu einem Spaziergang abholen wollte, stand sie am Bügelbrett: »Kannst ruhig allein gehen. Und lass den Wagen waschen. Mit dem dreckigen Ding können wir uns nirgends sehen lassen.«

Martin schluckte. Sie war wirklich nur gekommen, um sich endlich Zugang zu den Palästen der Weindynastien zu verschaffen. Wieso hatte er ihr nicht mit einem klaren Nein abgesagt? Er zog den Trainingsanzug und die Laufschuhe an. Ich bin ein Idiot, dachte er und rannte los.

Das strahlende Herbstwetter, die Sonne über den Weinbergen und die sanft geschwungenen Hügel versöhnten ihn langsam wieder mit sich selbst. Nach einer Viertelstunde hatte er seinen Rhythmus gefunden. Er brauchte nur die Beine nach vorn zu schwingen, und die Erde wurde wie von selbst unter seinen Füßen weggezogen.

»Der Smoking steht dir nicht, er ist zu groß.« Petra musterte Martin kritisch, als er sich für das Diner umgezogen hatte. »Du siehst aus, als hättest du dich verkleidet. Du bist wirklich mehr der Gummistiefel-Typ.« Sie nahm ihren Schminkkoffer und verschwand im Bad. Martin verbiss sich eine gehässige Entgegnung und ging nach unten. Eine halbe Stunde später kam Petra nach.

Caroline und ihre Mutter bewunderten ihr Abendkleid, aber Martin gefiel es ganz und gar nicht. Das kleine Schwarze war viel zu weit ausgeschnitten, sowohl vorn wie auf dem Rücken. Es war nicht elegant, sondern auffällig, geeignet für jemanden, der auf dem Presseball Furore machen will, aber nicht, um bei einem Diner in einem traditionellen Château getragen zu werden. Aber das würde Petra nie begreifen.

Martin nahm seinen Mantel, ging zum Wagen, den er am Nachmittag hatte waschen lassen, und öffnete Petra den Schlag. Er wollte den Weg ins Médoc wie immer über Blaye nehmen und mit der Fähre übersetzen.

Petra widerstrebten derartige Abenteuer. »Wir fahren lieber durch die Stadt, da sehe ich wenigstens etwas von Bordeaux – und mein Kleid wird weniger strapaziert.«

Er schnappte nach Luft, verbeugte sich wie ein Chauffeur und klemmte sich hinters Steuer. Petra hatte sich mit einem Parfum übergossen, dessen weicher, schwer-süßlicher Duft ihn kaum atmen ließ. Eine zu gute Nase konnte auch ein Handicap sein. Er stellte das Gebläse an, doch Petra schaltete es mit den Worten »Es zieht« wieder aus.

Nach einer Weile des Schweigens plapperte sie über ihre »superinteressanten« Begegnungen auf dem letzten Marketing-Kongress mit »hinreißenden« Leuten aus der Werbebranche, mit Art Directors, die irgendwelche Awards gewonnen hatten, mit PR-Beratern, Product Managern und so weiter.

Martin achtete nicht auf ihre Worte, ihn beschäftigte die anstehende Begegnung mit Garenne. Würde er ihn zum Sprechen bringen können, ohne dass sein Verdacht durchschimmerte? Er konnte es sich schlecht verstellen, Heimlichtuerei war nie seine Stärke gewesen. Wusste Garenne von der

Fälschung? Wurde seine Kellerei benutzt, oder war er selbst der Fälscher? Würde sich ein renommierter Winzer zu einem solchen Wahnsinn hinreißen lassen? Plötzlich fiel Martin ein, dass er den Moulin de la Vaux noch probieren musste.

Garenne in ein Gespräch über seinen Wein zu verwickeln würde nicht schwer sein. Normalerweise brauchte man Winzer nur anzutippen, und sie sprudelten los, sprachen über nichts lieber als über ihre Reben, ihre Weine und ihre Erfolge.

Château Grandville war von einer Sandsteinmauer umgeben, die auch die angrenzenden Weingärten mit einschloss. Das geschwungene, schmiedeeiserne Tor zwischen den rechteckigen Säulen war weit geöffnet, die Bäume entlang der Auffahrt wurden von unten angestrahlt, zum Château hin wurden die Lampen dunkler, um die Fassade im neoklassizistischen Stil am Ende der Allee umso heller erstrahlen zu lassen. Eine perfekte Inszenierung.

Innerhalb der Mauern waren sämtliche Parkplätze belegt, Martin musste den Wagen draußen am Straßenrand parken. Petra ärgerte sich, dass sie nicht direkt vor der breiten Freitreppe aussteigen und, bei Martin eingehakt, die Stufen emporschreiten konnte. So trippelte sie auf ihren hohen Absätzen über den Kiesweg der langen Zufahrt, darauf bedacht, nicht darin zu versinken.

Die Ankommenden wurden wie beim Filmball fotografiert, das Jubiläum von Grandville war ein wichtiges Ereignis. Livrierte Diener, deren Körperbau kaum verbarg, dass sie zum Sicherheitsdienst gehörten, nahmen die Einladungen entgegen und verglichen sie mit der Gästeliste, eine Art Zeremonienmeister geleitete Petra und Martin zum Hausherrn, der jeden Gast persönlich empfing.

Bichot begrüßte Petra mit einem vollendeten Handkuss. »Sie sehen wunderbar aus, Madame Bongers«, sagte er auf Deutsch.

»Wir sind nicht verheiratet«, antwortete Petra blasiert, als müsse sie klarstellen, dass ihre Verbindung mit Martin keineswegs die Bedeutung hatte, die Bichot vermutete.

Der Hausherr ging darüber hinweg und schüttelte Martin herzlich die Hand. »Ihr Wein ist auf dem richtigen Weg, nehme ich an?«

»Mein Wein? Na ja, meiner ist es eigentlich nicht, aber auf dem richtigen Weg ist er schon, ich hoffe es, zumal ...«, er zögerte, nein, es war vermutlich besser, nichts darüber verlauten zu lassen, dass Gastons Aufzeichnungen wieder aufgetaucht waren, »... zumal ich einen so hervorragenden Partner habe wie Gastons Bruder.«

»Das mag hilfreich sein, aber seien Sie nicht zu bescheiden. Monsieur Latroye fährt doch dieser Tage zurück nach Narbonne, wenn ich recht informiert bin? Wie der Wein wird, bleibt Ihnen überlassen. Scheuen Sie nicht die Verantwortung, man wächst mit ihr. Selbst für mich ist jeder neue Jahrgang wieder ein Abenteuer. Ich wünsche Ihnen viel Glück dabei.«

Bichot verbeugte sich vor Petra: »Sie sprechen Französisch? Nein? Schade, aber ich bin sicher, Monsieur Martin wird Ihnen gern die interessanten Gespräche übersetzen. Außerdem sprechen die meisten unserer Freunde Englisch. Ich wünsche Ihnen einen angenehmen Abend, Madame.«

Im Weggehen drehte sich Bichot noch einmal um und sagte leise in seiner Muttersprache: »Martin, kommen Sie doch nächste Woche noch einmal her, wenn der Trubel hier vorüber ist. Mein Angebot steht: Ich möchte gern das eine oder andere mit Ihnen probieren, da Sie ein so kritischer Verkoster sein sollen – das sind mir die liebsten. Übrigens, Sie sitzen mit Monsieur Garenne an einem Tisch. Das kommt Ihnen doch sicherlich entgegen?«

Es war mehr, als Martin zu hoffen gewagt hatte. Sich an das Kürzel A. B. erinnernd, wollte er noch fragen, ob Gaston den Haut-Bourton eventuell von Bichot bekommen hatte, aber der Hausherr hatte sich bereits den nächsten Gästen zugewandt. Martin blickte sich um.

Die Crème de la Crème des Bordelais war gekommen. Er meinte, einige Gesichter von Messen, Auktionen und Konferenzen her zu kennen, und man grüßte sich eher kollegial als förmlich.

Petra war restlos begeistert. Sie lächelte mit dem größten Liebreiz nach allen Seiten. »Das hast du mir jahrelang vorenthalten«, zischte sie vorwurfsvoll, ihr strahlendstes Lächeln auf den Lippen.

»Der Präfekt«, raunte jemand an Martins Seite, und alle Augen wandten sich neugierig dem Eingang zu. Der Bürgermeister von Bordeaux betrat die Halle: ein kleiner, leichtfüßiger Mann im Smoking, trotz seines gewieften Politikergesichts sympathisch, blonder Cäsarenschnitt, blaue Augen, sein ganzer Habitus vielleicht ein wenig zu huldvoll, aber irgendwie beeindruckend.

Und an seinem Arm – Martin traute seinen Augen nicht – war das Charlotte? Was für eine Überraschung. Einen Moment lang rang er nach Fassung. Sie hatte er am wenigsten hier erwartet, und schon gar nicht am Arm des Präfekten. Da wäre er mit seiner Einladung böse abgeblitzt. Wer kann schon mit so jemandem mithalten, dachte er resigniert. Oder gehörten beide derselben politischen Partei an? Dann erforderte die Partei-Räson womöglich den gemeinsamen Auftritt.

Ganz im Gegensatz zu der sonst so zurückhaltenden und mürrischen Art, die Martin von ihr kannte, plauderte Charlotte angeregt mit den Paaren, die man ihr vorstellte, zeigte sich charmant, selbstbewusst und offen, so als verkehre sie täglich in diesen Kreisen. Erstaunlich für die Tochter eines kleinen, unbedeutenden Winzers, dachte Martin. War das der Einfluss der Politik oder ihres Pariser Lebens?

Sie sah hinreißend aus. Am liebsten wäre er stehen geblieben, so fasziniert war er von ihrem Anblick. Sie trug ein burgunderfarben schimmerndes Kleid, das die Schultern frei ließ. Es war vorn hochgeschlossen, auf dem Rücken ziemlich weit ausgeschnitten, doch durchaus noch akzeptabel, anders als das provokante Abendkleid von Petra. Charlottes hochgestecktes dunkelbraunes Haar entblößte den Nacken und die Schultern, was ihre Schlankheit betonte, und die schmalen goldenen Armreifen unterstrichen die leichte Bräunung ihrer Haut. Sie bewegte sich auf hohen Absätzen, als wäre sie nie im Leben in Gummigaloschen durch schlammige Weinberge gewatet.

Charlotte war einen Moment lang ebenso verblüfft über Martins Anwesenheit wie er über ihre, doch sie hatte sich sofort wieder unter Kontrolle und nickte ihm zu. Ihr zweiter Blick galt Petra. Ein Lidschlag schien ihr zu genügen, um ihr Urteil zu fällen.

»Dass alte Männer sich immer mit jungen Frauen schmücken müssen«, mokierte sich Petra. »Die Typen bilden sich sonst was ein, dabei geht es solchen Frauen nur ums Geld. Einfach lächerlich.«

»Du hast sicher recht. Sie ist die Tochter unserer Nachbarn.«

»Weinbauern?«, fragte Petra schnippisch. »Na so was!«

Martin sah keine Veranlassung, darauf einzugehen. »Ich bin gespannt, wo man uns hinsetzen wird.« Er sah sich um.

Wie gerufen erschien ein Ober, fragte nach dem Namen und geleitete sie durch einen großen Raum voll mit runden Tischen zu ihren Plätzen. Vor jedem Gedeck stand die Menükarte neben mehreren Gläsern, davor das Kärtchen mit dem Namen.

Ein silberner Leuchter stand in der Mitte des Tisches, die Kerzen brannten, und ihr Schein wurde von den Spiegeln an den Wänden hundertfach reflektiert. Petras Augen wurden immer größer, hier war sie ihren Träumen ein beträchtliches Stück näher.

Martin schüttelte den anderen Gästen am Tisch die Hand:

Es waren ein Chefredakteur mit Freundin, zwei Winzer von dritt- und viertklassifizierten Châteaus mit ihren Ehefrauen und der stellvertretende Direktor des Weinbauinstituts nebst Gattin.

Martin hatte man neben der Freundin des Chefredakteurs platziert, einer Rechtsanwältin, Petra saß links von ihm, die beiden Stühle daneben waren noch frei. Man bewunderte Gemälde und Gobelins, den wunderbaren Zustand des Châteaus, plauderte über die aktuelle Lese und kommentierte erwartungsvoll das Menü. Alle waren äußert gespannt auf die Weine von Grandville. Welche Jahrgänge würde Bichot ihnen präsentieren? Martins Französischkenntnisse wurden allgemein bewundert, es sei ja erstaunlich, dass ein Deutscher akzentfrei spreche, da Deutsch wegen seiner Kehllaute eigentlich ein wenig an Arabisch erinnere, ob es da Verbindungen gebe?

Martin reckte den Hals nach Charlotte, konnte sie aber nirgends entdecken. Er würde später eine Gelegenheit finden, mit ihr wenigstens ein paar Worte zu wechseln.

Petra wollte sich gerade beschweren, dass er zu wenig übersetzte, als Bichot einen großen, kräftigen Mann und seine grazile blonde Begleiterin persönlich an den Tisch begleitete. »Madame Rochais und Monsieur Garenne!«

Das ist er also, dachte Martin und musterte den Besitzer von Château Haut-Bourton und Moulin de la Vaux. Die Herren erhoben sich von ihren Plätzen und wussten nicht so recht, wohin mit den Händen, während Garenne die Damen begrüßte. Die Winzer kannten sich, das kräftige Händeschütteln wurde von jovialem Schulterklopfen begleitet, aber eine gewisse Distanz wurde deutlich, denn ein Château mit einem Deuxième Cru wie Haut-Bourton war den dritt- und viertklassifizierten Crus überlegen, daran ließ Garennes selbstgefällige Miene keinen Zweifel. Ein Lebemann und ein Schurke – das war Martins erster Eindruck. Den Typ Mädchen neben ihm hatte er schon hundertmal gesehen, es gab ihn überall – sehr hübsch, sehr langbeinig und gertenschlank, nur ein zu großer und zu roter Mund.

Garennes Augen waren schnell und durchdringend. Sie tasteten jeden und alles daraufhin ab, ob und wie es ihm von Nutzen sein könnte. Glich er darin nicht Petra in gewisser Weise? Das Kinn war energisch, rechteckig, der Körper zu massig, ein wenig fett, der maßgeschneiderte Smoking kaschierte kaum die Lust am Essen.

Garenne beugte sich zu Petra hinab und ergriff galant ihre Hand. »Madame?«

»Petra Klingen.« Sie klimperte mit den Augen und war fasziniert. »I hope you speak English!«

»Yes, of course.« Und zu Martin gewandt, fragte er lauernd: »Your wife?«

Martin verneinte zu Garennes Erstaunen in fließendem Französisch und stellte sich vor.

»Ach, schau an. Sie sind das. Von Ihnen hat man ja bereits gehört«, sagte Garenne gedehnt und schüttelte Martin die Hand, als wollte er sie abreißen. »Wir haben natürlich vom Tod Ihres Freundes gehört, wir bedauern den Vorfall ausgesprochen.« Garenne hatte sich gesetzt und beugte sich zu Martin, dem er vertraulich die Hand auf den Arm legte, wobei er vergaß, seine Begleiterin vorzustellen. Fast beiläufig schob er ihr den Stuhl unter. »Eine tragische Sache. Dass so etwas passieren kann, noch dazu in einem so hervorragend geführten Betrieb wie LaCroix. Das ist mir absolut unverständlich. Es gibt bestimmt eine gerichtliche Untersuchung. Ich hoffe, seine Frau kommt über den Verlust hinweg. Es muss grauenhaft für sie sein. Wie geht es ihr?«

»Den Umständen entsprechend«, antwortete Martin verbindlich und wunderte sich, wie gut Garenne Bescheid wusste. »Sie zieht sich momentan von allem zurück. Glücklicherweise sind die Kinder da und die Familie natürlich, eine große Stütze.«

»Ja, ja, die Familie hilft in solchen Fällen am meisten. Sie, mein lieber Freund, sind ja wohl gerade im richtigen Moment aufgetaucht, um noch etwas von Latroyes Arbeit zu retten. Es wäre zu schade um den Wein, um diese Ernte. Was dieser Mann in wenigen Jahren geschaffen hat«, Garenne blickte in die Runde und versicherte sich der Aufmerksamkeit aller, »ist unglaublich. Dabei ist er keiner von uns, er kam aus dem Süden, Languedoc-Roussillon, soweit ich weiß, einem Landstrich mit archaischen Gefühlen. Und solche Weine machen sie dort auch. Sie lieben diese würzigen Rebsorten mit pferdischem Aroma: Mourvédre, Carignan Vieux oder Grenache. Manch einem soll es ja gefallen. Unsere Eleganz, unsere Weine, die zwanzig Jahre oder länger reifen, sind dem Wesen dieser Menschen im Grunde genommen fremd. Doch da kommt dieser Mann mir nichts, dir nichts daher, kauft einem alten Winzer ein Stück Weinberg zu einem Spottpreis ab und schafft es, in nur fünf Jahren hochzukommen. Vielleicht waren es sieben oder acht, aber was spielt das für eine Rolle? Sie, mein deutscher Freund, wissen das sicher genauer. Nun gut, die günstigen Bewertungen seiner Weine waren vielleicht voreilig und ein wenig zu hoch gegriffen, doch mit dem Reiz des Neuen lässt sich vieles entschuldigen.«

Martin berührte ihn leicht am Arm, er kam mit der Übersetzung kaum nach. »Pardon, Monsieur. Madame Petra versteht leider kein Französisch. Das, was Sie sagen, wäre auch für sie sehr interessant.«

»Oh, ich bin untröstlich ...« Mit diesem Blabla ging es weiter, und Garenne wiederholte die Kurzform seines Redeschwalls auf Englisch. Petra hing fasziniert an seinen Lippen. In diesem Augenblick begriff Martin, dass es von jetzt an keine Diskussionen mehr mit ihr geben würde. Sie hatte den Mann gefunden, den sie brauchte.

Garennes Begleiterin, eine Ivette oder Yvonne, saß stocksteif auf ihrem Louis-Quatorze-Stuhl und warf Petra hasserfüllte Blicke zu. Der Winzer neben ihr versuchte, sie so gut wie möglich zu unterhalten, denn niemandem am Tisch entging Garennes grobe Unhöflichkeit seiner Dame gegenüber.

Die Vorspeise wurde serviert, dazu wurde ein Weißwein aus Pessac-Léognan gereicht, auch dort hatte Bichot ein bekanntes Château. Die Cuvée aus Sauvignon blanc und einem kleinen Teil Sémillon war überaus gelungen und harmonierte exzellent mit der Geflügelterrine.

Martin hielt diskret die Nase über das Glas, in diesem Kreis durchaus kein Fauxpas, man war unter sich. »Zitrusfrüchte, Melone und …«

»… Honig«, steuerte einer der Winzer bei.

»Richtig«, meinte der Direktor des Weinbauinstituts, »aber da ist noch was anderes im Hintergrund.«

»Ich weiß, was Sie meinen. Es ist Buchsbaum«, sagte Martin.

»Unsinn«, fuhr Garenne in einem Ton dazwischen, dessen Grobheit seine Tischnachbarn aufhorchen ließ. »Sauvignon blanc hat keinen Buchs …«

»Es ist aber so, Monsieur Garenne. Monsieur Bongers hat recht«, sagte der Chefredakteur, und auch die anderen Fachleute am Tisch stimmten zu. Dann wurde der Wein mit anderen verglichen, die man bei ähnlichen Gelegenheiten gekostet hatte, und Garenne verlor das Interesse am Thema. Er wandte sich wieder Petra zu. »Erzählen Sie von sich«, forderte er sie auf.

Oh Gott, bitte keine PR-Geschichten, dachte Martin.

Glücklicherweise war die Aufforderung nicht sehr ernst gemeint, und Petras neuer Verehrer nutzte einen ihrer Sätze als Trampolin für seinen nächsten Monolog.

»In der PR-Branche arbeiten Sie, hochinteressant. Ich brauche für mein Château dringend eine fähige Persönlichkeit in Deutschland, die unsere Erfolge der Öffentlichkeit präsentiert. Ich bin überzeugt, Sie hätten dafür den nötigen Sachverstand und das richtige Durchsetzungsvermögen. Wir werden bei passender Gelegenheit ausführlich darüber sprechen.«

Garenne beugte sich vertraulich vor und starrte Petra in den Ausschnitt, als sei Martin gar nicht anwesend. Das Lächeln seiner Begleiterin war mittlerweile zur Fratze erstarrt. Sie gab sich keine Mühe, ihren Ärger zu verbergen.

Als zum Fleischgang der Grandville von 1967 gebracht wurde, ging ein Raunen durch den Saal. Garenne erzählte von seinem 67er, was das für ein kolossaler Jahrgang geworden sei, der jetzt, nach drei Jahrzehnten, sein ganzes Potenzial offenbare.

»Dreißig Jahre alt?« Petra staunte und schaute Garenne an, wie andere einen Ferrari auf der Straße bestaunten. »Hält er sich so lange?«

»Länger! Machen Sie mir die Freude, und besuchen Sie mich auf Haut-Bourton. Es wäre mir eine Ehre. Ich werde Ihnen natürlich alles persönlich zeigen. Wenn Sie wollen, probieren wir auch einige meiner besten Jahrgänge.« Dabei schmachtete er Petra an, als könne er das Leben keinen Augenblick länger ohne sie ertragen. »Mein Château wird bestimmt auch Ihren Begleiter interessieren, unseren angehenden Winzer, nicht wahr, mein Lieber? Ich darf Sie doch Martin nennen?« Garennes Grinsen reichte von einem Ohr zum anderen, aber seine Augen blieben kalt. »Haut-Bourton ist seit Generationen im Besitz unserer Familie. Wir sind weltbekannt für unseren Grand Cru. Das Château gehört eigentlich in die Gruppe der Premiers Grus, mit Lafite Rothschild, Latour und Margaux, Sie sind da sicherlich mit mir einer Meinung, Martin. Die Klassifizierung von 1855, die uns als Deuxième Cru einstufte, ist ungerecht und längst überholt. Man hat sie zwar 1975 revidiert, aber es hat sich nichts geändert. Das Establishment will keine neuen Gesichter, die oberen fünf wollen unter sich bleiben. Dabei ist mein Wein eine Klasse für sich. Sie können sich nicht vorstellen, Madame Petra, wie verkrustet unsere Strukturen sind, wir leben fast noch im Mittelalter. Nichts bewegt sich hier, wer etwas erneuern will, landet unter der Guillotine.«

Petra machte ihr gekonnt verblüfftes Gesicht. Martin wusste leider zu gut, dass sie sich bislang weder für Klassifizierungen noch für Wein begeistert hatte. Sie hatte zwar einen leidlich guten Geschmack, aber Wein beurteilte sie eher nach dem Etikett und die Winzer nach der Häufigkeit, mit der über sie geschrieben wurde.

Garenne hatte sein Thema gefunden. »Bordeaux braucht eine Generalüberholung. Die Negociants brauchen mehr Einfluss. Man müsste diesem verknöcherten Club von Weinproduzenten einen Schock versetzen, den sie bis in die Knochen spüren. Es gibt viel zu viele Châteaus, die diesen Namen nicht verdienen. Wir brauchen Marken, gleichbleibend gute Qualität und stabile Preise. Das können kleine Winzer wie ihr verstorbener Freund gar nicht leisten.« Martin traf ein mitleidig herablassender Seitenblick.

Gastons Wein des Vorjahres war besser bewertet worden als Garennes Haut-Bourton, dachte Martin, aber er schwieg. Ohne sein Zutun war Garenne dort angelangt, wo er ihn haben wollte. »Sie als renommierter Winzer werden den Vorteil, den Sie mit Ihrem Château haben, nicht aus der Hand geben.« Der Chefredakteur bestätigte Martins Überlegungen mit einem Nicken.

»Richtig, um die Großen, die weltweit Standards setzen, um die geht es nicht, Gevrey-Chambertin kennt jeder, unsere Appellation Margaux, Ribera del Duero, obwohl die noch jede Eleganz vermissen lassen, Spaniens Härte eben, aber die Italiener … die brauchen wir, um die extremen Unterschiede in der Qualität deutlich zu machen. Hier bei uns sind inzwischen sogar die Ränder der Autobahn mit Wein bestockt. Gehört er da hin? Nein! Auch diesen Fusel nennt man Bordeaux, und er zerstört unseren Ruf. Gleichzeitig müssen wir die Position des Handels stärken. Sie sind Händler, mein lieber Martin, pflichten Sie mir bei, es liegt in Ihrem eigenen

Interesse. Ich denke aber an große Handelshäuser wie Yvon Mau, Castel und …«

»LaCroix?«, warf Martin leichthin ein, um einen möglichst gleichgültigen Ausdruck bemüht. War da Argwohn in Garennes Augen, als er antwortete?

»Selbstverständlich auch LaCroix. Nicht wegzudenken aus meinem Szenario. Nur dann, wenn die Negociants den Weinbau in großem Maßstab regeln, wenn der Wein unter ihrer Obhut und Kontrolle gemacht wird, von der Entwicklung der Klone bis hin zum Ausbau, ist Qualität garantiert, bleiben die Preise stabil. Die Winzer werden es uns danken, wenn nicht sofort, dann später, und sie werden gesicherte Einkommen haben.«

Für Martin bedeutete diese Perspektive das Ende jeder Individualität, einen Schritt zum Massengeschmack, Weine wie Coca-Cola. Garenne wollte aus unabhängigen Winzern Angestellte der Negociants machen. Martin behielt diesen Gedanken jedoch für sich und nickte, was Zustimmung oder Nachdenken bedeuten konnte.

Zum Geflügel – gebratene Wachteln – wurde ein 83er Grandville gereicht und begeistert aufgenommen.

Garenne schnupperte kaum, er trank ihn wie Wasser. Er hatte sich in Fahrt geredet, sein Gesicht war rot, Schweißperlen waren ihm auf die Nase getreten. »Dieser Wein ist ein Gedicht, obwohl er nicht ganz an meinen 83er herankommt.« Die Runde am Tisch überhörte höflich diese grobe Anmaßung. Garenne beugte sich wieder zu Petra und tätschelte vertraulich ihren nackten Arm. »Wissen Sie, große Weine sind wie schöne Frauen …«

Martin betrachtete flehend den Kronleuchter. Warum konnte er ihn nicht einfach aus der Halterung reißen und Garenne den Schädel damit einschlagen?

»… sie brauchen lange zur Reife. Junge Weine vergehen rasch, man muss sie früh trinken. Aber die wirklich guten brauchen Zeit. Wenn man sie zu früh öffnet, sind sie noch nicht weich und harmonisch. Es kommt auf den richtigen Moment an. Öffnet man sie zu spät, dann sind sie nicht mehr genießbar, haben ihre Frucht verloren …«

Was für ein Arschloch, dachte Martin, und Petra kriegt bei dem Gequatsche feuchte Augen.

»… und wenn sie erst geöffnet sind, muss man sie kosten, Schluck für Schluck, sie auf der Zunge zergehen lassen.«

Martin hielt das Geschwätz kaum noch aus. Er unterbrach es mit einer Frage: »Sie haben sicherlich noch weitere Châteaus neben Haut-Bourton?«

»Einige Winzer haben zehn oder zwanzig, einige Châteaus hier, andere über ganz Frankreich verteilt. Ich frage mich, wie die sich um alles kümmern wollen! Das sind Fabriken, Konzerne, Versicherungen. Ich beschäftige selbst einige Önologen, aber Angestellte sind bezahlte Feinde, wie meine leider verstorbene Tante Paulette zu sagen pflegte.« Er lachte laut und selbstgefällig. »Nein, ich habe nur fünf, das reicht, es ist genug, fast mehr Arbeit, als ich bewältigen kann. Ich habe ein Château in Bergerac, Belaire. Wunderbar«, er schmatzte genießerisch, »was da für Gewächse reifen, einfach und groß. Und Clairmont in Côtes de Bourg. Es ist dabei, sich einen Namen zu machen. Wir bauen es auf, es hat ein sehr schönes Potenzial, das wir mit Leichtigkeit herausarbeiten.«

Martin horchte auf. Würde er Moulin de la Vaux erwähnen, diesen heruntergekommenen Schuppen?

Garenne fuhr fort: »Dann sind da noch Grand Roche und La Dune ganz in der Nähe, wo wir einen exzellenten Cru Bourgeois keltern, ein Kandidat für die Spitzengruppe, ich bin sicher, Sie kennen ihn. Er ist kürzlich mit 88 Punkten bewertet worden. Aber schweigen wir besser über Robert Parker, diesen Amerikaner, der mit seinen tendenziösen Bewertungen die Welt auf den amerikanischen Geschmack trimmen will. Reden wir lieber von Ihnen, Madame!« Er lächelte Petra gewinnend an. »Wann darf ich Sie auf Haut-Bourton begrüßen?«

»Leider habe ich nur noch den Sonntag.«

»Das ist schade, aber kein Unglück. Dann eben morgen. Und Sie, Martin?«

Auch für ihn war es der letzte Tag. Er wollte ihn nutzen, um sich auf Garennes anderen Besitzungen umzusehen. Jetzt kannte er die Namen. Wahrscheinlich lief alles unter einer Holding, deshalb hatte er sie in den Weinführern nicht gefunden.

»Es tut mir leid«, sagte Martin und legte so viel Bedauern wie nur möglich in seine Stimme. »Morgen werde ich in Saint-Émilion gebraucht. Es ist mein letzter Tag, wie gesagt, wir fahren am Montag zurück nach Frankfurt. Ich muss alles vorbereiten, damit Madame Latroye allein zurechtkommt. Ich werde erst ...« Den Rest des Satzes verschluckte er. Es war besser, nicht zu sagen, wann er wiederkäme. Garenne mochte eitel sein, dumm war er jedoch auf keinen Fall. Martin wurde klar, wie wenig er bislang wusste.

»Die Aufzeichnungen von Gaston haben sich wiedergefunden«, platzte Petra wichtigtuerisch heraus. »Ein Nachbar hat sie aufbewahrt. So waren sie vor den Einbrechern sicher, die das Haus am Tag der Beerdigung überfallen haben. Davon haben Sie sicherlich gehört, Monsieur Garenne. Jetzt ist das mit dem Wein nur noch ein Kinderspiel.«

Sie war wirklich »la pimbêche«, die dumme Pute. In diesem Moment hätte Martin Petra am liebsten den Mund mit der Serviette gestopft. Zu spät. Wo hatte sie das aufgeschnappt? Er hatte ihr nichts davon erzählt. Dann war es Carolines Mutter gewesen? Im Stillen beglückwünschte Martin sich, dass er ihr die Geschichte von den zwei Versionen des Haut-Bourton verschwiegen und die restlichen Flaschen zu Sichel gebracht hatte. Auf Petra war überhaupt kein Verlass. Was spielte diese blöde Pute, die absolut nichts von Wein verstand, sich hier auf? Er beobachtete Garenne, aber dieser zeigte keinerlei Reaktion, außer dass er sich hämisch grinsend zu Martin beugte.

»Großartig, da können wir ja bald wieder mit einem exzellenten Jahrgang rechnen, Bordeaux aus deutscher Hand.«

Martin stand auf und ließ sich den Weg zur Toilette zeigen, und nachdem er sich vergewissert hatte, dass er allein war, rief er von dort Jean-Claude an. Gastons Bruder meldete sich sofort.

»Hol bitte die Kladden von Gaston aus meinem Zimmer! Sie liegen auf dem Nachttisch, und bringe sie bitte sofort zu Monsieur Jérôme!«

Jean-Claude wollte Genaueres wissen, aber Martin unterbrach ihn. »Frage mich nicht, ich erkläre es dir morgen. Es hat vielleicht was mit dem Einbruch zu tun. Sag ihm, er soll sie besser verstecken als vorher, und um Himmels willen nicht in seinem Haus. Bitte, tu es auf der Stelle.«

Kaum hatte Martin aufgelegt, als er den Anruf schon wieder bereute. Jetzt zog er Monsieur Jérôme in die Sache hinein. Um sich mit etwas Angenehmerem zu beschäftigen, machte er sich diskret auf die Suche nach Charlotte. Sie dinierte im Saal für die Ehrengäste und saß mit dem Rücken zu ihm, ihren Nacken hätte er unter Hunderten wiedererkannt. Sie war mit dem Bürgermeister und dem Rest ihrer Tischgesellschaft in eine hitzige Debatte verwickelt. Keine Chance. Er kehrte an seinen Tisch zurück.

Garenne führte eine laute Unterhaltung mit einem unscheinbaren Mann am Nachbartisch. Als er Martin sah, hob er plötzlich theatralisch sein Glas und prostete dem Mann zu: *»Encore un que les boches n'auront pas!«* Dann sah er Martin lauernd an, gespannt, ob er die Beleidigung verstanden hatte.

»Das ist Bankier Fleury«, raunte der Chefredakteur Martin zu, um von der Situation abzulenken, die allen am Tisch peinlich war. »Er ist von der Banque Agricole National.«

Martin setzte sich und sagte ungerührt: »Ich kenne diesen dämlichen Trinkspruch, er stammt aus der Zeit der deutschen Besatzung. Heute wirkt er nur chauvinistisch: *Noch einer, den die Deutschen nicht kriegen werden.* Wieso exportieren Sie Ihre Weine denn eigentlich nach Deutschland, Monsieur Garenne?«

Die Provokation war verpufft, Martin hatte Gleichstand erzielt, doch Garenne ließ sich den Wind nicht aus den Segeln nehmen.

Selbstgefällig wandte er sich wieder an Petra. Seine Lautstärke machte das Zuhören unvermeidlich. »Mein Großvater war natürlich in der Résistance, wie jeder gute Franzose. Wir haben die Deutschen reingelegt, wo es nur ging. Großvater hat es auf seine Weise gemacht, er hat ihnen einen Supérieur als Grand Cru verkauft.« Garenne lachte fett und wischte sich mit der Serviette den Schweiß von der Stirn. »Wie sollten sie es auch merken? Dieses Volk versteht absolut nichts von Wein, außer von seinem sauren Riesling. Mit dem Gewinn aus diesen Geschäften hat Großvater die Résistance finanziert, ein wahrhafter Patriot. Irgendwann sind sie darauf gekommen, er wurde verraten, und sie haben ihn abgeholt. Er wurde gefoltert. So etwas vergisst ein Franzose nicht. Niemals!« Garenne sah Martin an, als hätte er einen leibhaftigen SS-Mann vor sich.

Die Ober kamen im richtigen Moment, einer servierte einen Brie de Meaux in Cremesoße, der andere schenkte dazu einen Sauternes ein. Der Genuss des Käses mit dem Süßwein beschäftigte alle und besänftigte die Gemüter. Als die ersten Gäste aufstanden und zur Bar gingen, wo Kaffee, Mokka, Espresso und Cappuccino angeboten wurden, schloss Martin sich an.

Er bat um einen Mokka und rührte gedankenverloren in der Tasse. Fürs Erste hatte er genug erfahren. Und Martins erster Eindruck war richtig gewesen: Garenne war unbeherrscht, undiplomatisch, und er trank zu viel. Menschen, die ihn nicht interessierten, ließ er links liegen. Und er war arrogant und zu sehr von sich überzeugt.

»Amüsieren Sie sich gut? Sie sitzen ja an einem hochinteressanten Tisch.« Charlotte stand wie vom Himmel gefallen vor ihm.

Martin lachte sie erfreut an. »Und, der Bürgermeister? Ist er amüsant? Eigentlich wollte ich Sie einladen, mich zu begleiten, aber meine Exfreundin hat sich plötzlich dazwischengeschoben.«

»So ein Pech. Die Blonde, mit der Sie gekommen sind? Sehr charmant, Kompliment. Da überlassen Sie Garenne einfach so das Feld?«

Martin hob die Augenbrauen. »Sie sehen wohl alles. Es gibt Schlimmeres. Sie kennen Garenne?«

»Oh ja, wer kennt ihn nicht.« Sie verdrehte die Augen.

»Er ist ein Mann mit Verbindungen, wie es scheint. Sein Großvater war in der Résistance?«

»Ach? Hat er wieder damit angegeben? Alles Schwindel, aber das erzähle ich Ihnen ein andermal. Meine Eltern würden Sie gern noch einmal sehen, bevor Sie fahren. Wieso hat meine Mutter Sie so gern? Sie spricht nur gut von Ihnen.«

»Vielleicht sollten Sie auf sie hören«, antwortete Martin, der seine gute Laune wiedergefunden hatte. »Was ist mit dem Bürgermeister?«

»Eifersüchtig?«

»Und wenn?«

»Das brauchen Sie nicht zu sein.« Charlotte stellte ihre Espressotasse auf die Bar. »Da kommt Ihre Freundin – mit Garenne. So, ich muss zurück, die Politik erwartet mich. Ich fahre übrigens am Montag zurück nach Paris. Wir sehen uns dann vielleicht morgen – bei uns? Gute Nacht.« Damit drehte sie sich um und tauchte im Gewimmel unter.

Garenne drängelte mit dem Banker im Schlepptau, der Garennes widerstrebende Freundin untergehakt hatte, an die Bar, während Petra direkt auf Martin zusteuerte. Obwohl sie ausgesprochen zufrieden aussah, wollte sie gehen.

»Ich habe noch etwas Geschäftliches zu besprechen«, sagte Martin und winkte einem Winzer zu, über den er einen

Teil seiner »Inoffiziellen« bezog. Er bat Petra, die ungehalten von einem Bein aufs andere trat, sie doch bitte für einen Moment allein zu lassen. Als sie nicht ging, ließ er sie stehen.

»Wie kannst du mich vor diesem Mann so bloßstellen«, fauchte sie, als er zurückkam. »Eine Unverschämtheit!«

Martin ignorierte sie und machte sich auf die Suche nach Bichot.

»Ein aufschlussreicher Abend? Hat Ihr Tischnachbar Sie gut unterhalten?«

»Mehr als das, ein reizender Zeitgenosse. Er hat von seinen diversen Châteaus erzählt. Clairmont hat er genannt, dann sind da noch Belaire, La Dune und Château Roche ...«

»Er hat noch ein paar andere besessen, vier oder fünf. Die hat er alle verkauft. Von Moulin de la Vaux bei Castillon hat er nichts gesagt?«

»Nein.« In Martin keimte der leise Verdacht, dass Bichot ihm die Informationen nur häppchenweise vorwarf. Was bezweckte er damit? Bevor er fragen konnte, ob der Haut-Bourton, den Gaston ihm gegeben hatte, von Bichot stammte, tauchte Garenne mit Petra auf und drängte sich dazwischen.

»Da Monsieur Martin anderweitig beschäftigt ist, leider, schicke ich Ihnen meinen Chauffeur, Madame Petra. So gegen elf Uhr? Haben Sie dann ausgeschlafen, ja? Ich wünsche Ihnen einen angenehmen Heimweg. Bis morgen, ich freue mich sehr.«

Wieder kam ein Handkuss mit glühendem Blick, für Martin gab es einen Klaps auf den Rücken.

8

Petra klappte die Sonnenblende im Wagen herunter und betrachtete sich in dem kleinen Spiegel. Das Licht des Lämpchens machte ihr Gesicht maskenhaft starr. »Mich einfach stehen zu lassen!«, platzte sie heraus. »Was denkst du dir eigentlich? Vor all den Leuten! Einiges bin ich ja gewohnt, aber so etwas hast du dir noch nie erlaubt!«

»Was bist du gewohnt?«, fragte Martin, ohne den Blick von der nächtlichen Landstraße zu nehmen. Er dachte daran, dass er sich noch ganz andere Sachen erlauben würde, aber er hatte keine Lust auf eine Auseinandersetzung. Vor ihnen warf die Großstadt Bordeaux ihren hellen Schein gegen den dunklen Himmel. Eigentlich war es eine schöne Herbstnacht. Der Grandville von 1967 war einer der besten Weine, den er je getrunken hatte, eine Klasse besser sogar als der echte Haut-Bourton. Es wäre schade, die Erinnerung daran jetzt durch einen Streit zu zerstören. Petra würde ihm sowieso die Worte im Munde herumdrehen: Es sei seine Schuld gewesen, dass sie sich den ganzen Abend über mit Garenne habe unterhalten müssen.

Die Scheinwerfer tasteten sich durch die Nacht, rissen Bäume aus dem Dunkel und ließen sie sofort wieder in der Schwärze versinken, Insekten starben auf der Windschutzscheibe.

Petra zog die Haarnadeln aus ihrem Haar, das sofort ungeordnet über die Schultern fiel. »Dein Verhalten war absolut daneben«, sagte sie, während sie sich kämmte. »Was deine Geschäftsfreunde und Monsieur Garenne von mir halten, ist dir wohl völlig egal? Er wird mir die Public Relations für seine Châteaus in Deutschland übertragen! Da staunst du, was?«

»Das hast du damals auch für mich machen wollen, als wir uns kennengelernt haben. Und was Garenne von dir zu halten hat, das weiß er längst.«

Petra überging Martins Bemerkung. »Pierre Garenne ist ein großartiger Mann. Kultiviert, mit Visionen, er ist jemand, der sich nicht mit Kleinigkeiten abgibt, er will etwas bewegen, und er kann es.« Sie hob den Kopf, reckte das Kinn und betrachtete ihren Hals im Spiegel.

»Geld will er bewegen, klar, und sein übersteigertes Ego ausleben«, brummte Martin vor sich hin. »Genießen kann er nicht, er nimmt von allem zu viel. Du musst besser hinsehen.« Martins Augen folgten dem Scheibenwischer, der die toten Mücken auf der Frontscheibe verschmierte. Er würde Wasser in die Scheibenwaschanlage nachfüllen, gleich morgen. Hoffentlich waren sie bald wieder in Saint-Émilion, damit dieser unerfreuliche Teil des Abends ein Ende fand.

»Du bist neidisch und eifersüchtig«, sagte Petra nach einer langen Pause.

»Auf Garenne?« Martin lachte auf. »So ein Quatsch«, sagte er mit voller Überzeugung. »Wenn ich so wäre wie der, würde ich mich erschießen. Und vom Wein, meine Liebe, versteht er nicht besonders viel, so wie der den Grandville weggezogen hat. So einen Wein kostet man fingerhutweise. Schade um jeden Tropfen, denn der Wein war traumhaft. Bei deinem neuen Arbeitgeber hätte es auch ein Bordeaux Supérieur getan, Hauptsache vierzehn Prozent.«

»Im Gegensatz zu dir hat er ein Imperium geschaffen, eine ganze Kette von Châteaus. Mach das erst mal nach, du mit deinem spießigen Weinladen!«

»Geerbt hat er alles, sonst nichts. Seit Generationen in Familienbesitz, hat er selbst gesagt. Den Wein, den machen seine Angestellten, Önologen und Kellermeister. Außerdem hat er einige Güter bereits verkaufen müssen.«

»Wer hat dir denn das erzählt? Dieser Kleine, der zum Schluss neben uns stand? Du glaubst auch jeden Unsinn. Das waren wahrscheinlich unrentable Kellereien, es war bestimmt sinnvoll, sich davon zu trennen.«

»Du weißt ja bestens Bescheid über seinen Laden.«

»Der Neid der Besitzlosen!« Petra lachte, und wie sie es tat, voller Hohn, ließ Martin nachdenklich werden. Sie klang gefährlich, sie konnte ihm schaden. »Nächsten Monat wird Monsieur Garenne zum Vizepräsidenten der Union des Grands Crus de Bordeaux gewählt. So jemand an der Spitze des Winzerverbandes könnte dir nützlich sein, aber wie wichtig Beziehungen sind, kapierst du nie.«

»Wozu? Um mit den Leuten rumzukungeln?«

»Du bist ein schlechter Verlierer«, sagte sie und warf den Kopf in den Nacken.

»Ist dir eigentlich klar, dass du gerade verloren hast?«

Petra schwieg, und Martin dachte darüber nach, wie sehr er sich in ihr geirrt hatte. Gaston hingegen hatte Petra sofort als das erkannt, was sie war.

Sein Freund hatte ins Schwarze getroffen, und er? Er war hinter ihr hergelaufen, auf ihr Aussehen abgefahren, auf ihre Figur, eine Zeit lang auch auf ihre Worte. Er hatte sich mit ihr zeigen können, und im Bett war sie sehr angenehm gewesen. Dabei war der Rest auf der Strecke geblieben. Nun gut, das war jetzt vorbei.

Der aggressive Unterton in Petras Stimme und ihre Schwärmerei für Garenne zeigten ihm, dass sie verliebt war – in den Mann, in seine gesellschaftliche Stellung oder in sein Vermögen?

Bei einer Frau wie Petra war wahrscheinlich Letzteres ausschlaggebend. Sie stammte aus bescheidenen Verhältnissen, und wieder so arm zu sein wie ihre Eltern war das Schlimmste, was sie sich vorstellen konnte. Dabei verdiente sie richtig gut, aber nie genug für die Angst im Hintergrund, dass es einmal bergab gehen könnte. Die Angst war ihr Motor, ihr Antrieb, allerdings kein Perpetuum mobile, denn sie verbrauchte Petra. Sie würde sich niemals davon freimachen können. Und darum war das Einzige, wofür sie sich interessierte, Macht.

Alles andere war für sie nur Beiwerk. Sie wollte Einfluss nehmen, über die Kollegen herrschen und auch über den Mann, der ihr gleichzeitig den Rahmen bieten sollte, von dem sie meinte, dass er ihr zustand. Ob das jedoch bei Garenne funktionieren würde, daran zweifelte Martin sehr.

Ihm wurde klar, dass er es im Grunde genommen gewesen war, der Petra auf Bordeaux mit seinen Châteaus heiß gemacht hatte. Jetzt war sie da, wo sie seit langem hingewollt hatte. Wie sollte er ihr die Begeisterung verübeln? Wahrscheinlich wusste sie viel genauer als er, was sie wollte: ein Schloss in Bordeaux. War ihr nicht klar, dass »Château« lediglich »Weingut« bedeutete und nicht »Schloss«? Dass in den Küchen des Médoc genau wie in Saint-Émilion auch nur mit Wasser gekocht wird, dachte er, muss sie selbst herausfinden. Der Unterschied ist lediglich, dass dort der Coq au Vin im Grand Cru Classé statt im Landwein schwimmt. Doch satt wird man von beiden, und schmecken tut's auch. Außerdem war die Sitte mit dem Cru wahrscheinlich längst dem Kostenmanagement zum Opfer gefallen, seit berühmte Châteaus an Versicherungen und Getränkekonzerne verkauft worden waren. Vielleicht gehörte Garennes Besitz längst den Banken.

Sie durchquerten die nächtliche Großstadt, und Martin fand auf Anhieb den Rückweg durch Entre-Deux-Mers. Zu sagen gab es nichts mehr, sie schwiegen, bis vor Carolines Haus der Kies unter den Reifen knirschte.

Die erste wache Viertelstunde des Sonntags war Martin damit beschäftigt, seine einzelnen Wirbel in die vorgesehene Position zu bringen. Er müsste zehn Zentimeter kürzer sein, um mit dem Sofa einen Modus Vivendi zu finden. Einstweilen versuchte es, ihm die Wirbelsäule ein für alle Mal zu brechen. Aus Rache hatte er ihm wiederholt angedroht, es zu zerhacken, und hatte Caroline sogar Geld für ein neues Sofa angeboten, eines zum Ausziehen, aber sie hatte abgelehnt und ihm stets sein Zimmer freigehalten, gleichgültig, wer sonst noch zu Besuch gewesen war. Heute Nacht jedenfalls hatte er Petra das Bett überlassen.

Martin ging ins Bad, zog sich an und stieg dann leise in den Keller, um den Moulin de la Vaux zu probieren.

Er empfand ihn besser als mittelmäßig, entfernt erinnerte er an den gefälschten Haut-Bourton, wenn er ihn sich verwässert, dünner und ohne die Aromen vorstellte, die durch den Ausbau im Eichenfass hinzukamen. Aus diesem Wein konnte man zweifellos mit einem Vakuumverdampfer, der den Wein verdichtete, und mit der richtigen Menge Eichenspäne, mit denen nordamerikanische Winzer ihre Weine »würzten«, mehr machen. Hatte er nicht auf Moulin irgendwo zusammengefegte Späne gesehen? Und ein Vakuumverdampfer ließ sich notfalls auch auf einem Sattelschlepper unterbringen.

Je länger Martin darüber nachdachte, desto mehr verstärkte sich sein Verdacht: Hier hatte er den Rohstoff für die Fälschung vor sich. Entscheidend jedoch waren das Etikett und der Name.

Als er Schritte hörte, Carolines Mutter deckte wahrscheinlich den Frühstückstisch und machte Kaffee (in seine Tasse gab sie statt Zucker bestimmt einen Löffel Rattengift), verkorkte er die Flasche, um sie mit nach Hause zu nehmen. Unsinn, er würde den Wein frühestens morgen Abend wieder probieren können, und bis dahin hatte ihn die Schüttelei im Wagen zerstört. Also, den Rest in den Ausguss. Das Rot im Spülstein erinnerte ihn an jenen Abend, als er den gefälschten Haut-Bourton zum ersten Mal probiert hatte. Da war Gaston bereits tot.

Martin schlich in sein Zimmer und holte die Landkarte, Petra wachte nicht auf. Er nahm noch den Guide Hachette mit, sicherheitshalber auch den Gault Millau. In einem der beiden Weinführer würde er die Adressen von Garennes Châteaus bestimmt finden. Mit Clairmont wollte er beginnen.

Monsieur Jérôme, der in seiner Werkstatt einen Generator zerlegte, kam ihm entgegen, als Martin vorfuhr. »So früh unterwegs, und das am Sonntag?«

Martin begrüßte ihn freundlich. »Ich möchte Sie um einen Gefallen bitten. Leihen Sie mir Ihren Wagen bis heute Mittag? Ich lasse Ihnen meinen dafür hier.«

»Ein schlechter Tausch für Sie, aber mir soll's recht sein. Ist wohl besser, ich frage nicht, warum?«

Martin brummte nur vielsagend.

»Und warum sollte ich eigentlich Gastons Aufzeichnungen wieder verstecken? Jean-Claude stand plötzlich mit den Büchern vor der Tür. Als es klingelte, dachte ich, es sei etwas mit Charlotte, die war gestern lange weg, im Médoc. Wollen Sie die Kladden heute Abend abholen? Ich habe sie dann hier.«

Erfrischend und unkompliziert, dieser Mann, dachte Martin, als er in Libourne vor einem Bistro hielt, wo niemand von seinem Wagen Notiz nahm und er in Ruhe frühstücken und die Adresse von Château Clairmont heraussuchen konnte. Plötzlich erinnerte Martin sich, wie Petra von den wieder aufgetauchten Notizen gesprochen hatte. Hatte Carolines Mutter ihr auch von seinen Vermutungen hinsichtlich Gastons Tod erzählt? Petra würde Garenne heute treffen, und sie würde ihm alles sagen, was sie wusste. Martin verging der Appetit, er zahlte und ging.

Clairmont in Côtes de Bourg war im Gegensatz zu Moulin de la Vaux leicht zu finden. Vor dem Ort stand ein Wegweiser, diesmal ohne Einschusslöcher. Martin fuhr etwa fünf

Minuten in die angegebene Richtung. Rebstöcke, so weit das Auge reichte. Das herbstliche Weinlaub glühte in der Sonne. Die Zeilen zogen sich wie Land Art über die Hügel. Einige folgten der Topografie, andere strebten geradewegs von den Kuppen in die Senken. In einem Weinberg standen die Rebzeilen quer zum Weg der Sonne horizontal ausgerichtet, in einem anderen verliefen sie vertikal, um die unterschiedlichen Temperaturen am Tag und in der Nacht für die Reife besser auszunutzen. Welche Methode war richtig? Martin kannte viele Winzer, die mit beiden Ansätzen wunderbare Weine hervorgebracht hatten. Die Rebzeilen rings um das große Anwesen von Château Clairmont standen parallel zur Landstraße.

»Sonntags Weinprobe« stand auf Französisch, Englisch und Deutsch an der Einfahrt, ein asphaltierter Weg führte nach links zum Parkplatz, wo Martin den Wagen abstellte. Von dort gelangte er über einen breiten Kiesweg zum Château.

Drei Gebäude fassten einen baumbestandenen Platz U-förmig ein, in seiner Mitte stand die Replik eines Springbrunnens aus dem 18. Jahrhundert, der beruhigend plätscherte. Die Häuser aus mittlerweile ergrautem Sandstein waren von Rasen und kitschigen bunten Beeten umgeben, links das zweistöckige Bürogebäude, in der Mitte der flache Bau, in dem die Weine verkostet wurden. Von dort hörte er bereits die Stimmen weinseliger Deutscher, die lautstark ihre Kommentare abgaben.

Ganz rechts, von einer Reihe erst kürzlich gepflanzter Bäume halb verdeckt, erstreckte sich der lange Bau der Kellerei, die frisch gestrichenen Flügeltüren einladend geöffnet. Alles war modern, gepflegt und funktional. An den Wänden wuchernder Efeu gab dem weitläufigen Komplex eine familiäre Atmosphäre.

Im Raum für die Weinprobe drängten sich Besucher vor dem langen Tisch, an dem die Weine ausgeschenkt wurden.

Italiener, Holländer, Deutsche und Engländer redeten durcheinander. Martin lauschte dem Sprachgewirr, sein Beruf hatte es mit sich gebracht, dass er neben Französisch auch Englisch und Italienisch sprach und sich ein wenig mit spanischen Winzern verständigen konnte.

Das Personal, das die Weine ausschenkte und dazu erläuternde Hinweise gab, war dicht umlagert. Das Durcheinander war Martin äußerst willkommen, so konnte er sich ungestört umsehen. An einer Wand lagen in einem Präsentationsregal die Weine der Châteaus, die Garenne aufgezählt hatte. Ein quer liegender Metallbügel sicherte sie gegen Diebstahl. Es mochten so an die dreißig verschiedene Flaschen sein, die neueren Jahrgänge des Haut-Bourton waren auch darunter, allerdings kein Moulin de la Vaux, den Martin zu gern mit dem verglichen hätte, den er am Morgen probiert hatte. Er stellte sich an die Tafel, ließ sich von diesem und jenem Wein etwas einschenken und bekam von einer jungen Frau mit nervös zuckendem Auge eine Preisliste in die Hand gedrückt. Auch hier fehlte der Moulin. Martin hielt die junge Dame zurück und fragte auf Deutsch: »Kann man das Château besichtigen?«

»Oh ja, natürlich, sehr gern.« Die junge Dame zwinkerte, dabei taxierte sie ihn – gehörte er zu jenen, die viel Geld ausgaben? »In einer Viertelstunde beginne ich die Führung für deutsche Gäste. Notieren Sie hier bitte Namen und Adresse, dann können wir Sie auch in Zukunft über alles informieren.« Sie schob ihm einen Zettel zu.

Martin trug sich unter falschem Namen ein und vertrieb sich die Zeit bis zur Führung mit der Beobachtung der Besucher. Er wunderte sich immer wieder aufs Neue über den Umgang mancher Männer mit ihren Frauen. Hatten sie eine andere Meinung in Bezug auf Geschmack oder Aroma, dann wurden die Frauen so lange mit Argumenten traktiert, bis sie um des lieben Friedens willen schwiegen und sich dem Kauf einiger Kartons oder Kisten nicht mehr verweigerten.

Die zwinkernde Mitarbeiterin rief die deutschen Gäste am Springbrunnen zusammen und stellte sich als Amélie vor. Sie erzählte die Geschichte des Châteaus, Anekdoten über seine Besitzer und berichtete Wissenswertes über das lokale Terroir. Fragen wurden gestellt, die Kenner outeten sich, es wurde geprahlt, wo man schon überall gekostet hatte, ein wenig *name dropping* gehörte eben dazu.

Durch das Tor der Kellerei betrat die Gruppe den dahinterliegenden Hof, Mademoiselle Amélie hielt einen Vortrag über Ernte, Verarbeitungsprozess, Gärung und die lange Reife. Hier auf Château Clairmont fand alles in Ausmaßen statt, die weit über das hinausgingen, was Martin gegenwärtig in der Garage mit dem Pechant praktizierte. Danach führte Amélie sie durch die Anlage mit den rechnergesteuerten Gärtanks aus Edelstahl. Martin hielt sich auf Abstand, schaute in alle Ecken, drückte diskret auf jede Türklinke, ließ keinen Winkel unbeachtet, sodass schließlich die junge Dame das Zwinkern vergaß und ihn argwöhnisch im Auge behielt.

Als sie nach der Besichtigung des beeindruckenden Barriquekellers mit Hunderten von 225-Liter-Fässern wieder ans Tageslicht kamen, stand oben vor dem Treppenaufgang ein Lieferwagen. Zwei Männer schoben einen schweren Rollwagen mit Kistenbrettern darauf zu.

»Aus dem Weg!«, schrie einer der Männer auf Französisch, als ein Besucher ihm vor den Wagen lief. Dieser verstand nicht, was man von ihm wollte, wich zur falschen Seite aus, jemand zog ihn in die andere Richtung. Der Mann stürzte, die Arbeiter rissen den Rollwagen abrupt herum, um den Zusammenstoß zu vermeiden, und ein Paket Bretter fiel herunter.

Während die anderen besorgt auf das Opfer zustürzten, interessierte Martin sich mehr für die Bretter, zumal sie die Aufschrift »Haut-Bourton« trugen. Er bückte sich, strich mit dem Finger darüber, die Farbe roch frisch, die Buchstaben färbten sogar noch ab. »1990« stand unter dem Wappen.

Schau an, dachte Martin. Garenne bringt eine neue Fälschung auf den Markt, so wie zuvor den 89er. 1990 war auch ein ausgezeichnetes Jahr in Bordeaux gewesen. Garenne wusste, was er tat. Oder waren es seine Mitarbeiter, die ihn betrogen?

Martin nutzte die allgemeine Verwirrung und öffnete die Tür zu dem Raum, aus dem die Arbeiter gekommen waren. Er war richtig. Es roch nach Druckerschwärze und Kiefernholz, und hier standen eine Siebdruckmaschine, daneben Farbeimer und Lösungsmittel. Kaum hatte er einen Blick darauf geworfen, wurde er unsanft aus dem Raum gezogen.

»Foutez le camp! Foutez le camp!« Ein Arbeiter fuchtelte ihm mit dem Finger vor dem Gesicht herum und machte ihm unmissverständlich klar, dass Besucher hier nicht erwünscht waren. Martin bat artig um Verzeihung und schloss sich wieder seiner Gruppe an. Den Lieferwagen ließ er jedoch nicht aus den Augen. Was hatte man mit der Ladung vor? Wo sollten die Kisten zusammengenagelt werden? Um das herauszufinden, müsste er dem Wagen folgen. Die Arbeiter luden weitere Bretter auf und rollten zuletzt die Druckmaschine, über die man eine Plane geworfen hatte, zum Lieferwagen. Ein Gabelstapler kam, um sie aufzuladen. Wurden hier Spuren beseitigt?

Mit den Worten: »Jetzt haben Sie Gelegenheit, unsere wunderbaren Weine sehr günstig bei uns käuflich zu erwerben«, dirigierte Mademoiselle Amélie ihre Schäfchen zurück in den Probierraum. Martin meinte, dass sie besonderes Augenmerk auf seine Anwesenheit legte.

Im Probierraum entdeckte Martin eine Kiste Haut-Bourton. Der Schriftzug bei diesem noch jungen 1996er war geprägt – und nicht gedruckt wie bei den Brettern im Hof. Damit war eigentlich alles klar. Jetzt musste er nur dem Lieferwagen folgen. Vom Springbrunnen aus konnte er durch das Tor der Gärhalle auf den Hof sehen. Der Lieferwagen stand noch dort. Martin ging zum Parkplatz, um im Wagen zu warten. Aber ein anderes Fahrzeug hatte so unglücklich geparkt, dass er nicht aus der Parkbucht herauskam. Er lief zurück. Mademoiselle Amélie musste helfen.

»Jemand hat mich zugeparkt. Ich muss dringend weg. Können Sie bitte fragen, wem der BMW gehört? Silbergrau, mit französischem Kennzeichen.«

Mademoiselle Amélie blinzelte Martin an. »Das wird unser Geschäftsführer sein, Monsieur Drapeau. Einen Augenblick, bitte.« Sie bahnte sich ein Weg durch die Meute leicht alkoholisierter Ausflügler, und Martin ging zurück zum Wagen. Als er sich außer Sichtweite wähnte, rannte er zur Straße. Wo war der Lieferwagen? Zum Glück stand er noch hinter der Kellerei. Martin kehrte eilig um. Mademoiselle Amélie trippelte ihm entgegen, an ihrer Seite – der Korse.

Ihn zu treffen war für Martin wie ein Schlag. Umdrehen und weglaufen waren seine ersten Gedanken, doch er zwang sich zur Ruhe. Er hörte, wie ein Wagen angelassen wurde, und sah sich um: Verdammter Mist, der Lieferwagen verließ das Grundstück.

»Monsieur, unser Geschäftsführer bittet um Entschuldigung, es tut ihm leid«, sagte Mademoiselle Amélie auf Deutsch und wies auf den Korsen. »Monsieur Drapeau fährt seinen Wagen selbstverständlich sofort weg.«

Der Korse tat, als hätte er Martin nie zuvor gesehen, nickte nur kurz mit dem Kopf, was Martin entsprechend erwiderte, dabei war ihm klar, dass der Korse ihn erkannt hatte und wusste, weshalb er hier war.

»Das ist doch nicht Ihr Wagen?« Der Korse blickte Martin mit kalten Augen an. »Es gibt Leute, die begreifen leider zu spät …«

Bei seinem Auftauchen im Laden hat der Korse noch den Eindruck erweckt, als sei ihm die Suche nach dem Haut-Bourton lästig. Jetzt aber sinnt er darüber nach, wie er mir schaden kann, erkannte Martin und konnte dem kalten Blick kaum standhalten. Er hatte vergessen, wie sich Furcht anfühlte, aber als sie sich in seinem Körper ausbreitete, erinnerte er sich wieder.

Es war im Hochgebirge gewesen, sein Vater hatte ihn als Kind auf eine Wanderung mitgenommen. An einem Steilhang hatte er sich zu Boden geworfen, an einen Felsbrocken geklammert und Todesängste ausgestanden. Niemand hatte ihn dazu bewegen können, auch nur einen Schritt weiterzugehen. Nur zurück. Aber das ging diesmal nicht, er hatte sich so weit vorgewagt, dass er unmöglich umkehren konnte. Er musste diesen Weg bis zum Ende gehen.

Der Korse fuhr seinen Wagen in eine freie Parkbucht, das zwinkernde Fräulein kehrte zurück zu den Beschwipsten im Verkostungsraum, und Martin zockelte in Monsieur Jérômes klapprigem Wagen über die Landstraße. Der Lieferwagen mit Brettern und Druckmaschine war über alle Berge.

Obwohl Martin nicht die leiseste Idee hatte, wohin die Kistenbretter gebracht wurden, glaubte er, ein beträchtliches Stück weitergekommen zu sein. Irgendetwas hatte die Bande aufgescheucht. Hatte er sich gestern in Garennes Anwesenheit verplappert oder irgendetwas Dummes gesagt?

Martin lieferte den Renault bei den Nachbarn ab und kam gerade rechtzeitig, um sich von Jean-Claude zu verabschieden, der seinen Koffer zum Wagen trug. Über den Wein war alles gesagt, und als Caroline mit Tränen in den Augen und er zum Haus zurückgingen, rief Jean-Claude Martin noch einmal zurück.

»Bitte, schlag dir diese Mordfantasien aus dem Kopf. Tu mir den Gefallen, schon aus Rücksicht Caroline gegenüber. Du tust ihr damit weh. Stell dir vor, die Kinder würden das mitbekommen. Die Polizei hat mit keinem Wort verlauten lassen, dass sie an einem Unfall zweifelt. Du hilfst uns allen viel mehr, wenn du dich weiter so intensiv um den Wein kümmerst wie bisher. Ich finde es großartig, wie du das machst, der neue Pechant wird bestimmt klasse. Mir liegt das nicht, das weißt du. Ich bin im Hörsaal besser. Also, was ist? Versprich mir, dich rauszuhalten!«

Wieso lag Jean-Claude so viel daran, trotz aller Ungereimtheiten und dem, was Martin bisher in Erfahrung gebracht hatte? Was er heute bei Clairmont gesehen hatte, bestärkte ihn nur noch mehr in seinem Verdacht.

»Wahrscheinlich habe ich mich verrannt.« Martin seufzte. »Ich kann mich mit Gastons Tod einfach nicht abfinden. Gut. Du hast mein Wort.« Martin gab Jean-Claude die Hand.

So bewusst hatte er noch nie ein falsches Versprechen gegeben. Er sah dem Wagen nach. Es war knapp zwei Wochen her, dass Gaston ihn hier an dieser Stelle ähnlich verabschiedet hatte. Danach hatte er nur noch wenige Stunden gelebt. Warum hatte sein Freund sterben müssen?

9

Petra war noch nicht von ihrem Besuch bei Garenne zurückgekehrt, als Martin sich auf den Weg zu den Nachbarn machte. Er starrte auf den ausgetretenen Weg und dachte nach. Konnte er ihnen vertrauen, mit ihnen über seine Vermutungen und Zweifel sprechen? Er befand sich in einem Zustand völliger Verunsicherung, den er nicht mehr kannte. Zehn Jahre lang war jemand da gewesen, für alles und jede Frage offen. Umgekehrt war es genauso gewesen bis zu dem Tag, an dem Gaston begonnen hatte, ihm etwas zu verheimlichen. Und genau das hatte ihm das Genick gebrochen, im wahrsten Sinne des Wortes.

Auf der Anhöhe blieb Martin stehen und blickte sich nach Carolines Haus um. Er konnte sich nicht vorstellen, dass sie dort auf Dauer allein leben würde. Eines Tages würde sie die Koffer packen und fortgehen. Und dann wäre dieser Lebensabschnitt für ihn definitiv zu Ende.

Madame Lisette hatte ihn von weitem kommen sehen, sie empfing ihn an der Haustür. »Was machen Sie für ein bekümmertes Gesicht? Kommen Sie erst einmal rein. Ich weiß, Sie mögen den Kaffee stark und schwarz, mit viel Zucker.«

Wie einfach es manchmal war, einem anderen das Gefühl zu geben, willkommen zu sein, dachte Martin und begrüßte Monsieur Jérôme, der seine Neugier kaum zügeln konnte, aber Madame Lisette kam ihnen zuvor: »Wie geht es weiter? Sie fahren morgen ab, und dann? Wie haben Sie sich das vorgestellt? Sie können Caroline mit dem Wein nicht allein lassen. Das schafft sie nie.«

»Ich bin ja schließlich auch noch da«, sagte Monsieur Jérôme, der einen Vorwurf heraushörte. »Außerdem gibt es Telefone.«

»Und ich bin in spätestens zehn Tagen wieder hier. Bis dahin ist der Wein durchgegoren«, ergänzte Martin.

»Ihr müsst euch nicht verteidigen«, beschwichtigte Madame Lisette und betrat die Küche. Vorwurfsvoll blickte sie Charlotte an, die den Kühlschrank inspizierte. »Du bist gestern spät heimgekommen, mein Kind!«

»Maman, jetzt machst du wieder dieses alberne Gesicht wie früher. Verdirb mir nicht den letzten Urlaubstag. Oh, Monsieur Martin. War Ihre Mutter auch so? Das Fest gut überstanden? Wo haben Sie Ihre Freundin gelassen?«

»Sie besichtigt heute ein Château im Médoc.«

Charlotte tat erschrocken. »Oh, so schnell ist die Dame? Und Sie – stört Sie das nicht?«

»Nein, nicht mehr. Wir haben kaum noch miteinander zu tun.«

»Soll vorkommen«, sagte Charlotte, »aber doch nicht wegen gestern?«

»Nein, eigentlich nicht, es ist komplizierter.« Martin wand sich. »In gewisser Hinsicht bin ich sogar erleichtert. Wir haben uns auseinandergelebt, wenn wir«, er zögerte einen Augenblick, »überhaupt jemals richtig zusammen waren. Nein, es macht mir nichts.« Als er es sagte, wurde Martin klar, dass es auch stimmte. Petra war für ihn ein abgeschlossenes Kapitel.

»Das glaubt man zuerst, aber später kommt der Katzenjammer, wenn man das Adressbuch in die Hand nimmt und überlegt, wen man anrufen kann.« Charlotte schien aus Erfahrung zu sprechen. »Niemand ist zu Hause, in ganz Paris sieht man nur glückliche Paare, besonders im Frühling, grauenhaft ist das. Männer haben es leichter«, Charlotte blickte

Martin fast vorwurfsvoll an, »alleinstehende Frauen werden nie eingeladen, das verhindern die anderen, aus Eigennutz. Sie fürchten, dass man ihren Mann verführt. Und wer lange verheiratet war, der kennt nur Paare. Bleiben die Endvierziger, die alternden Jäger … ach, lassen wir das.«

»Dass Sie so etwas sagen, wundert mich. Sie haben sich nicht besonders gut erholt?« Martin gelang es nicht ganz, das Frotzelnde aus seiner Stimme zu verbannen.

Charlotte, die es merkte, nahm es leicht. »So oft wie möglich bin ich spazieren gegangen, habe lange geschlafen, nachgedacht und mich nicht geärgert. Das ist sehr viel wert. Keine Kriege, keine Machtkämpfe, keine Karrieristen, keine Stolpersteine, keine Schleimspuren, auf denen man ausrutscht. Arbeiten Sie mal in einem Ministerium.«

»Sie sind böse«, bemerkte Martin vorsichtig, und als Charlotte fragend die Stirn runzelte, korrigierte er sich rasch: »Ich meine nicht im Sinne von schlecht, sondern von ärgerlich, sauer auf die Menschen.«

»Ihr Französisch ist sehr differenziert.«

»Ich gebe mir Mühe, es macht Spaß, eine andere Sprache zu sprechen, weil sich damit auch das Denken verändert.«

»Auch das Fühlen?«

Martin stutzte. Woher der Stimmungsumschwung, wieso das plötzliche Interesse? Was, wenn sie seine Gefühle erwiderte?

»Warum haben Sie geheiratet, Charlotte?«

»Warum? Aus Liebe wahrscheinlich. Wir waren jung und verliebt. Und warum haben Sie es nicht getan?«

»Es hat sich nicht ergeben.«

»Bei Ihnen muss sich alles ergeben? Was ist Ihr Ziel? Wo wollen Sie hin?«

Martin überging die Frage. »Und warum haben Sie sich dann scheiden lassen?«

»Sie stellen Fragen!« Charlotte lachte und sah ihre Mutter an, die von ihrer guten Laune überrascht war.

»Wir hatten uns nichts mehr zu sagen. Jeder führte sein eigenes Leben, die Berührungspunkte wurden spärlich. Wir entfernten uns voneinander, er war auf Reisen, ich in Paris oder umgekehrt. Jean machte es Spaß, er ging darin auf. Meetings, Kongresse, Anträge, Berichte, ich habe mir lange Zeit eingebildet, dass ich diese Arbeit gern tue. Was für ein Unsinn. Wenn man Glück hat, merkt man es rechtzeitig, den meisten gehen die Augen erst dann auf, wenn es zu spät ist.«

»Ist es Unsinn?« Martin dachte an den Weinberg, an die Garage und die Arbeit mit den Trauben, sah die Gärtanks vor sich, darin die satte lila Masse der Maische schwimmen. Es war angenehm, mit den Händen hineinzugreifen, sie durch die Finger gleiten zu lassen. Bei der Ernte oder in der Garage dachte er nicht darüber nach, warum er das tat, da hatte er nur das Wie im Sinn. Ganz anders als bei der Arbeit in seinem Geschäft.

Monsieur Jérôme hielt es nicht länger aus. »Martin! Was war denn nun los letzte Nacht? Was war so wichtig, dass Jean-Claude mich aus dem Bett holen musste?«

»Was war gestern?«, fragte Charlotte.

Ihr Vater erzählte ihr von Martins Anruf.

»Und was hat es mit den Kladden auf sich?«

Martin kratzte sich am Kopf und dachte nach. Wem konnte er vertrauen? Jean-Claude wollte sich aus allem raushalten, Caroline war nicht ansprechbar, ihre Mutter hasste ihn. Grivot gab es wahrscheinlich gar nicht, Sichel war dafür nicht geeignet und Petra zu Garenne übergelaufen. Wer blieb noch? Diese drei Franzosen, die ihm gegenübersaßen? Martin gab sich einen Ruck.

»Ich muss ein bisschen ausholen, damit Sie meine Aufregung verstehen. Es fing an, als ich das letzte Mal von hier weggefahren bin. Wir, das heißt Gaston und ich, haben morgens Kisten eingeladen …« In knappen Worten berichtete Martin von der Reizbarkeit seines Freundes an jenem Tag, von dem Diebstahl des Haut-Bourton und vom Auftauchen der Lederjacke und des Korsen in seinem Laden. Ausführlich beschrieb er seine Vermutungen in Bezug auf die Weinfälschung, seinen Besuch bei LaCroix, erwähnte das Zolldokument und das Auftauchen von Kommissar Grivot.

»Es muss doch zu klären sein, ob er für die Polizei arbeitet. Von diesem Inspektor haben Sie seitdem nichts gehört?«, fragte Charlotte.

»Nein, er hat angeblich letzten Donnerstag angerufen, aber Jean-Claude will, dass ich mich raushalte, und hat nicht nach der Nummer gefragt. Na gut, jetzt zurück zu dem Zolldokument ...« Martin sparte weder seinen Einbruch auf Moulin de la Vaux noch das Zusammentreffen mit Bichot aus. »Der Mann kam mir wie gerufen. Die Einladung zum Diner war die Gelegenheit, Garenne kennenzulernen. Ob er selbst den Wein fälscht oder seine Angestellten, kann ich nicht sagen. Ich bin mir sicher, dass Gaston mehr gewusst hat. Er hat den gefälschten Haut-Bourton genauso beschrieben wie ich, hier, sehen Sie!«

Martin las die entsprechende Passage vor, dann sprach er weiter: »Gestern, auf Grandville, da ging es um Gaston, seine Arbeit, den Wein und seinen Tod. Garenne wusste von allem, ich fand das sehr merkwürdig. Er hat ungeheuren Eindruck auf meine Exfreundin gemacht, die dann dummerweise erzählt hat, dass jetzt, da die Notizen wieder da seien, meine Arbeit bedeutungslos sei, da ich nur noch abzulesen bräuchte. Ich habe mich an den Einbruch erinnert. Wenn Garenne der Auftraggeber war, dann könnte er versuchen, jetzt an die Kladden zu kommen, um jeglichen Beweis für seine Fälschung zu vernichten. Ja, und das Dickste kommt noch. Heute war ich auf Château Clairmont ...«

Martin beschrieb den Zwischenfall mit den Holzkisten und schloss seinen Bericht mit seiner Begegnung mit dem Geschäftsführer. »Es war der Mann aus meinem Laden, kein Zweifel.«

Madame Lisette stand auf und verschränkte die Arme vor

der Brust. »Wenn das alles stimmt, was Sie sagen, Martin, dann müssen wir uns Sorgen machen, und zwar um Sie!«

»Das meine ich auch.« Charlotte kratzte mit einem Teelöffel die Reste aus ihrem zweiten Joghurtbecher. »Ich kann Ihnen einiges über Garenne erzählen. Es wäre nicht der erste Fall von Weinfälschung in seiner Familie. Das, was er über den Großvater erzählt, hat einen realen Hintergrund. Der war tatsächlich unter den Nazis im Gefängnis, nur: Er hat seinen betrügerischen Geschäften nach dem Krieg ein patriotisches Mäntelchen umgehängt. In Wirklichkeit war es Etikettenschwindel. Deshalb war der heldenhafte Opa im Gefängnis.«

»Und Garenne macht eine Résistance-Story daraus …«

»Genau. Als die Nazis damals Frankreich besetzten, wollten sie den Handel mit den großen Weinen kontrollieren und requirierten einen erheblichen Teil für den Generalstab, Kriegsbeute eben. Sie haben einen Beauftragten für den Weinexport aus Bordeaux benannt, einen Deutschen, er hieß Hein Böhmers. Er war der Chef des größten deutschen Weinimporteurs, aus Bremen, Reidemeister und Ulrich.«

»Reidemeister? Bist du … äh, sind Sie sicher?«, fragte Martin überrascht. »Die Firma gibt es noch, das ist ein Großhandel, der importiert aus der ganzen Welt … Die Firma wurde kürzlich an eine holländische Gruppe verkauft.«

»Ja, ja, die Menschen ändern sich nicht. Also, weiter mit Garenne. Sein Großvater, Marcel, hat den Deutschen gepantschten Wein verkauft, ein Teil von hier, ein anderer aus Südfrankreich dazugekauft, wie bei dem Weinskandal von 1971. Eine Weile ging es gut, dann flog der Schwindel auf. Irgendwer, wahrscheinlich ein französischer Faschist, hat Garenne angezeigt. Es gab ein Verfahren, der Großvater hatte noch Glück, er kam nur ins Gefängnis. Hätten sie politische Motive vermutet, dann hätten sie ihn erschossen oder gehängt. Und als die Nazis abhauen mussten, kam er wieder frei – wahrscheinlich auf Anweisung dieses Böhmers, der damals auch verhindert hat, dass der Hafen gesprengt wurde, als die Alliierten kamen. Da lagerten damals Zigtausende Flaschen. Sie haben so ihre Zerstörung verhindert, mehr aus geschäftlichem Instinkt heraus, nehme ich an, als aus Opposition gegen die Nazis. Getrunken wird immer, wird man sich gesagt haben, und die amerikanischen Truppen wollen auch versorgt werden.«

»Woher hast du das alles?«, fragte Monsieur Jérôme. »Wir haben nie darüber gesprochen. Du hast dich nie für unsere Weine interessiert ...«

»Ich habe mich erst während des Studiums damit beschäftigt. In meinem Jahrgang war ich die Einzige aus Bordeaux, da wird man eine Menge gefragt. Früher war mir das unangenehm, aber mit der Zeit lernt man es zu schätzen. Willst du mehr hören, Papa?«

Monsieur Jérôme nickte lebhaft, und Madame Lisette hatte den Abwasch vergessen. Martin hing an Charlottes Lippen, sie trug ihre Geschichte gut vor. Außerdem war es ein willkommener Vorwand, sich an ihr sattzusehen.

»Die Nazis hatten Garennes Großvater eingesperrt, also musste er ein Held sein, nicht wahr? Niemand, kein einziger Franzose hat kollaboriert. Diese Geschichte hat er überall erzählt und damit geprahlt, dass er mit dem Gewinn aus dem Geschäft die Résistance unterstützt habe. Als sich das Gegenteil herausstellte, war klar, dass er sich nirgends mehr sehen lassen konnte. Er war zwar ein guter Winzer, hatte einige Châteaus und hat wohl auch wunderbare Weine gemacht. Doch das Thema war heikel, und als er mit dem Gerede nicht aufhörte, wurde er nur noch ausgelacht. Das muss schlimm für ihn gewesen sein. Er hat sich umgebracht, mit einer Pistole. Aber das wissen nur wenige. Offiziell starb er bei einem Jagdunfall.«

»Es gab damals viele solcher Schicksale«, sagte Monsieur Jérôme nachdenklich, »Kriegszeiten eben. Aber jetzt mal weiter in Ihrer Sache, Martin. Wie wollen Sie Ihre Behauptungen belegen? Wer will beurteilen, ob ein Wein gefälscht ist? Für Gemälde, ja, da gibt es Experten, international anerkannt, aber auch die irren sich. Wenn der Haut-Bourton tatsächlich gefälscht ist, wird es sicherlich nicht nur die paar Flaschen geben. Wo sind die anderen?«

»Das muss ich herausbekommen. Auf dem Zolldokument ist eine deutsche Firma als Empfänger genannt, in Hamburg. Die müsste zu finden sein.«

»Sind das nicht alles nur Vermutungen?«, mischte Charlotte sich ein. »Wie wollen Sie beweisen, dass Gastons Tod kein Unfall war? Außer Ihnen glaubt kein Mensch daran.«

Martin wandte sich Hilfe suchend an Monsieur Jérôme: »Auch Sie nicht?«

»Ich habe Zweifel, Martin, nehmen Sie mir das nicht übel.« Monsieur Jérôme schien die Wendung, die das Gespräch nahm, unangenehm zu sein. »Das mit dem Einbruch während der Beerdigung, ja, unbestreitbar, da waren wir alle dabei. Schon merkwürdig, dass nur der Computer gestohlen wurde und die Disketten ... Aber, nein, ich sehe keinen Grund dafür, warum Gastons Tod kein Unfall gewesen sein soll. Wer würde so was Schreckliches tun? Wir sollten den Ermittlungen der Polizei ein wenig Vertrauen entgegenbringen.«

Martin gab nicht auf. »Weshalb sollte Gaston Ihnen die Kladden gegeben haben, so kurz vor ...«

»Zufall vielleicht, warum nicht?«

»Dem Kommissar erschien meine Erklärung über den Hergang des vermeintlichen Unfalls bei LaCroix allerdings sehr plausibel.«

»Wir wissen nicht, ob er wirklich bei der Polizei ist«, warf Charlotte ein. »Warum erzählen Sie uns das eigentlich alles? Was erwarten Sie von uns?«

Martin zuckte zusammen, die Frage zog ihm den Boden unter den Füßen weg. Er hatte angenommen, Charlotte und ihre Eltern hätten seinen Hilferuf verstanden. Statt ihr zu antworten, wandte er sich verletzt an Monsieur Jérôme. Seine Worte klangen härter als beabsichtigt. »Ganz einfach. Sie haben gefragt, weshalb ich Sie bat, Gastons Notizen in Sicherheit zu bringen. Das habe ich beantwortet. Um den Rest werde ich mich selbst kümmern. Ich möchte Sie nur bitten, alles, was ich Ihnen anvertraut habe, für sich zu behalten.« Damit stand er auf.

»Seien Sie nicht gleich beleidigt, Martin, setzen Sie sich, na, machen Sie schon.« Monsieur Jérôme hielt ihn am Arm fest. »Es ist nicht so, dass wir das nicht glauben, aber das alles klingt so unwahrscheinlich, so hypothetisch …«

»Und auf was außer Hypothesen sollten wir uns sonst stützen? Wir tun unser ganzes Leben lang nichts anderes.«

Charlotte lachte, Martins letzte Bemerkung gefiel ihr offenbar. »Ich möchte noch einmal auf Garenne zurückkommen. Wie war er gestern Abend? Wie hat er Sie behandelt? Stehen Sie nicht rum, seien Sie nicht so ungemütlich. Setzen Sie sich wieder!«

Martin aber trat hinter den Stuhl und stützte die Hände auf die Lehne. Er war zu aufgewühlt, er fühlte sich missverstanden. »Garenne?« Er versuchte, sich an den Auftritt dieses unangenehmen Menschen zu erinnern. »Der war mir vom ersten Moment an unsympathisch, er hat sich aufgeführt, als würde Grandville ihm gehören. Immerzu hat er die Weine mit seinen verglichen, geradezu peinlich. Und Petra hätte er am liebsten direkt verspeist. Ich glaube, sie wäre gar nicht abgeneigt. Mich hat er behandelt, na, wie einen Depp, der einen Korkenzieher nicht von einer Dekantierkaraffe unterscheiden kann. Er meinte, Gaston hätte hier nicht hergehört und Bordeaux nicht verstanden. Darüber habe ich mich am meisten geärgert.«

Charlotte grinste. »Kennen Sie die Fabel von Jean de la Fontaine über den Frosch und den Ochsen? Nein? Reineke Fuchs stammt auch von ihm. De la Fontaines Fabeln waren gegen den Absolutismus gerichtet, aber sie bleiben immer aktuell. Also, der Frosch bewundert den Ochsen und will so groß und so stark sein wie er. Er atmet und pumpt sich dabei auf, bis er immer größer wird und schließlich platzt. So ist Garenne! Außerdem unterschätzt er Sie.«

»Weshalb sollte er das tun?«

»Weil er sich selbst überschätzt. Er glaubt, Sie hätten keine Ahnung, wie man Wein macht, er hält Sie für einen kleinen Händler. Und das ist auch besser für Sie, wenn er etwas mit der Fälschung zu tun hat. Stellen Sie sich tot, Martin, warten Sie ab, was passiert.«

Charlottes Vorschlag gefiel Martin überhaupt nicht. »Das habe ich immer gemacht: gewartet, was passiert, und dann reagiert. Aber jetzt ist es falsch. Der Korse hat mich heute gesehen. Er wird sich denken, dass ich nicht zum Verkosten nach Clairmont gekommen bin. Wenn er für Garenne arbeitet, wird er ihn informieren, und der fragt dann Petra aus. Die gibt ihm jede Auskunft – sie ist von ihm hingerissen. Wieso sollte Garenne an Zufall glauben? Schon bei Moulin de la Vaux hat mich jemand gesehen.«

»Wer?« Charlotte runzelte die Stirn. »Sie scheinen sich recht auffällig zu bewegen.«

»Kann ich ahnen, was hier los ist? Ich habe mir das alles nicht ausgesucht.«

»Wer hat Sie gesehen?«

» Jacques heißt er, den Nachnamen habe ich vergessen.«

»Was für ein Jacques?«, fragte Charlotte interessiert.

»Ein Kellermeister mit Rheuma. Er mimt den Frührentner, aber er spielt ausgezeichnet Billard. Wir haben uns in dem Bistro kennengelernt, nachdem ich bei Moulin de la Vaux war. Er hat mir geraten, vorsichtiger zu sein.«

»Wenn er das gesagt hat, dann stimmt es«, sagte Charlotte schmunzelnd. »Ich kenne ihn gut. Gerissen wie sonst was und faul wie die Sünde. Wir sind zusammen zur Schule gegangen. Wie alt war er?«

»Na, ich schätze, so knapp über dreißig.«

»Dann war er es. Schmales Gesicht, sehr markant und knochig, lange Haare?«

Martin nickte. »Sie kennen ihn?«

»Wir alle kennen ihn, aber Jacques beiseite: Wir müssen endlich zu einem Ergebnis kommen«, unterbrach Monsieur Jérôme, was Charlotte plötzlich sehr recht zu sein schien.

»Und wir müssen Monsieur Martin helfen.« Madame Lisette ließ das Küchenmesser, mit dem sie Knoblauchzehen schälte, sinken und starrte ihren Mann auffordernd an. »Das sind wir Gaston und vor allem Caroline schuldig. Ich wüsste nicht, weshalb wir ihm nicht glauben sollten. Auch Gaston hat Martin immer vertraut.«

»Ich nehme an, er hat von der Fälschung gewusst«, sagte Charlotte.

»Gaston? Oh ja, vielleicht wurde er deshalb – umgebracht«, vermutete ihre Mutter.

»Er wollte Beweise sichern, deshalb hat er Martin die Flaschen zum Probieren mitgegeben. Also nehmen Sie sich in Acht, es kann auch für Sie unangenehm werden, Martin. Vielleicht machen Sie demnächst besser einen Bogen um unsere Gegend.«

»Soll ich so tun, als ob nichts geschehen wäre? Nein. Außerdem, was würde Caroline ohne mich machen? Und übrigens, wie konnte jemand wissen, dass ich den Haut-Bourton im Wagen hatte?«

Charlotte stand auf und ging zum Fenster. »Sehen Sie, von hier aus kann man Carolines Haus gut sehen. Und mit einem guten Fernglas kann man beobachten, was da passiert. Ihnen ist an jenem Morgen niemand aufgefallen?«

»Nein«, antwortete Martin, »wir waren mit dem Beladen beschäftigt. Sagen Sie, Charlotte, woher kennen Sie eigentlich Garenne?«

Sie drehte sich um, ihre Augen trafen sich, sie stockte für einen Moment und sprach erst weiter, als er wegsah. »Aus der Politik. Er hat sich mal vorgetastet, das ist schon länger her, aber er war ungeschickt, wusste nicht, wer mit wem im Bett liegt. Ja, Maman, guck nicht so, das sagt man halt«, beschwichtigte Charlotte ihre Mutter, die pikiert die Brauen hochzog. »Garenne gehört zu den Konservativen, der Bürgermeister und ich sind bei den Sozialisten, ich eher zufällig. Ich bin da eingetreten, weil man im Ministerium ein Parteibuch braucht und weil mein geschiedener Mann in derselben Partei war.«

»Und wie sind Sie zu dem Empfang auf Grandville gekommen?«

»Irgendwer aus dem Ministerium hat dem Bürgermeister erzählt, dass ich hier Urlaub mache. Da hat er mich angerufen und mich eingeladen. Er hofft, dass er durch mich einen Draht nach Paris bekommt.«

Charlotte stand auf und holte eine Flasche Wasser. »Mein Vater lässt uns glatt verdursten …«

»Das lasse ich nicht auf mir sitzen.« Monsieur Jérôme sprang auf. »Der Keller ist voll, und du holst Wasser. Martin, rot oder weiß? Was passt zum Essen, Lisette?«

»Rot«, sagte seine Frau, »ein fülliger am besten, nicht zu hart. Es gibt Gibelotte, Martin. Sie mögen geschmortes Kaninchen?«

Er nickte, und Madame Lisette nahm die vorbereiteten Keulen, Läufe und den Rücken des Kaninchens aus dem Kühlschrank. Madames Küche kannte er bereits, ob ihre Tochter ebenso gut kochte? Und Monsieur Jérôme hatte ihm noch nie einen schlechten Wein vorgesetzt. Der Abend war gerettet.

Monsieur Jérôme kam mit zwei Flaschen Madiran von Peyros zurück, einem Wein aus dem Südwesten, und einem weißen Bergerac, den er sofort öffnete. »Der ist besser fürs Plaudern. Den Roten trinken wir zum Essen.« Charlotte stellte die Gläser auf den Tisch und schenkte ein. »Was interessiert Sie so sehr an dem gefälschten Wein, Martin?«

»Derjenige, der den Wein gefälscht hat, hat auch Gastons

Mörder geschickt. Zurzeit verschwindet der Haut-Bourton von 1989 vom Markt. Ich habe mir die Angebote im Internet angesehen. Nichts, keiner mehr da. Und wenn mich nicht alles täuscht, dann ist dasselbe für den Jahrgang 1990 geplant.«

»Der Fahrer des Gabelstaplers hat ihn umgebracht«, sagte Charlotte lapidar. »Wer sonst?«

Madame Lisette ließ die Karotte sinken, die sie gerade schälte. »Weshalb soll ein Algerier, noch dazu ein Illegaler, einen französischen Winzer umbringen?«

»Für Geld, Maman,« sagte Charlotte, »für Geld tun die Menschen alles.«

»Und wie soll das gehen … mit Paletten?«

»Sehen Sie her!«, sagte Martin. Er streckte die Hand aus, stellte eine Streichholzschachtel senkrecht auf die Fingerspitzen. »Das sind die Paletten. So, und jetzt passen Sie auf, was geschieht!« Er bewegte die Hand vorwärts und hielt sie ruckartig an. Die Streichholzschachtel kippte nach vorne auf den Boden. »Und genau da drunter stand Gaston.«

»Das ersetzt den Lokaltermin«, meinte Charlotte bissig.

Martin überging die Bemerkung, aber ihre Kaltschnäuzigkeit verunsicherte ihn.

Madame Lisette gab Öl in eine gusseiserne Pfanne, legte die Kaninchenteile neben dem Herd zurecht und blickte in die Runde. »Das leuchtet mir ein. Jetzt müssten wir nur noch wissen, wer den Algerier dafür bezahlt hat.«

»Garenne«, sagte Martin. »Garenne war es, nach allem, was ich weiß.«

»Das wissen Sie nicht, das vermuten Sie! Und wie wollen Sie dem Mörder auf die Schliche kommen?«

»Irgendwas fällt mir ein. Er muss das Zeug verkaufen, irgendwo taucht es auf, und irgendwann macht er Fehler. Außerdem hinterlässt alles im Leben seine Spuren.«

»Sie fahren ungern zurück, nicht wahr?« Madame Lisette schien ernstlich besorgt. »Ich habe Sie noch nie so bedrückt gesehen. Lassen Sie sich nicht entmutigen. Jérôme und ich sind immer in Carolines Nähe. Und wenn was mit dem Wein ist, rufen wir an. So, ihr jungen Leute geht besser ein bisschen spazieren. Jérôme, du kannst mir helfen.«

Die Sonne war untergegangen, aus den Niederungen kroch feiner Dunst die flachen Hänge hinauf. Martin blickte über das bunte Weinlaub und dachte an sein Büro. Mit dem verblichenen Foto von Gastons Garage an der Wand würde er den kommenden Winter überstehen müssen. Aber er würde wegen des Weins oft herkommen. Der Gedanke daran hatte etwas Tröstliches.

Aus den Augenwinkeln betrachtete er Charlotte, die der untergegangenen Sonne nachblickte. Sie sah zufriedener aus, nicht mehr so angespannt und ernst. Er mochte ihr feines Gesicht, ihre aufmerksamen, freundlichen Augen, den kritischen Zug um die Lippen und ihre provokante Art, obwohl sie ihn damit verwirrte. Als er den Wunsch verspürte, ihr die Hand auf die Schulter zu legen, sah sie ihn forschend an, als ob sie seine Gedanken erraten hätte. Er spürte, dass es noch zu früh war. Wenn er ans Geschäft dachte, an seine viel zu große Wohnung, fühlte er sich jetzt schon einsam.

»Wir haben einen langen Winter vor uns«, seufzte er.

»Das stimmt, aber in Paris ist er nicht so lang, zumindest kommt es mir so vor. Irgendwo ist immer was los: Partys, Empfänge, Konzerte. Mögen Sie afrokubanische Musik? Ich bin selten zu Hause, man muss sich zeigen, aber eigentlich habe ich oft …«, Charlotte verharrte einen Augenblick, bevor sie weitersprach. »Man muss in meinem Beruf entsetzlich vorsichtig sein. Ich muss auf alles und jedes achten, mir jedes Wort überlegen, niemandem kann ich trauen, weder den Kollegen noch den Chefs, denen schon gar nicht, die wechseln die Seiten wie die Hemden. Können Sie sich das vorstellen? Im Vergleich dazu haben Sie ein sehr viel angenehmeres Leben: Sie haben Ihre Kunden, den Wein, alles hat seine Regeln …«

»Mehr oder weniger«, pflichtete Martin ihr bei. »Genauso

war es bis vor zwei Wochen. Kennen Sie Deutschland eigentlich?«

»Ein wenig. Ich habe in Bonn gearbeitet, zwei Jahre lang, direkt nach dem Studium, bevor Ihre Regierung nach Berlin umzog. Es waren einsame Jahre ...«

»Sie mögen das Land nicht besonders?«

Charlotte verzog gequält den Mund. »Das kann man so nicht sagen. Ja und nein. Ihrem Land fehlt so vieles: Begeisterung, Poesie, Feingefühl, Charme. Ich weiß nicht, ob es die Nazis zerstört haben oder woran es liegt. Ach, vielleicht unterhalten wir uns besser ein andermal darüber. Ich mache mir Sorgen ...«

»Worüber?«

Charlotte blickte Martin in die Augen. »Mir wird langsam klar, dass Sie wirklich in Gefahr schweben. Weshalb sind Sie so ungerührt, oder tun Sie nur so?«

»Gaston war mein Freund. Wenn er ermordet wurde, kann ich das nicht hinnehmen, auch wenn das heißt, dass ich selbst in Gefahr gerate.«

Charlotte blickte ihn ruhig an. »Und wie wollen Sie weiter vorgehen? Wie wollen Sie Garenne auf die Schliche kommen?«

»Am liebsten würde ich ihn vergessen und jetzt essen«, sagte Martin. Und als er Charlotte ansah und daran dachte, was er noch lieber täte, schaute er weg, als wäre er ertappt worden.

»Es ist noch nicht so weit«, sagte Charlotte doppeldeutig. »Gehen wir noch ein Stück?«

»Soll ich Sie nun ... Madame nennen oder Charlotte?«

Beim Essen erzählte Martin, dass kommende Woche die Eichenfässer für den neuen Jahrgang des Pechant geliefert würden, und bat Monsieur Jérôme, Caroline bei der Abnahme zu helfen. »Viel kann mit dem Wein inzwischen nicht passieren. Nur lassen Sie die Temperatur keinesfalls über 27 Grad ansteigen. Doch das regelt der Thermostat. Sollte der ausfallen, so gibt es im Flaschenlager Kühlelemente, die kann man in die Tanks einhängen. Und falls der Strom ausfällt, finden Sie wasserdichte Eisbeutel in der Tiefkühltruhe. Caroline weiß Bescheid. Außerdem muss man den Tresterhut täglich aufbrechen. Vielleicht probieren Sie auch mal und sagen mir, wie weit der Wein ist. Wenn nötig, komme ich sofort.«

»Es ist viel zu weit«, sagte Monsieur Jérôme. Er war die Ruhe selbst. »Und zu teuer. Wir kümmern uns darum. Das war mal unser Weinberg, ein wenig anders, aber immerhin.«

»Willst du nicht Carolines Weinberg übernehmen?«, fragte Charlotte Martin unvermittelt.

Martin fühlte sich, als hätte sie einen seiner geheimsten Wünsche erraten, obwohl er ihn sich niemals klargemacht hatte. Er blickte aus dem Fenster. Den Weinberg kaufen? Wie kam sie darauf? Vielleicht weil er sich mit einer Selbstverständlichkeit in dieser Welt bewegte, als hätte er nie etwas anderes getan.

Der Gedanke hatte viel für sich. Die Arbeit im Weinberg und im Keller gefiel ihm, machte ihm trotz aller Unsicherheit viel Freude. Sollte er dafür sein Geschäft in Frankfurt aufgeben? Es ernährte ihn gut, weit mehr als das, die kleinen Geschäfte nebenbei waren äußerst lukrativ. Wenn er sein Mietshaus in Frankfurt verkaufen würde und den Laden, käme einiges zusammen. Aber vielleicht wollte Caroline gar nicht verkaufen? Der Vorschlag musste auf jeden Fall von ihr kommen. Er könnte ihre Verbindlichkeiten bei der Bank übernehmen und ihr das zurückzahlen, was sie bislang getilgt hatten – und natürlich den Wertzuwachs. Wie sollte man den messen? Einen Anteil an den jährlichen Ernten, eine Art Rente? Wie würde ihr Leben und das der Kinder weitergehen? Wäre das nicht so, als würde er ihr die Vergangenheit abkaufen?

»Einige Entscheidungen musst du schon treffen«, sagte Charlotte. »Du musst wissen, wo du hinwillst.«

»Weißt du das denn?«, fragte Madame Lisette unvermittelt ihre Tochter.

Martin nutzte den Moment zum Aufstehen, bedankte sich für das wunderbare Essen und für Gastons Notizen, die auf dem Tisch gelegen hatten, als er vom Spaziergang zurückgekommen war. Zuletzt bat er Charlotte, sich in den Pariser Supermärkten nach dem Moulin de la Vaux umzusehen. »Es ist ein Bordeaux Supérieur, Côtes de Castillon. Ich würde ihn gern mit dem vergleichen, den ich aus dem Château mitgenommen habe.«

»Wenn ich die Zeit dazu finde, gern. Pass auf dich auf, Martin!«

Ein wenig verlegen küsste er sie auf die Wangen und suchte ihren Blick. Er würde lange davon zehren müssen. Andererseits, wenn er bei der nächsten Tour hierher über Paris fahren würde? Es wäre nur ein winziger Umweg …

Die Hände tief in den Jackentaschen vergraben, schlenderte Martin durch die kühle Nacht. In der Ferne sah er die Lichter von Saint-Émilion, Scheinwerfer bewegten sich über Hügel, verschwanden dahinter, bis sie im nächsten Tal wieder aufleuchteten. Er betrachtete Carolines Haus von weitem und empfand es zum ersten Mal als fremd.

Nur wenige Lichter brannten, die Haustür war wie üblich angelehnt. Martin trat ein. Aus dem Wohnzimmer fiel Licht in den Flur.

»… ist das so schwer zu verstehen?«

Martin erkannte die Stimme von Carolines Mutter sofort, eindringlich und kalt.

»Du weißt nicht, was du dir damit antust. Unabhängigkeit ist das Wichtigste überhaupt. Du musst ihn aus allem heraushalten. Lass ihn arbeiten.«

»Ich finde es unanständig, ihn auszunutzen«, entgegnete Caroline kleinlaut.

»Nein, überhaupt nicht, ganz im Gegenteil. Du weißt nicht, was er plant. Was hat er vor? Wieso kommt er sofort hierher und nimmt dir die Arbeit aus der Hand? Auch Jean-Claude hatte nichts mehr zu sagen. Er hat das Kommando, er gibt die Anweisungen. Jean-Claude hat sich bei mir darüber beschwert.«

»Bei mir nicht! Du verdrehst die Dinge. Mir hat er das Gegenteil gesagt. Martin versteht eben am meisten davon. Gaston hat alles mit ihm besprochen.«

Martin blieb gespannt in der offenen Tür stehen und atmete leise. Warum hetzte diese Frau Caroline gegen ihn auf?

»Und dass Gaston ihm vertraut hat, ist für dich Grund genug, dich hinter deiner Trauer zu verkriechen und ihm deinen Weinberg zu überlassen? Der gehört jetzt dir. Das sind deine Rebstöcke, deine Weine. Jedes Fass in der Garage gehört dir, jede Flasche. Das ist dein Geld. Mach dir das klar. Und das will er dir wegnehmen.«

»Das stimmt nicht. Wie kommst du nur darauf? Nur weil du ihn nicht leiden kannst.«

»Er ist ein Deutscher, ein Fremder, der sich hier eingeschlichen hat. Dreimal sind die Deutschen bei uns eingefallen, wir kein einziges Mal bei ihnen …«

Vergiss Napoleon nicht, du Schreckschraube, dachte Martin. Er musste sich zusammenreißen, um seine Wut zu unterdrücken und nicht in die Küche zu stürzen. Doch er wollte unbedingt wissen, welches Gift Carolines Mutter noch verspritzen würde.

»Er ist mir zu neugierig, überall steckt er seine Nase rein. Neulich nachts wollte er sogar die Buchhaltung sehen. Er glaubt, dass er leichtes Spiel mit dir hat. Die arme, leidende Witwe, die einen berühmten Weinberg besitzt …«

Als Carolines Mutter eine Pause machte, hörte Martin die Kinder im ersten Stock rumoren. Er dachte schon, das Gespräch sei zu Ende, aber sie sprach weiter. Überrascht horchte Martin auf.

»Das Angebot der Bank ist gut, du solltest es akzeptieren, ein besseres kriegst du nie. Es ist ideal für dich. Du bist mit einem Schlag deine Schulden los, bekommst noch Geld dazu, sogar die unverkauften Weine werden sie dir abnehmen. Das ist mehr als großzügig, natürlich nicht zu dem Preis, den du sonst erzielen würdest, aber dafür alles auf einmal. Und dann kommt ihr zu uns nach Saint-Chinian zurück, du und die Kinder. Das hier ist nichts für dich. Bordeaux hat euch Unglück gebracht. Was habt ihr vom Leben gehabt? Nichts als Arbeit.«

»Du vergisst die wunderbare Zeit, die wir miteinander verbracht haben. Er hat mich nicht verlassen, er ist verunglückt, oder er wurde umgebracht, was weiß ich.« Caroline schien den Tränen nahe, und ihr Einwurf war zu zaghaft, als dass er ihre Mutter hätte aufhalten können.

»Siehst du, da haben wir es wieder. Gaston ermordet? So ein Quatsch. Euer angeblicher Freund macht alle Leute damit rebellisch. Der will eine große Story daraus machen, um den Wein aufzuwerten, den er sich dann unter den Nagel reißt. Er verkauft ihn doch in Deutschland, oder? Je länger alles breitgetreten wird, desto besser für ihn. Darum hält er an diesem Unsinn fest. Kapierst du's endlich? Niemandem darfst du trauen. Jeder nutzt nur seinen Vorteil, mein Kind. Du glaubst doch nicht, dass dieser Mann das aus Nächstenliebe tut?«

»Wie kannst du nur so schlecht von ihm denken?« Martin hörte Entsetzen in Carolines Stimme.

»Ich denke in erster Linie an die Kinder und an dich. Das Angebot von Monsieur Fleury ist fair. Du kannst wieder ruhig schlafen, dieser Kerl ist aus dem Haus, du brauchst dich nicht mehr um den Wein zu kümmern. Und ihr kommt wieder zu uns. Die Kinder werden sich schnell einleben und ihren Vater bald vergessen.«

»Weshalb sollten sie ihn vergessen?«, fragte Caroline und schnäuzte sich. »Sie lieben ihn.«

»Ganz einfach, damit sie nicht mehr leiden müssen.«

»Aber das ist doch normal, wenn jemand stirbt. Ich leide

doch auch. Er war ein wunderbarer Vater, ein wunderbarer Mann, ich habe ihn geliebt! Und ich liebe ihn noch immer.« Caroline schluchzte laut auf. Mehr Kraft zum Protestieren hatte sie nicht.

»Es ist besser, wenn dein Freund Martin nichts von dem Angebot der Bank erfährt. Stell ihn vor vollendete Tatsachen, und lass Monsieur Fleury aus dem Spiel. Dieser Herr Martin erfährt es noch früh genug. Lass ihn weiter wursteln, er wird nichts verderben, schenke ihm eine Kiste Wein, wenn es so weit ist …«

Martin trat lärmend in den Flur und schlug die Haustür krachend zu, er hatte die Schnauze voll. Sofort erstarb das Gespräch in der Küche. Polternd stieg er die Treppe hinauf und zog das Bettzeug ab, brachte es zusammen mit Petras Koffer nach unten und drapierte alles so, dass sie ihre Ausquartierung unmöglich übersehen konnte. Morgen lagen tausend Kilometer Autobahn vor ihm, da war kein Platz mehr für Artigkeiten. Heute Nacht würde er gut schlafen, trotz allem, was Carolines Mutter gesagt hatte. Es war ihm sofort klar gewesen, dass sie ihn nicht ausstehen konnte, aber dass sie ihn hasste? Er erinnerte sich an den Namen, den sie erwähnt hatte: Fleury. War das nicht der Banker vom Nebentisch, dem Garenne auf Grandville mit dem idiotischen Trinkspruch zugeprostet hatte?

10

Es war noch dunkel, als Martin Caroline am nächsten Morgen weckte. Sie bedankte sich überschwänglich für seine Hilfe, umarmte ihn fest, wich aber seinem Blick aus.

»Mutter lässt sich entschuldigen. Sie wollte sich auch bei dir bedanken für alles, was du für uns getan hast. Sie meint, du seist ein großartiger Mensch.« Caroline blickte zu Boden und biss sich auf die Unterlippe.

»Wie nett von ihr«, sagte Martin tonlos. Wozu Caroline noch tiefer in Gewissenskonflikte stürzen. Er war froh, nicht in ihrer Haut zu stecken. Zum ersten Mal, seit sie sich kannten, hatte einer von beiden gelogen. »Ruf mich sofort an, falls du mich brauchen solltest. Monsieur Jérôme ist informiert, er will täglich herkommen. Wann genau ich wieder hier bin, kann ich jetzt noch nicht sagen, auf jeden Fall rechtzeitig zum Abstich, wahrscheinlich schon vorher«, sagte er mit einem Seitenblick auf Petra, die neben ihm stand. In ihrer Gegenwart würde er sich in Zukunft jedes Wort genau überlegen, denn von jetzt an hörte Garenne mit. Ihre Anwesenheit irritierte ihn, außerdem haftete ein Geruch an ihr, den ihr Parfüm nicht überdecken konnte.

Kaum saßen sie im Wagen, schaltete er das Gebläse an. »Mach bitte die Lüftung aus, es zieht«, sagte Petra sofort.

»Die bleibt an! Hat Garenne Schäferhunde?«, fragte Martin.

»Schäferhunde?«

»Ja, Schäferhunde!«

»Wieso?«

»Du riechst danach.«

»Ich? Nach Schäferhunden? Wieso?«

»Ja. Hat er nun welche oder nicht?«

»Du mit deiner widerlichen Nase. Ja, wenn es dich beruhigt. Drei.« Und nach einer kurzen Pause sagte sie gereizt: »Das kannst du gar nicht gerochen haben, du hast es gewusst.«

Es sollte von oben herab klingen, aber Martin merkte, dass sie verunsichert war. Ihm war es recht. »Der Geruch hängt in deinem Haar, du hast es nicht gewaschen«, bemerkte er gelassen, und statt in Saint-Émilion die Landstraße direkt nach Libourne zu nehmen, bog er nach links zum Friedhof ab. Er wollte Gastons Grab noch einen Besuch abstatten. »Ich gehe allein«, sagte er und stieg aus.

Jetzt, nach Sonnenaufgang, mit dem Blick über die zum Teil uralten Gräber, über das mittelalterliche Städtchen und in den weiten Horizont jenseits der Weinberge sah er, was Gaston alles genommen worden war.

Um das Grab seines toten Freundes an der Friedhofsmauer standen andere Gräber, steinerne Särge, Sarkophage und Kreuze, ein Strauß Rosen lag dort, einer von Chrysanthemen. Kein Wein. In der Garage hatte Martin sich Gaston näher gefühlt. Nächstes Frühjahr würde er einen Weinstock von seinem Weinberg hierher verpflanzen, einen Merlot, damit Gaston sich zu Hause fühlte.

Als Martin zum Wagen zurückging, fühlte er sich entsetzlich einsam. Gaston hatte ihm das Leben leichter gemacht. Ohne ihn wäre das alltägliche Einerlei von Steuererklärung, Preislisten, Bestellungen, Lieferungen, Angeboten, Mahnungen und Zolldokumenten unerträglich gewesen. Und jetzt? Martin war traurig, verzweifelt und wütend. Außerdem graute ihm vor dem Tag mit Petra.

Aber sie schafften es, unterwegs jedes hässliche Wort zu vermeiden, weil keiner von ihnen vom anderen mehr etwas wollte. Martin brachte es sogar über sich, sachlich die Chancen von Garennes Weinen in Deutschland zu erörtern und Petra einige Ansprechpartner für ihre Öffentlichkeitsarbeit zu nennen. Über das, was sie beide von nun an trennte, verloren sie kein Wort. Als sie gegen zehn Uhr abends in Frankfurt eintrafen, war Martin erleichtert, die letzte gemeinsame Reise mit einigem Anstand hinter sich gebracht zu haben. Und er war sicher, dass ihm dieses Mal kein silberner BMW gefolgt war. Er setzte Petra vor ihrem Apartment ab und nahm die Abkürzung durch die Neustadt zu seiner Wohnung.

Im Küchenschrank waren Spaghetti und im Kühlschrank ein Blue Stilton. Den feinen Schimmelkäse löste er in Sahne auf, gab gerösteten Knoblauch und die gekochten Nudeln hinein, ein wenig Joghurt hinzu und rieb einen Pecorino darüber. Der Salat zum Essen jedoch fehlte ihm. Er trank einen kräftigen goldgelben Vermentino, der viel von der ligurischen Sonne in sich aufgenommen hatte, räumte seine Reisetasche aus, warf die Waschmaschine an und duschte lange. Aber das, was Carolines Mutter über ihn gesagt hatte, ging nicht ab, es saß unter der Haut.

Am nächsten Morgen war Martin lange vor Frau Schnor und Herrn Klüsters im Laden. Seine beiden Mitarbeiter hatten ganze Arbeit geleistet. Martin vermutete, dass Frau Schnors Freundin, Ilse Siebeck, nachmittags ausgeholfen hatte, wenn der Andrang zu groß gewesen war.

Als nach Feierabend alles Nötige besprochen und Frau Schnor gegangen war, fuhr Martin zum Copyshop. Er kopierte Gastons Notizen Seite für Seite, bis er eine komplette zweite Ausgabe in den Händen hielt. Dann steckte er sie in einen Umschlag und fuhr zu Sichel, der nicht zu Hause war, also warf Martin die Kopien in den Briefkasten.

Danach deckte er sich bei seinem türkischen Gemüsehändler mit allem Nötigen ein, um sich einen angenehmen Abend in der Küche zu machen, und fuhr nach Hause.

Gegenüber seinem Haus, einem Altbau aus dem Ende der Gründerzeit, das er vor drei Jahren gekauft hatte und in dem er eine der acht Wohnungen selbst nutzte, war kein Parkplatz mehr frei. Langsam rollte er um den Block, bis er schließlich in der übernächsten Querstraße eine Lücke fand. Er nahm Aktenkoffer und Einkaufstüten aus dem Kofferraum und machte sich auf den Weg.

Eigentlich hätte ihm der Wagen mit dem französischen Nummernschild vor seinem Haus auffallen müssen, aber er ärgerte sich immer noch über die steigenden Preise für Gemüse bei gleichzeitig sinkender Qualität, und so schenkte er dem blauen Renault keine Beachtung, genausowenig wie den beiden Männern, die ihm entgegenkamen.

Er ging zwischen den Gittern der Vorgarteneinfassung auf die Haustür zu, stellte Aktenkoffer und Einkaufstüten ab und schloss auf. Das Kilo Zucchini lag inzwischen bei vier Euro. Unglaublich. Tomaten aß er schon lange nicht mehr, sie schmeckten und rochen nach nichts, dafür faulten sie erst nach drei Wochen.

Als er den Koffer wieder in die Hand nahm und mit der Schulter die Tür aufdrückte, bemerkte er die Schatten hinter sich. Jemand griff ihm ins Haar und riss seinen Kopf nach hinten, gleichzeitig fuhr ihm etwas Kaltes an den Hals, ein Messer, die Spitze bohrte sich neben dem Kehlkopf in die Haut.

Der Schreck raubte ihm den Atem. Hört dieser Horror denn gar nicht auf, dachte Martin entsetzt und sah aus den Augenwinkeln die grobe Hand mit dem Stilett. Er wusste, dass die Männer nicht gekommen waren, um mit ihm zu diskutieren, fragte aber dennoch: »Was wollt ihr?«

»Halt die Schnauze, Bonjeers. Und lass die Hände unten. Geh rein, schnell!«

Die Stimme des Mannes klang verschleimt, wie bei einem Kettenraucher. Martin hatte sie noch nie gehört. Der Mann stank auch nach Zigarettenrauch, wahrscheinlich hatte er stundenlang rauchend im Wagen gesessen. Wenn sie ihm nicht gefolgt waren, dann hatten sie ihn hier erwartet. Woher wussten sie, wo er wohnte?

»Dreh dich nicht um«, drohte der Mann, »sonst bist du tot!«

Martin fühlte sich völlig ausgeliefert. Kaum war er zurück, waren sie schon da, wie bei seiner letzten Rückkehr. Da waren der Korse und die Lederjacke gekommen. Die hatten den Wein zumindest noch bezahlt. Dieses Mal würde es umgekehrt sein, diesmal würde er bezahlen. Er musste etwas getan haben, womit er jemandem in die Quere gekommen war und ihn schrecklich geärgert hatte. Martin dachte an den Lagerleiter von LaCroix, an den Korsen und Garenne. Gehörten die Männer hinter ihm zu einer Bande von Weinfälschern? Drohte ihm etwa das Gleiche wie Gaston?

Martins Gehirn setzte aus. Er spürte ein grässliches Ziehen von den Mundwinkeln hin zum Hals, es ging nach unten, in den Magen, und von dort kam die Angst. Angst, dass sie ihm wehtun würden. Er versuchte, ruhig zu atmen. Als er begann, sich auf die Stimme und Gerüche zu konzentrieren und alles, was geschah, genau zu registrieren, ließ die Angst nach. Nein, sie würden ihn nicht umbringen. Einen zweiten Mord konnten sie sich nicht leisten, außerdem wäre das in Frankreich einfacher gewesen, sie hätten ihm nicht bis hierher folgen müssen. Und wenn es gar nichts mit dem Haut-Bourton zu tun hatte?

»Geh weiter, Bonjeers! Nach oben, leise.«

Wahrscheinlich haben sie an den Klingelschildern gesehen, dass ich im dritten Stock wohne, dachte Martin und wunderte sich, was für Gedanken ihm durch den Kopf gingen. Wieso war denn jetzt keiner im Treppenhaus?

»Schließ auf, geh rein«, befahl der Unbekannte, der mittlerweile Martins Kopf losgelassen hatte und ihm das Stilett oberhalb des Gürtels in den Rücken bohrte. »Wenn du dich umdrehst …«

Martin blieb vor seiner Wohnungstür stehen und versuchte den Mann mit dem Messer anzusehen. »Was wollt ihr?«

Sofort spürte er schmerzhaft die Spitze des Stiletts. Er öffnete die Tür und schaltete das Licht im Flur ein.

»Nett hast du es hier. Ihr reichen Schweine macht es euch immer bequem. Und wir machen die Drecksarbeit. Los, *cul*, geh geradeaus, da rein!« Die Messerspitze dirigierte ihn.

Im Wohnzimmer ließ der Druck nach. Martin setzte die Einkaufstüten vorsichtig ab, den Aktenkoffer wollte er links aufs Sofa legen, um endlich einen Blick auf die Männer zu werfen. Der hinter ihm bemerkte es, und sofort wurde der Druck der Klinge wieder stärker. Martin hob den Kopf und blickte auf das Bild vor ihm an der Wand. Sein Gauguin, der Violoncellist Upaupa, musste alles mit ansehen. Die beiden Männer hinter ihm spiegelten sich im Glas, etwas oberhalb des Violoncellos. Ihre Umrisse wurden deutlich, nicht aber ihre Gesichter. Doch Geruch und Silhouette – war das nicht genug? Martin zweifelte keine Sekunde daran, dass er die Männer wiedererkennen würde.

»Wir wollen die Bücher!«

»Welche Bücher?«

»Die von deinem toten Freund.«

Die Erkenntnis kam blitzschnell: Sie wussten davon, also steckte Garenne mit drin. Nur – was wollte er mit den Notizen? War es nichts weiter als dieser verstümmelte Satz, diese Beurteilung des Haut-Bourton, die Garenne kompromittierte? »Die … die Bücher sind in meinem Laden, im Keller«, stammelte Martin. Er konnte die Männer dorthin locken und die Schlösser falsch betätigen, das würde den Alarm auslösen …

»Du lügst«, sagte der Mann mit dem Messer hinter ihm.

Im Glas des Gauguin sah Martin, wie er ausholte. Er versuchte dem Schlag auszuweichen, vergeblich. Die Faust traf sein rechtes Ohr. Martin riss den Mund auf, hatte das Gefühl, die Druckwelle würde seinen Kopf platzen lassen.

Er taumelte nach links gegen das Sofa, kippte über die Lehne, registrierte die Polster unter sich, die Welt drehte sich, bis sein Schienbein auf die Kante des Couchtisches knallte. Der Schmerz raubte ihm den Atem. Eine Schale zerbrach klirrend. Der Lärm mischte sich mit seinem Schrei.

Während sein Kopf dröhnte, als sei er gegen einen riesigen Gong geschmettert worden, raste die heiße Welle von unten im Bein aufwärts. Etwas in ihm versuchte, die unterschiedlichen Empfindungen zu sortieren, eine klare Entscheidung darüber zu treffen, welcher Schmerz größer war.

Zu zweit stellten sie ihn wieder auf die Beine. Taumelnd versuchte Martin, das Gleichgewicht zu halten und das Bein einfach zu ignorieren. Aber es gelang ihm nicht, hoffentlich war nichts gebrochen, nein, schwankend blieb er stehen. Sie durchsuchten seine Taschen. Während einer das Bargeld aus der Brieftasche nahm, fand der andere das Handy und zertrat es auf dem Teppich.

»Wo sind die Bücher?«

Der zweite Mann roch wie die Kistenbretter auf Château Clairmont, ein wenig sauer, etwas muffig, wie Obst, das in Gärung übergeht, Trester. Auch nach Druckerfarbe? Martin war sich nicht sicher. Er fühlte wieder das Messer und bekam Angst vor dem nächsten Schmerz.

»Hier, neben mir, im Aktenkoffer«, stieß er hervor. Die Schmerzen breiteten sich aus. Am liebsten wäre er ohnmächtig geworden. Das Gehirn funktionierte jedoch weiter, als hätte es nichts damit zu tun.

Der Mann hinter ihm bückte sich nach dem Aktenkoffer, öffnete ihn und nahm die Kladden heraus.

Obwohl er das Gefühl hatte, dass es ihn gleich zerreißen würde, spürte Martin so etwas wie eine gewisse Schadenfreude beim Gedanken an die Kopien. Wahrscheinlich waren sie zu blöd, daran zu denken.

»Hast du die Dinger kopiert?«

»Nein«, sagte Martin mit einer Stimme, die er nicht kannte. »Bin nicht dazu gekommen.«

»Dein Glück. Dreh dich um.«

Martin gehorchte. Endlich, der Horror war vorüber. Da traf ihn ohne jede Vorwarnung der Faustschlag direkt unterhalb der Rippen in den Bauch. Er hatte bis jetzt nicht gewusst, dass man so hart zuschlagen kann. Martin riss den Mund auf, schnappte nach Luft, klappte zusammen und fiel auf den Boden. Wie in Zeitlupe sah er den Fuß des Mannes auf sich zukommen. Er hatte weder den Willen noch die Kraft, den Kopf zur Seite zu drehen, und so traf ihn der Schuh mitten im Gesicht. Er spürte etwas Nasses auf den Lippen, merkte, wie ihm schwarz vor Augen wurde, die Ohnmacht kam, er wartete darauf, sehnte sich danach, jetzt war es zu Ende.

»Siehst du? So kann es passieren«, hörte er wie unter Wasser, und er wunderte sich, dass er atmen konnte.

Er wartete auf den nächsten Schlag, aber es kam nichts mehr.

»Lass dich nie wieder in Bordeaux sehen. Niemals! Da braucht dich keiner, du Arschloch. Sonst machen wir dich endgültig fertig!«

Das Letzte, was Martin hörte, bevor ihn die Ohnmacht endlich von allem befreite, war das Zuschlagen der Wohnungstür.

11

»Ich habe deinen Kommissar gefunden«, sagte Charlotte.

»Meinen Kommissar?« Martin drückte überrascht den Telefonhörer fester ans Ohr und zuckte sofort zurück. Jede Berührung der rechten Gesichtshälfte war grauenhaft. Letzte Nacht war er aufgewacht, als er sich aus Versehen auf die falsche Seite gedreht hatte. Er hielt den Hörer ans andere Ohr. »Du hast Grivot gefunden? Das ist ja wunderbar. Und wo?«

»Na, in Bordeaux natürlich. Er ist tatsächlich bei der Kriminalpolizei, wie wir, äh … wie du vermutet hast.«

Das war seit Tagen der erste Lichtblick, gleich in doppelter Hinsicht. Martin fühlte sich schlagartig besser und lehnte sich in seinem Schreibtischsessel zurück. »Das ist ja wunderbar«, wiederholte er aus vollem Herzen, aber es klang trotzdem gepresst, denn er konnte noch nicht richtig sprechen, der Kiefer tat höllisch weh, und die Unterlippe war dick geschwollen. Am meisten freute er sich jedoch, Charlottes Stimme zu hören. An den komischen Kommissar hatte er in den letzten Tagen oft gedacht, besonders, als er versucht hatte, einem deutschen Kriminalbeamten den Grund für den Überfall zu erklären.

Die Version von einem Unfall hatte nicht einmal der Arzt im Krankenhaus geglaubt, der die Kopfwunde genäht und ihn verpflastert hatte. Mit der Wahrheit jedoch war er bei der Polizei auf taube Ohren gestoßen. Gefälschter Bordeaux, französische Gangster und verschwundene Unterlagen, das alles klang dem vernehmenden Beamten zu weit hergeholt, und als Martin mit dem Geruchsprofil eines der Männer begonnen hatte, hatte ihn der Uniformierte spöttisch gefragt, wie viel er getrunken habe. Für ihn war Martin Opfer eines Raubüberfalls geworden. Das hielt sich im Rahmen des Normalen, machte, außer ein Protokoll zu tippen, keine Arbeit, und sollten es wirklich Franzosen gewesen sein, so waren die längst außer Landes.

Charlotte redete weiter, aber Martin hörte nicht richtig zu. Grivot arbeitete also tatsächlich für die Polizei. Besser so, denn jetzt konnte er die Sache in Gang bringen. Aber sofort kamen ihm Zweifel. Die Schmerzen zermürbten ihn, zumal er tagsüber auf Tabletten verzichtete, denn sie wirkten wie eine Milchglasscheibe zwischen ihm und der Welt. Auf dem rechten Ohr hörte er kaum etwas, konnte nichts kauen, humpelte seit dem Überfall und fühlte sich permanent verfolgt. Hinzu kam die Unsicherheit, Angst gestand er sich nicht ein. Was, wenn der Kommissar in Bordeaux ihm auch nicht glaubte? Wenn er nicht davon zu überzeugen war, dass Gaston ermordet worden war und dass Garenne dahintersteckte?

»Hörst du überhaupt zu?« Charlottes Stimme war angenehm, sogar am Telefon.

»Nein, ja, doch, ich höre zu, ich habe nur überlegt, wie es weitergeht. Wie hast du Grivot gefunden?«, fragte er, nur, um etwas zu sagen und das Gespräch in Gang zu halten.

»Habe ich dir gerade erklärt. Es war Amtshilfe. Ich habe vom Ministerium aus in meiner Funktion als Staatssekretärin im Innenministerium angerufen, da stehen unsere Behörden stramm. In gewisser Weise sind wir Kollegen, Grivot und ich. Meine Sekretärin hat dann beim Präsidium in Bordeaux nach ihm verlangt, und ich hatte ihn gleich darauf an der Strippe. Als du angerufen hast, war die Polizei mitten im Umzug, von St. Seurim ins neue Präsidium an der Rue Général de Larminat. Er stand nicht auf der neuen Telefonliste.

Grivot ist erst im August nach Bordeaux versetzt worden, vorher arbeitete er hier in Paris. Weshalb er versetzt wurde, habe ich nicht erfahren, jedenfalls soll er nicht sonderlich beliebt gewesen sein, ungeheuer akkurat und pingelig, so wie ich seinen ehemaligen Chef verstanden habe.«

»Mit dem hast du auch gesprochen?«, wunderte sich Martin. Diese Frau war unglaublich agil – vielleicht ein bisschen zu sehr?

»Natürlich«, fuhr Charlotte fort. »Er ist froh, dass er Grivot los ist. Anscheinend hat er vielen das Leben schwer gemacht.«

»Weißt du, weshalb er mich nicht angerufen hat?«

»Martin, frag ihn das selbst. Ich habe nur kurz mit ihm telefoniert und ihm ausgerichtet, dass du ihn dringend sprechen willst. Nimm dir was zu schreiben.« Charlotte diktierte ihm Grivots Telefonnummer.

»Ich rufe ihn morgen an, hier ist eine Menge passiert.«

»Hier, was heißt das? Hat es mit Gaston zu tun … oder mit deiner Freundin?«

»… meiner Exfreundin, bitte!«, korrigierte Martin bewusst, um klarzumachen, dass er mit Petra nichts mehr zu tun hatte. »Nein, mit Petra hat es nichts zu tun, oder doch, in gewisser Hinsicht«, sagte Martin, als ihm einfiel, dass sie Garenne darauf aufmerksam gemacht hatte, dass Martin inzwischen im Besitz von Gastons Aufzeichnungen war.

»Martin, was ist los?« Charlotte klang beunruhigt. »Du redest so abgehackt. Ist etwas nicht in Ordnung?«

»Nein, alles bestens. Mir geht nur vieles durch den Kopf, und Caroline scheint ziemlich durcheinander zu sein.«

»Nun rede schon, lass dich nicht bitten …«

»Sie rief gestern Abend an und hat mir unmissverständlich mitgeteilt, dass sie mich nicht mehr braucht.«

Charlotte schwieg einen Moment lang und sagte dann: »Ist sie jetzt völlig durchgedreht?«

»Sieht so aus. Sie meint, sie schafft das allein mit dem

Wein, und außerdem hätte sie noch Jean-Claude. Dass ich nicht lache. Erstens kann er nicht aus Narbonne weg, zweitens fehlt ihm die Vision, wie der Wein werden soll, und drittens macht man so einen Wein nicht mal eben am Wochenende. Ach, sie meint es gut mit mir, sie will mir die Strapazen der Fahrerei ersparen, aber ich glaube, dass ihre Mutter dahintersteckt.«

»Was geht die das an?«

Martin berichtete von dem Gespräch, das er belauscht hatte, als er vom Besuch bei ihr und ihren Eltern zurückgekommen war. »Die Alte ist bösartig und verbittert, misstrauisch und neidisch … Es grenzt an ein Wunder, dass Caroline ein so liebenswürdiger Mensch geworden ist.«

»So schlimm wird die Dame schon nicht sein, immerhin …«

»Dame? Ha, du kennst sie nicht! Es ist niederschmetternd, was sie mir an Gemeinheiten unterstellt.«

Martin wollte anfügen, wie sehr ihn dieses Verhalten verletzt hatte, aber er hätte sich womöglich eine Blöße gegeben, und so gut kannten sie sich nun doch nicht.

»Aber selbst wenn dich die Mutter nicht mag, ist das kein Grund, dich rauszuwerfen. Niemand kann den Wein so machen wie du.«

»Danke für das Lob. Ein versierter Kellermeister oder Önologe könnte das genauso gut. Ich nehme an, dass mein Rauswurf auf Betreiben eines Interessenten zustandegekommen ist, der den Weinberg haben will. Du kennst euren Bordelaiser Sumpf. Gaston ist kaum begraben, da kreisen die Geier am Himmel. Ist dir ein Mann namens Fleury begegnet? Nicht besonders groß, Halbglatze, unscheinbar, grau, fällt überhaupt nicht auf, jemand, den man leicht übersieht. Er saß auf Grandville am Tisch neben mir und ist mit Garenne bekannt. Carolines Mutter hat ihn als Käufer erwähnt …«

»Fleury, ja, den kenne ich. Raimond Fleury, Direktor der Landwirtschaftsbank.«

»Na bitte, du kennst wohl jeden, Großkapital und Banker, Bürgermeister …«

»Bist du eifersüchtig oder Sozialist?«

»War ich mal. Die Idee ist gut, aber der Mensch ist zu habgierig und dumm. Ich trinke lieber gute Weine, ich liebe gutes Essen und das Meer, das ist reeller. Außerdem gibt es schöne Frauen.«

»Da täuscht man sich leicht … Du scheinst mir kein typischer Germane zu sein. Obwohl – die Frauen sollen wohl blond sein?«

»Nein!« Martin rief sich Charlottes Haarfarbe in Erinnerung. »Kastanie, mit einem ganz leichten Schimmer ins Rot.«

»Auch das kann gefärbt sein. Wir sind nur Kopien unserer Vorstellung von uns selbst …«

»Teilt deine Regierung diese Ansicht?«

Charlotte lachte. »Für einen Weinhändler recht einfallsreich, Monsieur. Aber zurück zu Caroline. Sie macht sich unglücklich.«

»Wir werden sie kaum davon abhalten können. Es ist nicht sie selbst, es ist der Einfluss ihrer Mutter. Die intrigiert und hetzt die Leute auf, natürlich in ihrem eigenen Interesse.«

»Was will sie? Ich habe sie nur bei der Beerdigung und nachher kurz im Haus gesehen.«

»Leider nicht bei ihrer eigenen … Sie will an Fleury verkaufen.«

»Du bist sehr böse.«

»Ja!« Martins Antwort glich einem Knurren. »Soweit ich weiß, war sie damals gegen die Hochzeit mit Gaston, sie war auch dagegen, dass die beiden nach Bordeaux gingen, und sie war ebenfalls gegen den Kauf eures Weinbergs. Sie hätte gern einen anderen Mann für ihre Tochter gehabt, einen zum Vorzeigen und nicht einen, der sich die Hände schmutzig macht. So einen hat sie selbst. Vielleicht ist das der Grund.«

»Also eine ganz normale Frau«, sagte Charlotte lakonisch. »Durchschnitt. Am liebsten einen Beamten, versorgt.«

»Bist du auch so?«, fragte Martin und fürchtete sich vor der Antwort, kaum dass er die Frage ausgesprochen hatte. Eine falsche Antwort hätte seinen Traum schon im Keim erstickt. »Du verdienst dein Geld auch selbst, und deine Mutter ist nicht so.« Für einen Moment hatte er das ungute Gefühl, sich anzubiedern.

»Das ist keine normale Frau. Sie liebt meinen Vater. Lassen wir das. Was hast du vor?«

»Wenn Caroline mich braucht, bin ich da. Hoffentlich merkt sie, dass sie Mist baut, bevor jemand den Wein versaut. Als Nächstes werde ich versuchen rauszufinden, wohin der Haut-Bourton verkauft wird …«

»Also machst du weiter?«

»Glaubst du, ich kneife? Wenn ich den Wein nicht machen kann, dann will ich wenigstens Gastons Mörder finden. Wenn es Garenne ist, wird er zahlen, mit allem, was er hat!«

»Hass macht blind, Martin, vergiss das nicht. Außerdem hindert Hass am Denken. Könnte es sein, dass deine Petra dabei eine Rolle spielt?«

»Sie ist nicht meine Petra, und es geht auch nicht um verletzte Eitelkeit«, sagte Martin scharf, »falls du das meinst. Aber du hast recht, es wurmt mich, dass es ausgerechnet ein Typ wie Garenne sein muss. Andererseits bin ich froh, dass sie auf ihn abgefahren ist, das erspart mir lästige Diskussionen …«

»Dass ihr Männer nie über Gefühle reden könnt …«

»Ach, soll ich ihr etwa sagen, dass sie mich langweilt? Dass sie sich für nichts interessiert, was mich bewegt, dass ihr Geld wichtiger ist als alles andere? Dass sie nichts von Wein kapiert hat und jedem Blender auf den Leim geht? Wie uncharmant. Aber ich habe inzwischen noch einen Grund mehr, Garenne für den Mörder zu halten. Oder hast du oder haben deine Eltern mit jemandem über Gastons Aufzeichnungen gesprochen?«

»Nein, wieso sollte ich?« Charlotte war verwirrt. »Mit wem hätten wir darüber sprechen sollen?«

Aber Martin blieb skeptisch. »Was weiß ich? Nun, dann habe ich noch mehr Grund zu der Annahme, dass Garenne der Drahtzieher ist. Ich komme darauf, weil ich ziemlich unerfreulichen Besuch hatte …«

Martin wollte gerade von der bisher grauenhaftesten Nacht seines Lebens berichten, als Frau Schnor, ohne anzuklopfen, ins Büro trat: »Da ist eine Lieferung aus La Rioja eingetroffen.«

Martin beendete das Gespräch mit Charlotte ziemlich abrupt mit dem Versprechen, sie abends anzurufen. Er war unsicher geworden, ob er ihr alles erzählen sollte. Und er war befangen, hätte sowieso nicht gewusst, wie er sich von ihr verabschieden sollte.

Nachdem der Wein abgeladen und die Formalitäten erledigt waren, fuhr er zu Sichel.

Der Versicherungsmakler nahm einen spanischen Brandy aus dem Schrank, füllte zwei Gläser bis zum Rand, ließ sich in seinen Schreibtischsessel fallen und hörte Martin aufmerksam zu, ohne ihn ein einziges Mal zu unterbrechen.

Als Martin seinen Bericht beendet hatte, stand Sichel auf, füllte die Gläser nach und steckte sich eine Zigarette an. Er vergrub die Hände in den Hosentaschen und blickte aus dem großen Fenster seines Büros in den verwilderten Garten, in dem der Wind die welken Blätter von den Bäumen riss.

»Du bist allem Anschein nach in eine äußerst üble Angelegenheit geraten. Du musst dir über einiges klar werden!« Sichel blickte Martin durchdringend an. »Du bist kein Abenteurer, du warst nie einer und wirst nie einer werden. Kannst du Karate? Hast du einen Revolver oder einen Waffenschein? Auch das nicht? Hast du eine Lebensversicherung? Ach ja, stimmt, bei mir abgeschlossen, sehr gut. Vielleicht bist du unterversichert? Schließ noch eine ab, doppelte Höhe, Unfall, Berufsunfähigkeit, Krankenhauszusatz, Rundumpalette – und Sterbegeld. Daran solltest du unbedingt denken. Wir werden das vorbereiten. Hast du schon einen Begräbnisplatz? Wer wird erben? Deine Eltern oder etwa Petra?«

»Deine Katastrophenszenarien kenne ich. Du übertreibst maßlos wie jeder typische Versicherungsvertreter.«

»Nein, mein Freund. Soll ich dir einen Spiegel geben? Schau dich an. Wer hier untertreibt, das bist du.« Sichel wurde ärgerlich. »Bist du eigentlich so blöd? Nächstes Mal belassen sie es nicht dabei, dir das Gesicht so zu ramponieren, dass du dich nicht mehr rasieren kannst. Wenn sie dich wieder zu fassen kriegen, brauchst du dich nie wieder zu rasieren. Um wie viel Geld geht es?«

»Darüber habe ich mir noch keine Gedanken gemacht.«

»Dann wird es Zeit und rechne.« Sichel schob Martin den Taschenrechner über den Tisch. »So viel Grips wirst du ja wohl noch haben. Wie viele Flaschen Haut-Bourton lässt Garenne jährlich abfüllen?«

»Offiziell sind es 120 000 Flaschen.« Martin tippte die Zahl ein. »Der Großhandelspreis für den Grand Cru von 1989 beträgt gegenwärtig etwa fünfundsechzig Euro, der Endverbraucher zahlt knapp einhundert. 120 000 Flaschen weltweit wird Garenne allemal los …« Martin staunte selbst, als er die Summe sah. »Das sind 7,8 Millionen Euro! Und das Zeug lässt sich auf der ganzen Welt verkaufen. Für den Weltmarkt sind 120 000 Flaschen so gut wie nichts, und der Haut-Bourton ist berühmt. Bei illegalen Geschäften sinkt der Preis, na, rechnen wir mal fünfzig Euro. Das macht immerhin noch sechs Millionen.«

Sichel blickte noch finsterer als vorher. »Sehr viel Geld ist das, mein Lieber, scheißviel Geld ist das …«

»… bei niedrigsten Rohstoff- und Produktionskosten der Fälscher«, unterbrach Martin.

»Noch schlimmer. Halte dich da raus, mein Junge! Und was sonst noch läuft, weißt du nicht. Vielleicht gibt es noch andere bekannte Weine, die genauso gefälscht werden, Italiener, Spanier, wer weiß. Heute laufen Wirtschaftsverbrechen auf Konzernebene und international. Gerechtigkeit hin oder her, lass die Polizei das machen, die wird dafür bezahlt, motiviere deinen französischen Kommissar, hilf ihm meinetwegen mit deinem Know-how oder womit auch immer … Aber bitte: Lass alles andere sein!«

»Geht nicht mehr. Ich bin zu tief drin.«

»Emotional? Wegen Gaston?«

»Ja, und meinetwegen und wegen Caroline und der Kinder. Ich fühle mich verpflichtet.«

»Sie hat selbst gesagt, dass du dich verpissen sollst.«

»Sie meint das nicht wirklich. Man darf sie momentan nicht ernst nehmen. Ich will einen Wein machen, wie Gaston ihn haben wollte. So was von Trauben, du glaubst es nicht, ein Traum. Ein Jahrzehnt hat er daran gearbeitet. Das sind Schätze, die man nicht den Leichenfledderern überlässt.«

»Weiß ich alles, weiß ich alles«, Sichel winkte ab. »Aber ich warne dich, du kennst das Risiko. Komm später nicht zu mir und jammere.« Sichel lief im Raum hin und her, stieß Qualmwolken aus, blickte Martin immer wieder prüfend an und blieb schließlich stehen. »Gut, wenn du dich partout nicht davon abbringen lässt, dann helfe ich dir. Aber nicht, weil ich es für richtig halte, sondern damit du weniger Fehler machst und noch was vom Leben hast. Wie sehen die nächsten Schritte aus?«

»Ich gehe davon aus, dass der Wein auf dem Zollpapier falsch deklariert wurde. In Wirklichkeit handelt es sich nicht um den Moulin de la Vaux, sondern um den gefälschten Haut-Bourton. Die Firma Welmer & Brandes Export GmbH ist als Empfänger angegeben, in Hamburg.« Martin zog das zerknitterte Dokument aus der Tasche. »Man müsste rauskriegen, wohin er von da aus geliefert wird. Wichtig wäre auch noch die Menge. Wenn es eine Fälschung ist, braucht er Rohstoff. 120 000 Flaschen, das ist nicht viel, das sind …

warte mal … 900 Hektoliter. Um die zu erzeugen, sind, grob gerechnet, 125 Tonnen Trauben nötig! Das wäre dann der nächste Schritt: Ich müsste herausfinden, ob Garenne die Trauben von Moulin de la Vaux verwendet. Daraufhin werde ich mir die Kellerei noch mal ansehen.«

»Dieser Korse und Garenne scheinen deine Schlüsselfiguren zu sein. Ich habe Freunde in Frankreich. Mal sehen, ob ich über die Finanzen des noblen Herrn etwas erfahren kann. Außerdem werden die französischen Kreditversicherer über ihn Bescheid wissen, informelle Kontakte wirken Wunder. Für die Hamburger Firma werden wir etwas konstruieren, damit sie Auskunft gibt. Am besten etwas, das sie unsicher macht, die Versicherung der Fracht, Fehler in der Police, unsachgemäße Lagerung könnte ich mir beim Wein vorstellen, etwas, wovor sie Angst haben und was Geld kostet. Damit kriegst du die Leute … Ich lasse mir was einfallen.«

Abends rief Martin alle halbe Stunde bei Charlotte an. Bis um zehn Uhr war ständig besetzt, und als das Freizeichen ertönte, nahm sie nicht ab. Frustriert gab er auf, nahm eine Schmerz- und eine Schlaftablette und ging zu Bett. Morgen war Samstag, er wollte früh aufstehen.

Gleich morgens begann er im Internet mit der Suche nach dem 89er Haut-Bourton. Martin surfte von einem Onlineshop zum nächsten. Nichts! Erst recht nicht auf der Homepage von Château Haut-Bourton. Er telefonierte mit Spezialisten für Weine aus Bordeaux, mit Kollegen und Maklern, mit Negociants in Beaune und Bordeaux. Alles Fehlanzeige. Von einem Großhändler erfuhr er, dass kurz zuvor die letzten Flaschen verkauft worden waren, zweihundertsechzig als gesamte Partie. Martin wurde klar, dass sich jemand die Mühe gemacht hatte, den 89er Jahrgang restlos vom Markt verschwinden zu lassen.

Am Dienstag, als sein Gesicht abgeschwollen war und er mit seinem Aussehen niemanden mehr erschrecken konnte, wollte er eigentlich in aller Frühe zu Welmer & Brandes nach Hamburg fahren, aber Sichel hatte seine Beziehungen spielen lassen. Er bestellte ihn ins Café Laumer in der Bockenheimer Landstraße.

Als Martin eintraf, saß er bereits dort und blickte der italienischen Bedienung hinterher, die ihm eben einen Cappuccino gebracht hatte.

»Viel zu jung für dich«, bemerkte Martin mitleidig, dem Sichels interessierter Blick nicht entgangen war, und zog sich einen Chippendalestuhl vom Nebentisch heran.

»Ich weiß, du hattest nie eine Mutter, die sich um dich gekümmert hat. Deshalb magst du ältere Frauen, solche wie Petra.«

»Basieren deine Theorien mehr auf Freud oder C. G. Jung?«

»Pawlow, mein Lieber, ich bin Pawlows Hund. Aber leider bin ich mit einem starken Über-Ich ausgestattet. Also kann ich nicht so, wie ich will. Wie ist das bei dir? Was war das Erste, was dir an dieser Französin gefallen hat?«

»Das war bei Gastons Beerdigung …«

»Was spielt das für eine Rolle? Na, was denn nun?«

»Eigentlich … dass sie so spröde war zuerst, und dann ihr Nacken …«

»Na, siehst du, willkommen im Club der Hunde. Jetzt aber zu den Richtigen.« Sichel nahm sein Notizbuch und schlug es auf. »Ich mache es kurz. Der Wein, von dem du gesprochen hast, dieser Moulin de la … Vaux. Es waren insgesamt vier Lieferungen innerhalb von nur drei Monaten. Man hat sich über die Menge gewundert, weil Moulin vorher nie als Exporteur in Erscheinung getreten ist.«

»Wie viel ist es gewesen?« Martin verspürte eine gewisse Befriedigung, weil sich sein Verdacht zu bestätigen schien.

»Jedes Mal fünfundzwanzig Paletten. Die letzte Partie musste sofort verladen werden und ist nicht nach Singapur, sondern nach London gegangen – da kam extra jemand aus Bordeaux, um das Verladen zu überwachen.«

»Hieß der zufällig Drapeau?«

»Stimmt, den Namen habe ich hier«, sagte Sichel und hakte nach. »Kennst du den?«

»Das ist der Korse, von dem ich erzählt habe, der führt auf Château Clairmont die Geschäfte. Er ist wohl der Mann fürs Grobe.«

»Die Lieferung nach London war an eine International Fine Wine Ltd. gerichtet, 16 New Cavendish Road, London, W1G 12UD. Schreib dir das auf.«

»Und was ist mit Datenschutz? Wie kommst du an all die Informationen?«

»Weil Versicherungen sich mit allem auseinandersetzen müssen, mit dem Weltklima genauso wie mit deinem Sofa. Jeder hat Freunde, außerdem zahlt unsere Branche besser als die Polizei. Die wirklich guten Ermittler kommen zu uns. Aber wir wissen noch immer nicht, ob es sich bei den Lieferungen nach Singapur um den billigen Moulin oder um den teuren Haut-Bourton handelt. Die einzigen Beweismittel, wenn es denn welche sind, sind dein Zettel …«, Sichel strich die Kopie der Zollerklärung glatt, »… und die Bretter und Scherben. Aber die hat Kommissar Hulot …«

»Grivot«, verbesserte Martin schmunzelnd. »Aber du hast recht, Hulot passt besser. Der ist dem Jacques Tatí aus ›Die Ferien des Monsieur Hulot‹ ziemlich ähnlich, nur viel kleiner. Ob er genauso weltfremd ist und seine Mörder mit dem Fahrrad verfolgt oder ob er nur so tut?«

»Dann rufe ihn an.«

»Werde ich … Ich frage mich allerdings, weshalb Garenne und seine Knochenbrecher so scharf auf Gastons Notizen sind. Da muss irgendetwas drinstehen, was sie kompromittiert oder was sie unbedingt wissen wollen. Um den Pechant kann es eigentlich nicht gehen, Garenne hat damit nichts zu tun.«

»Das glaube ich auch. Bei den Summen, um die hier gespielt wird, ist sein Wein einfach lächerlich.«

»Gaston hat mit seinen 7000 Flaschen im letzten Jahr immerhin an die 350 000 Euro gemacht. Eh, wo hast du deine Augen? Dann sprich sie schon an, aber an ihrer Stelle würde ich mich vor dir fürchten.«

»Man wird ja noch hinschauen dürfen. Was der Wein für deine Nase, Martin, ist diese junge Dame für meine Augen.« Sichel stand tatsächlich auf, Martin dachte schon, dass er die Bedienung ansprechen würde, aber er reckte sich nur und setzte sich wieder. »Nein, mein Freund, 350 000 Euro sind zwar eine Menge Geld, aber das ist Arbeitslohn plus Zinsen für die Bank, weiter nichts. Hier jedoch geht es um richtiges Geld. Je länger ich darüber nachdenke, desto eher vermute ich eine Organisation dahinter. Wenn es ist, wie du sagst, müssten sie 120 000 Flaschen am französischen Zoll vorbeiproduzieren. Das scheint mir die größte Schwierigkeit.«

Martin lehnte sich zurück, streckte die Beine unter dem Tisch aus und starrte auf seine leere Tasse. »Im Gegenteil, das ist einfach, wenn man nicht für den französischen Markt produziert, denn für den brauchst du spezielle Kapseln, mit der Marianne darauf, dem Revolutionssymbol. Die stellt der Zoll zur Verfügung, genau abgezählt. Garenne hat, soviel ich weiß, fünf Châteaus, vielleicht sind es sogar mehr, unter anderen Firmennamen. Er muss angeben, wie viel er produziert, und dann produziert er eben in den anderen Kellereien mehr, oder er kauft Trauben oder fertigen Wein hinzu. Für den Export nimmt er dann neutrale Kapseln.«

»Dann scheint die Sache doch einfacher, als ich dachte, Martin.« Sichel begann lebhaft zu gestikulieren, als wolle er in die Himmelsrichtungen der jetzt folgenden Städte zeigen. »Er produziert den Moulin de la Vaux, gibt die Menge offiziell an, liefert ihn nach Hamburg oder Rotterdam, und in London oder Singapur liegen Flaschen mit dem Etikett des Haut-Bourton in den Kisten. Sein Geschäftsfreund zahlt den Moulin, ganz offiziell, und die Differenz zum Haut-Bourton kriegt er in Singapur oder sonstwo auf ein Nummernkonto.

Gaston wird ihnen auf die Schliche gekommen sein, deshalb haben sie ihn wahrscheinlich umgebracht, mit diesem Gabelstapler … Was nun? Wenn du deinen Kommissar nicht davon überzeugst, sitzt du in der Tinte.«

»Dann muss ich mich darum kümmern.«

»Also doch die Sterbegeldversicherung? Ich sag es meiner Sekretärin.«

Martins Allgemeinzustand hatte sich schon wesentlich verbessert, aber als er um ein Uhr morgens seine Wohnung aufschloss, fühlte er sich doch müde und angeschlagen. Bis zu dem Überfall war er gut mit nur fünf Stunden Schlaf ausgekommen. Er war anderentags frisch, konnte arbeiten und hatte auch nach durchzechter Nacht selten einen Kater. Jetzt aber war er schlapp, ein wenig benebelt, und sein Bein schmerzte. Morgen würde er zum Arzt gehen und sich die Fäden aus der Kopfwunde ziehen lassen. Hoffentlich war alles gut verheilt.

Er ließ sich aufs Sofa fallen und schaute auf das Display des Anrufbeantworters: drei Anrufe. Er drückte auf die Taste für Nachrichten. Der erste Anrufer hatte nichts hinterlassen, der zweite Anrufer – oh, Charlottes Stimme! Martin wurde schlagartig wach.

»*Bon soir,* Martin. Tut mir leid, dass ich erst jetzt anrufe. Ich hatte sehr viel zu tun, war drei Tage in Kampala wegen der Kongoflüchtlinge, ganz schrecklich. Aber ich habe auch gute Nachrichten, ich hätte es dir gern selbst gesagt. Mein Vater hat Caroline davon überzeugt, dass sie mit dir weiterarbeiten muss. Du sollst wiederkommen, es tut ihr leid. Also, ruf sie an, sie traut sich nicht, sie hat ein schlechtes Gewissen. Ich probiere es morgen wieder bei dir. *Bonne nuit.*«

Es geht aufwärts, dachte Martin erleichtert und drückte auf »Wiederholen«. Welch ein Lichtblick! Schön, dass Caroline sich wieder gefangen hatte. Sie würden mit Sicherheit zu ihrer alten Freundschaft zurückfinden, und Gaston würde zu einem Bestandteil ihrer gemeinsamen Vergangenheit werden. Während Martin Charlotte erneut zuhörte, freute er sich wieder auf Saint-Émilion, allerdings vorsichtig, auf die Kinder, besonders auf Daniel, der sich bereits für die Arbeit im Weinberg und die Maschinen interessierte. Martin sah in Gedanken die Gärbottiche in der Garage vor sich, den Weinberg, das Haus der Nachbarn, und ertappte sich dabei, dass er lächelte.

Gut gelaunt ging er in die Küche, holte sich den Grünen Veltliner aus dem Kühlschrank und streckte sich auf dem Sofa aus. Erneut drückte er die Wiederholungstaste und genoss Charlottes Stimme. Er stellte sich ihr Gesicht vor, ihren Nacken, an dem er gern leicht mit der Nasenspitze hinuntergefahren wäre, weiter an der Wirbelsäule hinab zwischen die gebräunten Schulterblätter – als eine hässliche Männerstimme dazwischenfuhr: »Monsieur, Sie wurden eindeutig aufgefordert, sich zurückzuhalten.«

Mein Gott, der Korse! Martin erkannte die Stimme sofort, obwohl er ihn kaum hatte sprechen hören, und sein Magen verkrampfte sich. »Sie sind dieser Aufforderung nicht nachgekommen, Sie werden die Konsequenzen tragen.« Mit einem Knacken endete die Mitteilung.

Martin hob den Kopf und sah den Gauguin an der Wand, in dem sich der Mann gespiegelt hatte, der ihn niedergeschlagen hatte.

Welchen Fehler hatte er jetzt wieder gemacht? Oder hatte Sichel bei seinen Aktivitäten zu viel Staub aufgewirbelt? Er musste mit dem Kommissar reden, schleunigst, wer sonst könnte ihn schützen?

12

Kommissar Grivot nahm die Brille ab, stützte die Ellenbogen auf den Tisch und rieb sich die Augen. Ohne das schwarze Gestell mit den dicken Gläsern wirkte er vollkommen anders, gar nicht mehr verwirrt und orientierungslos. Vielleicht stellte er sich nach außen nur so dar?

Der provenzalische Landwein war schlecht und billig. Martin griff nach dem Wasser, ihm war vom vielen Reden der Mund trocken geworden. Grivot hatte ihm nur die eine oder andere Frage gestellt und angemerkt, dass er nichts von Wein verstehe und auch kein Gourmet sei. Martin hielt es seiner mangelnden Kenntnis der Stadt Bordeaux und ihres gastronomischen Angebots zugute.

Als Grivot den Mund öffnete, um etwas zu sagen, hob Martin abwehrend die Hände: »Beginnen Sie Ihren Satz nicht mit ›Junger Mann‹, sonst …«

Grivots Kiefer klappte zu, so mechanisch wie der eines rot lackierten Nussknackers, dann schmunzelte er. »Gut, Monsieur Bongeers, sehr gut.« Er nickte mehrmals, als müsse er sich entscheiden, welches Vorgehen nun angebracht war, und seufzte. »Vieles, was Sie sagen, klingt logisch und klar, es ist durchaus plausibel. Bei den Geschmacksfragen eines Deuxième Cru wie dem Haut-Bourton muss ich mich auf Ihr Urteil verlassen, was ich sehr ungern tue. Das ist allerdings nicht gegen Sie gerichtet. Mein Resümee ist folgendes: Sie haben keinerlei Beweise gegen Monsieur Garenne bis auf die alten Kistenbretter. Daher basieren Ihre Anschuldigungen auf Annahmen und sind Verleumdungen, üble Nachrede und Hypothesen. Das Zollformular liefert keinen Hinweis, ob statt des Moulin de la Vaux Haut-Bourton in den Flaschen war. Und wenn, dann braucht Monsieur Garenne nichts davon gewusst zu haben. Jemand benutzt vielleicht seinen Namen, sein Château, was weiß ich. Meistens räumen leitende Mitarbeiter ab. Nur wer sich im Unternehmen auskennt, hat damit Erfolg. Das ist nichts für Sachbearbeiter. Sie haben gesehen, dass auf diesem anderen Château in Côtes de Bourg, wie heißt es noch mal?«

»Clairmont«, antwortete Martin entgeistert. Er versuchte, die Fassung zu bewahren, denn mit einer derartigen Abfuhr hatte er nicht gerechnet.

»... dass auf Château Clairmont Kisten mit einem neuen Jahrgang bedruckt wurden? Wo sind sie? Sie haben keine mitgebracht? Sie wissen nicht einmal, wohin der Wagen gefahren ist.«

Martin schüttelte entnervt den Kopf. Er musste sich zwingen, nicht einfach aufzustehen und zu gehen.

Grivot betrachtete seine Fingernägel, während er Martins Vermutungen weiter zerpflückte. »Auch kein Beweis. Jeder kann drucken, was er will. Vielleicht sind es Werbeschilder, Aufsteller für Schaufenster? Das scheint mir alles an den Haaren herbeigezogen zu sein. Nur ...«, Grivot machte eine lange Pause, um seinen Worten Gewicht zu verleihen, »es gibt einen Umstand, der auch mich glauben lässt, und ich sage bewusst ›glauben‹, dass es ein Verbrechen war.«

»Und der wäre?« Hoffnung keimte in Martin auf.

»Gestern Abend bekamen wir aus Marseille das Foto eines Toten. Man konnte ihn identifizieren, er war bei LaCroix beschäftigt und fuhr dort Gabelstapler. Er wurde erstochen ...«

»Erstochen?« Martin erschrak, er erinnerte sich an das Messer an seinem Hals. So etwas wie Befriedigung empfand er nicht, obwohl das wahrscheinlich Gastons Mörder war. Es war ihm unheimlich, der Tod war verdammt nah. Sollte er aufgeben und sich an den Rat Jean-Claudes halten?

»Der Algerier wurde von hinten erstochen, rechts, ein Stich von unten nach oben, es muss jemand gewesen sein, der mit dem Messer umgehen kann.«

»Da gibt es jemanden«, sagte Martin, noch immer von der Nachricht geschockt. »Ich habe ihn nicht gesehen, nur als Spiegelung in einem meiner Bilder, im Violoncellisten Upaupa …«

»Worin? In was?« Grivot starrte ihn verständnislos an.

»Upaupa Schneklud. Das ist ein Gemälde von Gauguin. Gerochen habe ich ihn, er roch nach …«

»Gauguin oder Ihr Messerexperte? Das hilft uns nicht. Sollten wir etwa einen olfaktorischen Steckbrief ausgeben?«

»Wäre mal was Neues: Totschläger gesucht, riecht nach Druckerschwärze und Kiefernholz, etwas Schweiß, Knoblauch, gemischt mit abgestandenem Zigarettenrauch, Lederfett, vergorenem Rotwein und drei Tage altem Trester …«

»So genau haben Sie ihn gerochen? Kein sympathisches Profil. Seit wann verkehren Sie mit Totschlägern?«

»Ich sag's Ihnen gleich, vorher würde ich gern mehr über den Toten wissen.«

»Nur so viel: Wenn jemand stirbt, der für den Tod eines anderen verantwortlich sein könnte, liegt die Vermutung nahe, so sagt es zumindest das Lehrbuch, dass er zum Schweigen gebracht wurde, weil er zu viel wusste oder um die Kette der Mitwisser zu unterbrechen, die uns zum Auftraggeber führen könnte.«

»Wer ist das Ihrer Meinung nach?«

»Monsieur Bongeers, bringen Sie mich nicht in Verlegenheit.«

»Ach, und meine Schwierigkeiten spielen keine Rolle?«

Grivot hob den Kopf und betrachtete das Pflaster auf Martins Kopf. »Sagen Sie nicht, Sie seien in der Badewanne ausgerutscht. Ich weiß, wie solche Verletzungen aussehen.«

Der spöttische Zug um Grivots Mund verstärkte sich wieder.

Je länger Martin ihm gegenübersaß, desto mehr gewann er den Eindruck, dass der Kommissar ihm etwas verheimlichte. Martin hatte keinen blassen Schimmer, ob Grivot überhaupt ermittelte. Als er sich mit ihm verabredet hatte, bestand der Kommissar darauf, sich nicht im Präsidium zu treffen.

»Die Badewanne hat mir auch unsere Polizei nicht abgenommen«, sagte Martin unwillig und fragte sich, ob Grivot das nicht längst wusste. »Aber die Wahrheit wollte sie auch nicht glauben, sie haben sich eine zurechtgebastelt.«

»Und was ist Ihre?«

Martin schilderte den Überfall, ereiferte sich über die Brutalität der Schläger und erwähnte die Warnung, sich von Bordeaux fernzuhalten. Grivot blieb dabei ungerührt, was Martin erboste.

»Monsieur Bongeers, Überfälle geschehen zuhauf, hunderte, jeden Tag. Ich bin bei der Polizei. Da muss man mit seinen Gefühlen vorsichtig umgehen. Aber kehren wir noch einmal zurück zu den Firmen in London und Singapur. Was wissen Sie darüber?«

»Die in London scheint eine Briefkastenfirma zu sein, Teil einer Holding, ein Geschäftsfreund sucht nach den Verbindungen. In Singapur ist es eine Import- und Exportfirma. Wem sie gehört? Keine Ahnung. Die Fälscher haben sich wahrscheinlich Asien ausgesucht, weil es dort nicht auffällt, wenn von einem alten Jahrgang eine große Menge in Umlauf kommt. Was verstehen Japaner oder neureiche Chinesen von einem erstklassigen Bordeaux? Die Unterschiede sind nicht extrem, und um die Fälschung zu entdecken, müsste man das Original kennen. In Europa ist das was anderes. Es gibt viele Spezialisten und Kenner, hier ist die Wahrscheinlichkeit höher, dass Flaschen vom richtigen 1989er mit dem gefälschten zusammenkommen oder dass sich jemand an den Geschmack erinnert. Darum ist der Wein hier vom Markt verschwunden.«

»Und Sie sind der Einzige, der das bemerkt hat?«

Martin zuckte die Achseln. »Außer den Mitwissern allem Anschein nach nur Gaston.«

Grivot lehnte sich zurück und verschränkte die Arme vor der Brust. »Weshalb kaufen Leute so teure Weine? Fünfzig Euro und mehr sind eine Menge Geld für eine Flasche.«

»Manche Leute trinken mal eben zum Essen einen Grand Cru für drei- bis vierhundert Euro, das interessiert die gar nicht. Wein, Monsieur, ist viel mehr als ein Getränk. Sie kaufen nicht nur die Flüssigkeit. Sie kaufen ein Erkennungszeichen, ein Symbol, oder nennen Sie es einen Mythos, so wie ein Anzug von Armani ein Mythos sein kann, ein Ferrari, eine Rolex … Menschen kaufen, was ihnen fehlt: Status, Kennerschaft, Bildung oder Lebensart. Winzer und Kellereien werden gehandelt wie Stars und Rennställe: die großen Châteaus in Bordeaux, Marchese Antinori in Italien, Bruno Giacosa im Piemont. Man spricht vom spanischen Vega Sicilia – ich habe ihn probiert, sehr gut, aber nicht berauschend und viel zu teuer. Wein, das ist ein Thema unter Eingeweihten, etwas zum Bluffen oder Angeben. Über einen Gemüsebauern oder einen Bäcker, was wollen Sie da berichten? Über Winzer hingegen werden Bücher geschrieben.«

»Wie ich vermute, nicht über den Wein, der vor uns steht?« Grivot nahm lächelnd die mehr als halb volle Flasche in die Hand und betrachtete das bunte Etikett.

»Wieso, schmeckt er Ihnen nicht?«

»Monsieur Bongeers, Sie denken schlecht von mir. Ich bin zwar nur Polizist, aber ich bin auch Franzose. Dieses Restaurant habe ich nur gewählt, weil es auf dem Weg zum Präsidium liegt. Ich habe den Hauswein bestellt. Ich verstehe nichts davon, ich weiß nur, was mir schmeckt.«

»Dann bitte ich um …«

»Keine Entschuldigung, erzählen Sie einfach weiter. Jetzt

vielleicht einen Kaffee, einen Cognac? Natürlich nur einen besonderen!« Er winkte dem Kellner.

Grivot bestellte, und Martin nahm den Faden wieder auf. »Wein ist das einzige Getränk, dessen Anblick man genießt, seine Farbe, goldiges Gelb oder die vielen unterschiedlichen Rottöne, an denen man auch das Alter erkennt, dann die Bewegung des Weins, die Lichtreflexe und die Schlieren vom Glyzerin, wenn sie an den Wänden des Glases herunterlaufen. Für all das bezahlt man. Wein ist ein Sinnbild für Landschaften, wenn Sie die Provence kennen, schmecken Sie es im Wein. Er ist eine Erinnerung, dass man mal dort war und schöne Tage verlebt hat. Ein richtiger, ein wirklich guter Terroirwein ist einer, der so duftet wie das Land, auf dem er gewachsen ist.«

»Sie sind ein Philosoph, Monsieur Bongers.«

Martin lachte. Zum ersten Mal hatte Grivot seinen Namen nicht in die Länge gezogen. Anscheinend hatte das Gesagte ihm gefallen. »Das hat wenig mit Philosophie zu tun, das ist Erfahrung, aber wie Sie eben sagten: Jeder macht sich seine Wahrheit. Diese Châteaus werden gelobt, in den Himmel gehoben, die Gewächse prämiert, es wird inszeniert und geschummelt, jeder verfolgt eine Absicht, und das verleidet manchmal den Spaß.«

Martin machte eine Pause. Erst als Grivot ihn aufmunternd ansah, fuhr er fort: »Weingüter werden gehandelt wie Wertpapiere, das begann im 17. Jahrhundert, allein die Geschichte von Château Lafite ist ein Beispiel dafür. Es gab Verkäufe, Schwindel, Enthauptungen durch die Guillotine, Strohmänner, alles, was Sie sich denken können. Auch Hochzeiten, um Güter miteinander zu verbinden, nicht anders als bei den Fürstentümern im Mittelalter. Und bei Erbstreitigkeiten geht alles kaputt oder bankrott.«

Grivot setzte eine gequälte Miene auf. »Diese Weinwelt wird so verklärt, als existiere sie unabhängig von der übrigen Gesellschaft. BORDEAUX, wie das klingt, großartig, aber sicher ist es wie überall nur ein weiterer Spiegel unseres Lebens.«

»Ich halte es zum großen Teil für Showbusiness, aber ein Geschäft ist es allemal, für manche ein gutes. Doch zurück zu diesem Algerier. Wissen Sie, wer ihn ermordet hat?«

»Sie sind hartnäckig, Monsieur Bongeers, ich darf Ihnen leider nicht mehr sagen, schwebendes Verfahren …«

»Von mir erwarten Sie Kooperation, und Sie halten sich raus. Sind das die Regeln?«

»Ja.«

»Das akzeptiere ich nicht.«

»Ihr Problem.«

»Nein, Ihres. Der Staat lässt Mörder frei rumlaufen? Kann ich mir kaum vorstellen, außer er schickt sie selbst. Aber hier geht es nicht um Politik. Mobilisieren Sie meinetwegen die Steuerfahndung, die springt sofort an. Wenn die Geld riechen, dann rücken sie sogar nachts aus.«

»Eine gute Idee, wir kommen bei Gelegenheit darauf zurück.«

Martin lief gegen eine Mauer. Aus Grivot bekam er nichts mehr heraus. Den interessierte etwas anderes. »Was halten Sie von Drapeau, von dem Korsen, wie Sie ihn nennen? Wie sind Sie überhaupt darauf gekommen?«

»Es war nur so ein Gefühl. Ich sah ihn aus dem Wagen steigen und dachte, der kommt von der Insel.«

»Haben Sie dafür stichhaltige Anhaltspunkte?«

»Wie Sie bereits ganz richtig bemerkten, ist bei mir alles nicht sonderlich stichhaltig. Ich bin viel in Frankreich herumgekommen, auch auf Korsika. Ich habe darüber bislang nicht nachgedacht, aber irgendwie ähnelt er den Menschen dort. Das mag am Gang liegen, an der Körperhaltung, den Gesten, was weiß ich. Er spricht kaum, überlässt es anderen, aber wenn er was sagt, ist es absolut akzentfrei.«

»Glauben Sie, dass er was von Wein versteht?«

Martin wunderte sich, mit welchem Interesse Grivot auf

einmal bei der Sache war und ihm geradezu an den Lippen hing. Dabei war die Rolle Drapeaus ziemlich klar: »Wenn Garenne der König ist, dann ist der Korse sein erster Minister. Habe ich mich verständlich ausgedrückt?«

»Durchaus«, antwortete Grivot vieldeutig. »Und er hat Ihnen am Telefon gedroht? Womit?«

»Mich endgültig fertigzumachen«, antwortete Martin. »Aber ich bezweifle, dass er selbst aktiv wird. Für die Drecksarbeit hat er die Lederjacke und diesen stinkenden Schläger. Der Kopf, das ist Garenne, Sie werden es erleben. Und Sie halten ihn nicht für verdächtig?« Martin musste das Gespräch unbedingt wieder in die richtige Richtung bringen.

Grivot schlug wieder einen Haken. »Wie fälscht man eigentlich einen Wein? Sie machen doch gerade einen, oder?«

Resignierend winkte Martin dem Ober und bestellte noch einen Kaffee und einen Cognac. Er brauchte Grivot, der Kommissar war womöglich seine Lebensversicherung, also musste er auf ihn eingehen. Aber sein Gefühl sagte ihm, dass es nutzlos war. Lustlos zwang er sich zu einer Antwort. »Wie alles andere. Man braucht das Original, benutzt technische Verfahren, um es möglichst gut zu kopieren, und erklärt, dass es das Original sei.«

»Aber hier handelt es sich nicht um Bilder, sondern um Wein. Ist das da auch möglich?«

»Sehen Sie, von einem Bild kann es nur ein Original geben, von einem Wein viele tausend Flaschen. Die einfachste Art, ihn zu fälschen, ist, ein anderes Etikett auf die Flasche zu kleben, viel komplizierter jedoch, einen Geschmack zu imitieren. Es gibt Institute, die entwickeln technische Verfahren, um Wein zu analysieren. Dann wissen sie auch, wie man es anstellen muss …«

»… um ihn zu fälschen«, beendete Kommissar Grivot den Satz. »Liege ich richtig?«

»Genau. Auf Château Grandville saß beim Diner der stellvertretende Direktor des INRA mit am Tisch, des Institut

National de la Recherche Agronomique. Garenne brüstete sich damit, ein Mäzen des Instituts zu sein. Das heißt, er kann ihre Forschungsergebnisse nutzen oder tritt bei bestimmten Untersuchungen als Sponsor auf. Wenn man die Verfahren kennt, ist es leicht, einen Wein zu fälschen«, führte Martin weiter aus. »In der Lebensmittelchemie werden Aromastoffe verwendet, beim Wein arbeitet man mit Enzymen und Hefen, mit Zucker, Most und Temperaturen. Es gibt Apparate, mit denen man die Oxidation fördert. Säckeweise werden Eichenspäne in den Wein gekippt, Eichenfässer unterschiedlicher Porenstärke verwendet, innen stärker oder geringer geflämmt. Damit erzeugt man den Geschmack von Vanille, Zimt und Karamell. Man entzieht Wasser, filtriert oder eben nicht, schönt mit Eiweiß oder Bitumen, früher mal mit Rinderblut – das war vor BSE und ein ziemlicher Skandal. Das alles wirkt sich auf den Geschmack aus. Um einen bestimmten Geschmack nachzuahmen, müssen Sie wissen, wie diese Komponenten wirken, jede für sich und alle zusammen.«

Grivot schüttelte sich angeekelt. »Machen Sie das auch mit dem Wein Ihres toten Freundes?«

Martin schnaubte verächtlich. »Wer das macht, betrachtet den Wein lediglich als Objekt. Für mich ist er lebendig, meine Arbeit ist eine ganz andere. Mir kommt es darauf an, den Geschmack des Weins herauszuarbeiten, sein Potenzial, ihn zu führen, aber nicht, ihn zu verfälschen oder in eine andere Richtung zu bringen als die, die Gaston vorgeschwebt hat. Ich halte nichts von technischen Kinkerlitzchen. Die Komponenten wie Süße und Säure, Textur, Extrakt, Farbe müssen zusammenpassen. Das nennen wir dann Harmonie …«

Weshalb erzähle ich diesem Grivot das eigentlich, fragte Martin sich plötzlich und schwieg. Es interessiert ihn doch gar nicht. Mit seiner Hilfe kann ich nicht rechnen. Er hatte es satt, sich länger anzubiedern.

»Sie halten mich zum Narren, Monsieur Grivot! Mag sein,

dass Sie anderswo damit Erfolg haben. Sie fragen mich aus, Sie benutzen mich für irgendwelche Ziele, die nur Ihnen bekannt sind, und machen sich im Stillen über mich lustig. Das gefällt mir nicht. Seit unserem Treffen bei LaCroix tun Sie so, als würden Sie gar nicht ermitteln. Dabei haben Sie sofort nach Gastons Tod damit begonnen. Sie hatten von Anfang an den Verdacht, dass er ermordet wurde. Und Sie waren es, der an jenem Abend im Haus war, als ich angerufen habe!«

Grivot setzte seine Brille auf und verschwand wieder hinter den Gläsern. »Erwarten Sie eine Antwort?«

»Nein«, sagte Martin, »Ihre Reaktion reicht mir.«

»Sie haben keinen Grund, Monsieur, mir etwas vorzuwerfen. Jeder in Bordeaux kennt jeden, und ich kenne keinen. Ich bin erst seit kurzem hier, Sie hingegen schon lange. Überall liegen Tretminen, und mir fehlt das richtige Räumgerät, wenn Sie so wollen. Das nur zu meiner Situation. Mit welcher Begründung soll ich also die fünf oder sechs Châteaus von Monsieur Garenne durchsuchen lassen? Bitte! Mit welcher? Sie haben keine? Also wird mir kein Richter einen Durchsuchungsbefehl ausstellen. Rufen Sie mich an, wenn Sie etwas Wichtiges entdecken, und wir sehen es uns gemeinsam an. Unternehmen Sie nichts allein. Schließlich sind Sie Ausländer.«

»Wie soll ich dann etwas Wichtiges entdecken?«, fragte Martin wütend. »Und wer zahlt nun die Rechnung? Sie oder ich?«

Der Kommissar erhob sich lächelnd. »Na, Sie natürlich.«

Was für ein chaotisches Gespräch, dachte Martin, als er durch das abendliche Saint-Émilion fuhr. Er hatte weder Erkenntnisse gewonnen noch Grivot klarmachen können, dass er ernstlich bedroht wurde und Schutz brauchte. Besonders interessiert hatte Grivot nur der Korse. Wie weit konnte er dem Kommissar trauen? Wer hatte den Algerier getötet? Derselbe Mann, der ihn mit dem Messer bedroht und zusammengeschlagen hatte? Martin fröstelte, die Abende wurden kühl. Er schloss das Fenster.

Mit wem außer dem Kommissar konnte er rechnen? Er brauchte noch einen Verbündeten, am besten jemanden mit Einfluss. Wer war an der Aufklärung des Mordes sonst noch interessiert? Wer hatte ein freundschaftliches Verhältnis zu ihm gehabt, zumindest ein kollegiales? Bichot, genau! Wieso war er nicht eher darauf gekommen. Gleich morgen würde er ihn ansprechen. Außerdem erwartete Bichot ohnehin seinen Besuch, die Probe durch die Jahrgänge würde göttlich werden. Bichot würde die Dinge weitertreiben, schließlich musste er es gewesen sein, der Gaston den Haut-Bourton gegeben hatte. So zumindest ließen sich Gastons Aufzeichnungen interpretieren: 18 H-B von A. B. und das Datum – wenige Tage vor seinem Tod.

Carolines Haus war hell erleuchtet, die Vorhänge im Parterre noch nicht zugezogen. Wie schön, sie hatte auf ihn gewartet. Er durfte sich wieder zu Hause fühlen, und er freute sich auf das Wiedersehen, zumal sie das »Missverständnis«, wie Caroline es genannt hatte, bereits am Telefon ausgeräumt hatten.

In der Einfahrt stand eine glänzende Limousine. Martin fuhr daran vorbei und parkte seinen Wagen vor der Garage. Kaum hatte er den Motor abgestellt, als die Haustür aufgerissen wurde und Daniel und Simone auf ihn zurannten. Simone erreichte ihn zuerst, Martin fing sie auf und wirbelte sie durch die Luft.

»Endlich bist du wieder da.« Simone japste, als Martin sie wieder auf die Füße stellte. »Es ist so traurig hier und so einsam, seit Papa … nicht mehr da ist. Maman freut sich riesig, schon den ganzen Tag. Sie ist ganz aufgeregt, weil du kommst, sie hat gekocht. Wie lange bleibst du? Warum bleibst du nicht ganz bei uns? Du kannst oben in deinem Zimmer wohnen und machst mit Maman den Wein, und Monsieur Jérôme kommt und hilft uns.«

Martin musste lachen. Es war beneidenswert, wie schnell und einfach Kinder eine ganze Welt entwarfen.

Daniel sah, dass Martin die Limousine betrachtete. »Ein schönes Auto, es gehört dem Mann, der gerade mit Maman redet.«

»Wer ist es?«

»Der war noch nie hier. Sie sind im Salon, eine ganze Weile schon. Fleur heißt er, oder so. Blumen hat er auch mitgebracht, für Oma.«

In dem Augenblick trat Caroline aus der Haustür. Ihr war das schlechte Gewissen wegen der harschen Absage vor einigen Tagen anzusehen. Sie umarmte ihn lange, dann ließ sie ihn los. »Ich muss rein, wir haben ganz widerlichen Besuch. Komm mit, es wird dich interessieren, was er zu sagen hat. Er will alles kaufen, den Weinberg, das Haus, den Wein im Gärtank, die Ernte vom letzten Jahr …«

Caroline ging vor Martin her und öffnete die Tür zum Salon. Er erblickte den Mann, den er im Stillen bereits erwartet hatte: Fleury, den Banker mit dem dummen Trinkspruch. Martin zog unbewusst den Kopf zwischen die Schulterblätter, sein Unterkiefer schob sich vor, und seine Lippen wurden schmal, bevor er ihn fragte: »Was wollen Sie denn hier, Monsieur Fleury?«

Der Bankier blickte ihn nur verständnislos an. Er schien Martin nicht wiederzuerkennen und auch nicht zu begreifen, dass er einen entschiedenen Gegner vor sich hatte. Blasiert zog er die Oberlippe hoch. »Wer sind Sie überhaupt?«

»Das ist Monsieur Bongers aus Deutschland, ein Freund, der mit mir zusammen Gastons Arbeit fortsetzt. Sie sehen also, Monsieur Fleury, wir helfen uns sehr gut selbst. Ich bin nicht auf Ihr Angebot angewiesen. Ich halte es für besser, wenn wir unser Gespräch jetzt beenden …«

Da war sie wieder, die alte Caroline: eigensinnig, kämpferisch und selbstbewusst.

»Und nehmen Sie Ihren Geldkoffer wieder mit.«

Erst jetzt bemerkte Martin den geöffneten schwarzen Aktenkoffer auf dem Tisch. Als er sich ein wenig reckte, um hineinzusehen, klappte Fleury ihn zu.

»Es wird Ihnen leidtun, wenn Sie nicht auf mein Angebot eingehen, Madame. Niemals, niemals wieder wird Ihnen jemand so ein großzügiges Angebot machen. Sie sind alle Sorgen los, mit einem Schlag. Sie und die Kinder wären bestens versorgt, Sie wissen, wie teuer und wie unsicher heutzutage ...«

Martin machte einen Schritt auf Fleury zu. »Haben Sie nicht gehört? Madame Latroye hat Sie gebeten zu gehen.«

»Halten Sie sich da mal besser raus, junger Mann.«

Den ›jungen Mann‹ hätte er sich besser verkneifen sollen. Die Wut aus dem Gespräch mit Grivot war noch nicht verraucht: »Monsieur Fleury, Sie sind hier nicht erwünscht!«

»Lassen Sie das meine Sache sein. Die Zeiten, in denen Deutsche hier was zu sagen hatten, sind endgültig vorbei.«

»Dabei hätten Sie bestimmt den idealen Kollaborateur abgegeben.«

»Ich muss mir solche Unverschämtheiten nicht anhören, Sie ... *boche!*«

»Bitte, Monsieur Fleury, gehen Sie, es hat keinen Sinn weiterzudiskutieren.« Caroline blieb verbindlich. »Ich verkaufe nicht, und wenn Sie noch so viel bieten. Das hier ist mein Zuhause, mein Zu-hau-se! Begreifen Sie das endlich!«

»Wie kann man nur so dumm sein. Der da hat Sie aufgehetzt.« Fleury machte eine wegwerfende Geste in Richtung Martin.

»Sie kümmern sich um Ihr Geld und wir uns um unseren Wein, in Ordnung? Und jetzt verlassen Sie mein Haus, auf der Stelle!« Sogar Caroline verlor allmählich die Geduld.

»Das schaffen Sie nie, und schon gar nicht mit diesem ... Weinhändler. Mit seinem Geschäft ist er nicht weit gekommen, jetzt versucht er es auf diese Tour.«

»Wer hat Ihnen denn das geflüstert, Fleury?« Drohend ging Martin auf ihn zu. »Ihr feiner Freund Garenne, der mit den dummen Sprüchen? *Encore un que les boches n'auront pas?* Oder der schmierige Korse? Dann haben wohl Sie mir die Schläger geschickt, damit Sie hier ungestört abräumen und sich den Besitz von Madame Latroye unter den Nagel reißen können und den Pechant gleich mit. Wen hetzen Sie uns als Nächstes auf den Hals? Brandstifter? Mörder? Vor einem Einbruch hier haben Sie und Garenne auch nicht zurückgeschreckt. Wer hat den Auftrag gegeben, Gaston umzubringen – Sie oder er?«

»Sie sind ja völlig wahnsinnig, Sie brauchen einen Arzt! Ich bin kein Verbrecher! Derartigen Stuss muss ich mir nicht anhören.«

»Dann hauen Sie endlich ab. Sie sind nicht willkommen, haben Sie das nicht kapiert? Für Geld kriegt man nicht alles.«

Fleury wandte sich fast flehend wieder an Caroline: »Wir verstehen uns doch gut, Madame, wir waren uns einig, bis dieser Herr … kam. Ihre Mutter, diese reizende Dame, hat auch diesen geschäftlichen Weitblick wie Sie …«

»Wir waren uns überhaupt nicht einig, Monsieur!«

Martin reichte es. Er ging auf Fleury los. »Verschwinde, du Arschloch.« Er packte Fleury am Revers und stieß ihn zurück. »Vergiss deinen Koffer nicht!«

»Madame, sagen Sie diesem … diesem … Irren, dass er seine Hände wegnehmen soll …«

Caroline konnte sich das Grinsen nicht verkneifen, die Kinder standen im Türrahmen und sahen erschrocken und gebannt zu.

Martin machte einen Schritt auf Fleury zu und hob drohend die Hand. »Verschwinde!«

Fleury wich zurück, den Aktenkoffer gegen die Brust gepresst. »Das wird Ihnen leidtun, Monsieur. Das lässt sich ein Fleury nicht bieten.«

»Was soll das heißen? Beim nächsten Mord geben Sie sich nicht mehr so viel Mühe wie bei LaCroix, da wird dann gleich zugestochen, wie bei dem Algerier in Marseille? Raus!« Martin stieß Fleury vor die Brust, sodass er rückwärts durch den Flur stolperte.

»Wir haben es nicht nötig, Killer zu bestellen! Das werden Sie bereuen, Bongers, falls Sie dazu noch Zeit haben.«

»Sie wiederholen sich, Fleury. Klar, Leute wie Sie machen sich die Finger nicht schmutzig. Lassen Sie sich hier nie wieder blicken, Sie Aasgeier.« Martin bugsierte Fleury aus dem Haus und griff nach einem Erdbrocken. Fleury rannte zu seinem Wagen und riss die Tür auf. Martin warf und traf die Fahrertür von innen, der Brocken platzte. Fleury startete, die Räder drehten durch, Kies spritzte, und Martin riss schützend die Arme vors Gesicht, um nicht von den Steingeschossen getroffen zu werden. Schlingernd raste der Wagen in Richtung Saint-Émilion.

»Ich habe vollständig die Nerven verloren.« Schnaufend saß Martin auf einem Küchenstuhl und fuhr sich mit zittrigen Fingern durchs Haar, während Caroline ihm einen doppelten Marc eingoss.

»Ich fand das toll«, sagte Daniel, der Martin stolz den Arm um die Schultern gelegt hatte. »Dem hast du es richtig gegeben.«

»Ich fand das doof«, kommentierte Simone. »Der Mann hat dir nichts getan, und du bist gleich auf ihn losgegangen. Du hast mir richtig Angst gemacht.«

Martin stand auf und nahm sie in den Arm.

Caroline betrachtete ihn befremdet. »So wütend habe ich dich noch nie erlebt, Martin. Was ist mit dir los, wieso hat Fleury dich so in Rage gebracht?«

»Ich habe eine höllische Wut auf die ganze Drecksbande. Lass uns später darüber reden – wenn die Kinder im Bett sind«, fügte er leise hinzu.

Sie mussten ziemlich lange warten, bis es so weit war, denn Simone und Daniel hatten viel zu erzählen. Vor dem Einschlafen las Martin ihnen noch etwas aus ›Oliver Twist‹ vor, und als er sich zwei Stunden später zu Caroline in den Salon setzte, war er ruhig. Endlich hatte er das Gefühl, in Saint-Émilion angekommen zu sein.

Aber mit dem Gleichgewicht war es bald wieder vorbei, denn der Bericht von den Ereignissen der vergangenen Woche wühlte ihn erneut auf. »Dass es so weit kommt, dass irgendjemand aus Bordeaux mir Totschläger auf den Hals hetzt, hätte ich mir niemals vorstellen können. Und am nächsten Abend, als ich mit Verbänden und Bandagen auf meinem Sofa lag, kam dein Anruf. Das hat mir den Rest gegeben.«

Caroline schlug die Augen nieder. »Martin, bitte, versteh mich doch. Ich weiß selbst nicht mehr ein noch aus, ich brauche Zeit, alles tut so weh, ich stehe das nicht durch. Glaubst du, Fleury hat … mit Gastons Tod was zu tun?«

»Direkt nicht, dazu ist er zu feige, indirekt wohl schon. Er könnte der Kopf sein, derjenige, der die Sachen ausheckt. War er lange hier?«

»Eine halbe Stunde bestimmt. Hast du seinen Aktenkoffer gesehen? Da waren fünfzigtausend Euro drin, in bar, steuerfrei. Alles für mich, hat er gesagt, zusätzlich zum offiziellen Kaufpreis, wenn ich den Vertrag akzeptiere. Den hatte er unterschriftsreif mitgebracht.«

»Fünfzigtausend? Wenn er das nebenbei drauflegt, scheint es ein richtig gutes Geschäft für ihn zu sein. Wieso hast du nicht unterschrieben?«

»Ich habe ihm gesagt, dass wir weitermachen. Er hat geredet und geredet, ohne mich zu Wort kommen zu lassen, und versucht, mir den Koffer in die Hand zu drücken. ›Behalten Sie es, es gehört Ihnen‹, waren seine Worte … Angeblich will er den Weinberg für seinen Sohn haben, diese Flasche. Ein richtiger Playboy, dessen Visage in jeder Klatschspalte auftaucht. Aber wir haben nicht all die Jahre geschuftet, um einem Hampelmann das Land zu überlassen.«

»Das mit dem Sohn glaube ich nicht«, sagte Martin und bemerkte, wie er seine Finger anfing zu kneten. »Für so jemanden muss man keine Hunderttausende rauswerfen. Den kann man woanders unterbringen, am besten in einer Pflückerkolonne. Aber du hattest dich vorher schon entschieden, nicht zu unterschreiben. Wer hat dich umgestimmt, Monsieur Jérôme oder Charlotte?«

»Beide. Nein, eigentlich mehr Charlotte. Sie hält große Stücke auf dich.«

»Schon wieder Charlotte. Überall muss sie ihre Finger drinhaben. Kann sie einen nichts alleine machen lassen?«

»Bleib bitte auf dem Teppich. Du bist ungerecht. Sie ist unsere Freundin, schließlich hat sie Grivot aufgetrieben … Und sie hat mir klargemacht, wie dumm ich mich benommen habe. Ich dachte, du magst sie?«

»Ja, das tu ich auch. Aber sie ist wie alle diese Politiker, die sich einbilden, dass ohne sie nichts geht. Ach, ich fühle mich überfahren, überrollt von allem.« Martin biss sich auf die Lippen, als ihm klar wurde, dass er Caroline Angst machte, statt ihr Vertrauen und Sicherheit zu vermitteln.

»Martin, wieso dieses Misstrauen gegenüber Charlotte? Du erinnerst mich an meine Mutter.«

Das saß. Martin zog erschrocken den Kopf ein. Sollte er Caroline erzählen, dass er einen Umweg über Paris gemacht und Charlotte getroffen hatte? Dass sie im Streit auseinandergegangen waren?

Martin überlegte noch, als Caroline einlenkte: »So habe ich das nicht gemeint. Ach, wir sind alle mit den Nerven runter. Was ist überhaupt mit Petra? Hast du sie getroffen?«

Martin schüttelte den Kopf. »Absolute Funkstille, kein Wort. Ist auch besser so. Ich geh jetzt schlafen.« Er strich Caroline über die Wange. »Es ist schön, wieder bei euch zu sein.«

Obwohl ihm niemand sein Zimmer streitig machte und er todmüde war, ließ ihn die Aufregung nicht schlafen. Er setzte sich ans Fenster und starrte in die Nacht, wartete darauf, dass irgendwo Scheinwerfer auftauchten. In der Ferne hörte er Motorengeräusche, ein Hund bellte, Fledermäuse flatterten an der Laterne vorbei. Die Auseinandersetzung mit Fleury ging ihm nicht aus dem Kopf, er hätte dem Typ eine reinhauen sollen. Verdient hätte er es allemal. Aber dann wäre ich nicht anders als die Totschläger, dachte er, verließ den Aussichtsposten am Fenster und legte sich aufs Bett. Er hätte lieber nach dem Wein sehen sollen, statt sich mit dem Idioten anzulegen. Ein Feind mehr. Dabei reichten ihm schon die anderen. Wer stand eigentlich auf seiner Seite?

Sicher war es dumm gewesen, was er über Charlotte gesagt hatte, aber er hatte das Gefühl, dass ihm alles aus den Händen glitt, dass er nichts mehr selbst entschied. Was würden Garenne und Fleury als Nächstes unternehmen? Brachte er Caroline und die Kinder in Gefahr? Jacques kam ihm in den Sinn, möglicherweise konnte er weiterhelfen. Er brauchte so etwas wie einen Sicherheitsdienst, Leute, die Caroline und die Kinder im Auge behielten. Klüsters wäre der richtige Mann, aber der passte bereits auf den Laden und Frau Schnor auf. Mit diesem Gedanken schlief Martin ein.

Irgendwann in der Nacht wachte er frierend auf und merkte, dass er angezogen eingeschlafen war. Schlaftrunken schloss er das Fenster, zog sich aus und kroch unter die Decke. Er schlief unruhig, träumte wirres Zeug. Er war mit Garenne in der Garage und füllte Wein ab, Fleury lief mit einem großen Koffer herum, in dem bunte Putzlappen waren, und Gauguin spielte auf dem Cello in seinem Wohnzimmer ein Rondo.

Am Morgen fühlte Martin sich wie gerädert. Er zog seine Joggingsachen und die Laufschuhe an und trabte los. Statt der üblichen zehn schaffte er diesmal nur fünf Kilometer, und das war schon viel bei den Schmerzen im Bein. Caroline war noch nicht von der Schule zurück, wohin sie die Kinder jeden Morgen brachte. Also verzichtete er aufs Frühstück und ging in die Garage.

In den Gärtanks herrschte Ruhe. Der Zucker war in Alkohol verwandelt, die Gärung beendet, aber die Standzeit auf der Maische noch längst nicht. Im letzten Jahr hatten sie den Wein 27 Tage draufgelassen. Jetzt waren erst zweieinhalb Wochen um. Die Beerenhäute hatten ihren Extrakt, den Farbstoff und ihr Tannin noch nicht gänzlich an den Wein abgegeben. Martin zog aus jedem der drei Gärbehälter ein Glas ab, stellte es auf ein Regal und analysierte Farbe, Duft und Geschmack.

Der Wein war durchgegoren, Restzucker so gut wie nicht vorhanden, Extrakt und Farbe waren schon jetzt großartig. Die Mühe, die Gaston sich mit den Rebstöcken und dem Boden gemacht hatte, hatte sich gelohnt. »Der Wein entsteht im Weinberg und nicht im Keller«, war Gastons Motto gewesen, und danach hatte er gehandelt.

Winterschnitt, Sommerschnitt, die sogenannte grüne Ernte, bei der er überflüssige Trauben entfernt hatte. Danach die Verbesserung des Lesegutes, denn jede faule oder matschige Beere zog Vögel an, natürliche Düngung, Begrünung der Rebzeilen, Blattschnitt für eine bessere Durchlüftung gegen Pilzbefall – Martin sah die Arbeitsschritte vor sich, die er bislang nie zusammenhängend hatte verfolgen können, wenn er zu Besuch gekommen war. Es wäre schön, das ganze Jahr über diesen Weingarten zu erleben, in ihm zu leben, auch im Winter, wenn die Erde ruhte.

Martin lauschte dem leisen Brummen des Kühlaggregats. In den drei glänzenden Edelstahltanks entwickelte sich ein kräftiger, saftiger und gleichzeitig sanfter Wein. Körperreich würde er werden, voluminös geradezu, und er hatte bereits jetzt den schönen Merlot-typischen Duft nach reifen Kirschen.

13

Martin verband den ersten der drei Gärbottiche durch einen Schlauch mit der Pumpe, die unten am Tank den Wein abzog und ihn oben über den Tresterhut verteilte. Er stellte eine Leiter an den Tank, kletterte die wenigen Sprossen hinauf, um das Schlauchende oben anzuflanschen, als ihn im Nacken ein Windhauch traf. Es war, als würde ihn jemand auf etwas aufmerksam machen wollen. Er verharrte in seiner Bewegung und lauschte, die Sinne bis zum Äußersten gespannt. Langsam drehte er den Kopf zur Seite und sah aus den Augenwinkeln, wie sich der schmale Streifen Licht, der durch die Tür der Garage fiel, verbreiterte. Lautlos stieg er die Sprossen wieder hinunter, ließ das Schlauchende geräuschlos zu Boden gleiten und sah sich nach einer Waffe um. Dieses Mal würde er kämpfen. In Reichweite war nur das Paddel aus Edelstahl, mit dem der Trester gelockert wurde. Das musste genügen.

Mit angehaltenem Atem zwängte er sich zwischen die Gärtanks und wartete. Der durch die Morgensonne in die Länge gezogene Schatten eines Mannes erschien im Türrahmen. An der Bewegung des Kopfes konnte er erkennen, dass der unbekannte Besucher sich vorsichtig umsah. Martin hob das Paddel langsam über den Kopf – und sprang mit einem Satz mitten in den Raum.

»Nein!«, schrie Monsieur Jérôme mit angsterfüllter Stimme, riss die Arme hoch und wich entsetzt zurück. »Martin …«

Mit einem lauten Seufzer ließ Martin das Paddel sinken. »Mein Gott, Monsieur Jérôme! Fast hätte ich Sie erschlagen. Wie können Sie hier so reinschleichen? Ich dachte … Was ist mit Ihnen? Sie sind ja ganz blass. Kommen Sie, setzen Sie sich.« Martin packte das schlechte Gewissen, und er führte den schlotternden Nachbarn zu einer Kiste.

Monsieur Jérôme ließ sich nieder, atmete schwer und brauchte eine Weile, bis er sich beruhigt hatte. »Wirklich, ich habe gedacht, Sie knallen mir das Ding auf den Kopf, so, wie Sie aus dem Dunkel gesprungen sind. Geben Sie mir ein Glas Wasser, bitte, nein, lieber Wein, der hilft besser.«

Er lehnte sich zurück und atmete laut und heftig, während Martin eine Flasche entkorkte.

»Ein bisschen durchgeknallt sind Sie schon, Martin. Ich habe zwar Ihren Wagen gesehen, dachte aber nicht, dass Sie schon so früh arbeiten. Es ist erst sieben. Ich nahm an, Sie seien ein Einbrecher.«

»Wie kommen Sie darauf?«

»In den letzten Tagen hat vorn an der Einfahrt ein- oder zweimal ein Wagen gehalten, und Unbekannte haben nach Gaston gefragt. Es kann ein Trick gewesen sein, um rauszukriegen, ob jemand aufpasst. Sie haben uns mit der Mordgeschichte einen ziemlichen Schrecken eingejagt. Seitdem ist nichts mehr wie vorher. Mir ist eben fast das Herz stehen geblieben.«

»Das tut mir wirklich leid, Monsieur Jérôme, ich hatte selbst Angst. Wir müssen alle vorsichtig sein. Die Angelegenheit ist mittlerweile ziemlich kompliziert. Ich weiß jetzt mehr.« Martin wurde bewusst, wie der Eifer ihn packte, und versuchte, sachlich zu bleiben. »Der Fahrer des Gabelstaplers, der Gastons Tod verursacht hat, vielleicht sein Mörder, ist, ist selbst umgebracht worden, erstochen, wahrscheinlich, damit er den Auftraggeber nicht preisgibt. Und mich hat man vorletzte Woche in meiner Wohnung überfallen.«

»Davon hat Charlotte mir kein Wort gesagt, nur, dass Sie

vorgestern in Paris gewesen sind und sie getroffen haben. Und wer hat Sie überfallen?« Monsieur Jérôme wollte mehr wissen.

Martin zuckte die Achseln. »Keine Ahnung, es waren jedenfalls Franzosen. Gesprochen hat nur einer, die Stimme habe ich nicht erkannt. Er hat mir das Messer in die Nieren und in den Hals gebohrt, mir fast das Trommelfell zerschlagen und mir ins Gesicht getreten. Alles ging rasend schnell, ich konnte mich gar nicht wehren. Sie wollten Gastons Notizen, nur darauf waren sie scharf.«

Monsieur Jérôme war entsetzt. »Weshalb haben Sie mir bei unseren Telefongesprächen nichts davon gesagt?«

»Ich wollte Sie nicht beunruhigen.«

»Die Kladden sind weg?«

»Ja, aber ich habe Kopien gemacht.«

»Gott sei Dank. Wer außer uns wusste davon?«

Martin wollte nicht länger an diese grauenvolle Nacht denken. Vielleicht konnte er sie hier bei der Arbeit mit dem Wein vergessen. Darauf musste er sich konzentrieren. Die Gärung verlief wie geplant. In einer Woche konnten sie mit dem Ausbau des Weins beginnen und das Umfüllen in die Eichenfässer vorbereiten. Gaston hatte die kleinen Barriques wie immer bei der Tonnellerie in Allier gekauft, sie verwendete das feinporigste Holz.

Martin nahm den Schlauch und stieg wieder auf die Leiter. »Lassen Sie uns arbeiten, das lenkt ab. Würden Sie bitte die Pumpe anschließen? Da drüben ist die Steckdose. Ach, Entschuldigung, ich habe ganz vergessen, dass Sie das jeden Tag gemacht haben, und ich platze einfach so rein. Hervorragend übrigens, der Wein bekommt Klasse. Und alles blitzt hier.«

»Das ist schließlich mein Beruf.«

»Und ich weiß gar nicht mehr, was ich für einen habe. Ich rase hin und her, Sie und ich machen Gastons Arbeit, ich erledige die Aufgabe der Polizei, und meine Mitarbeiterin macht das, was eigentlich ich tun sollte. Was haben Sie mich eben gefragt?«

»Wer von den Kladden wusste«, wiederholte Monsieur Jérôme und blickte dabei drein, als würde er sich um Martins Geisteszustand Sorgen machen.

»Na, Sie und Charlotte wussten davon, Ihre Frau, Caroline und meine Exfreundin Petra. Sie hat es bei dem Diner auf Château Grandville herausposaunt, wo auch Charlotte mit dem Präfekten war. Garenne hat es gehört, er saß daneben, und alle anderen, wenn sie aufgepasst haben. Ich habe mich schwarzgeärgert, weil Petra ihre blöde Klappe nicht halten konnte. Einen Tag nach unserer Rückkehr geschah der Überfall, Dienstag war das, vor einer Woche. Einen würde ich wiedererkennen, am Geruch. Sie verstehen das, die Polizisten allerdings haben gelacht und gemeint, ich sei betrunken.«

»Klingt tatsächlich komisch. Wer benutzt heutzutage seine Nase?«

»Kaum jemand, der Fortschritt hat die Nervenzellen verklebt. Dabei schmecken wir mit der Nase. Ich habe das als Kind durch Zufall bemerkt.« Martin befestigte den Schlauch oben am Tank, und Monsieur Jérôme schaltete die Pumpe ein, nachdem Martin den Tresterhut aufgebrochen hatte.

»Wenn ich bittere Medizin nehmen musste, habe ich mir einfach die Nase zugehalten und hinterher Wasser getrunken, dann habe ich nichts davon geschmeckt. Ach, noch was zu den Schlägern: Sie haben mich gewarnt und gesagt, ich solle mich von Bordeaux fernhalten, andernfalls würde es schlimm ausgehen. Und nachdem mein Freund in Hamburg rausgefunden hat, dass der Moulin de la Vaux oder der gefälschte Haut-Bourton nach Singapur und London verschifft wird, kam noch ein Anruf. Dieses Mal von dem Geschäftsführer von Château Clairmont, dem Korsen, von dem habe ich Ihnen schon erzählt.«

»Hat er Sie bedroht?«

»Irgendetwas muss schiefgelaufen sein in Hamburg. Anscheinend haben sie mitbekommen, dass jemand nachgefragt hat. Der Korse hat gesagt, ich hätte mich nicht an die Abmachung gehalten. Also muss er von dem Überfall auf mich gewusst haben. Damit ist für mich klar, dass Garenne dahintersteckt. Nur beweisen kann ich nichts! Und hier ist nichts passiert? Ich habe überlegt, Caroline und die Kinder wegzubringen.«

»Sie wird nicht gehen, denn hier war alles ruhig bis auf das Intermezzo mit den Leuten vorn an der Straße und mit Carolines Mutter. Erst als diese entsetzliche Person weg war, konnte ich sie umstimmen. Die Hauptarbeit hat allerdings Charlotte geleistet, sie kann jeden an die Wand reden. Das muss man wohl in ihrem Beruf.«

»Das ist mir in Paris auch klar geworden.«

»Ach ja, sie sprach davon, dass Sie kommen würden. Sie waren vorgestern da, nicht wahr?«

»Ja, es war sehr nett, zuerst. Wir waren essen, Charlotte hatte einen Tisch im ›L'Arpège‹ bestellt, ein unverschämt teurer Laden.« Martin war die Erinnerung daran ziemlich unangenehm. Er hatte sich dumm benommen, dabei hatte er sich so auf die Möglichkeit gefreut, sie besser kennenzulernen, sie anzuschauen und sie zu riechen. Er empfand ihre Anwesenheit als wohltuend. Gleichzeitig hatte ihr Verhalten ihn provoziert, ihre Bestimmtheit, die Art, mit der sie Widerspruch geradezu herausforderte. Manchmal änderte sie mitten im Gespräch ihre Position oder verstand es, mit vielen Worten nichts zu sagen. Trotz der Vorfreude hatte der Abend in einem Desaster geendet.

Charlotte hatte von ihrer Arbeit erzählt, über scheinheilige Kollegen gesprochen und wie der Job sie zu gefühllosen, überheblichen Wesen machte, zu reinen Plappermaschinen, die sich ausschließlich in den eigenen Kreisen bewegten. Martin empfand ihr Urteil als von oben herab, als gehöre sie selbst nicht dazu, als sei sie selbst nicht Teil des Apparates. Und als er sie gefragt hatte, wie sich das alles auf sie auswirke, hatte Charlotte sich in ihrer Kritik missverstanden und angeklagt gefühlt und war wütend geworden. Am meisten jedoch hatte ihn verwundert, wie emotional und töricht sie beide argumentiert hatten. Zuletzt hatten sie sich dann sogar richtig gezankt, und obwohl Charlotte anfangs angedeutet hatte, dass ihre Wohnung über ein Gästezimmer verfüge, war später keine Rede mehr davon gewesen. Glücklicherweise hatte sich der Streit nicht so weit zugespitzt, dass die Chancen für ein Wiedersehen auf null standen. Wieso brachte diese Frau ihn so in Rage? Er konnte doch auch Petra an sich abperlen lassen.

Wie üblich, wenn er in Paris übernachtete, war er im »Saint-Louis« abgestiegen, einem moderaten Hotel auf einer der Seine-Inseln. Er war noch zwei Stunden lang durch die nächtliche Stadt geschlendert, die unglaublich lebendig wirkte, so ganz anders als die abgestorbenen deutschen Großstädte.

»Was haben Sie für einen Eindruck von Charlotte?« Monsieur Jérôme riss Martin aus seinen Gedanken. »Ich mache mir Sorgen. Es geht ihr nicht gut in letzter Zeit, sie scheint ziemlich durcheinander.«

Sicher glaubt er das auch von mir, dachte Martin und schnüffelte verlegen an einer Probe aus dem mittleren Tank. Was konnte er dem Vater der Frau sagen, in die er sich gern verlieben würde? Das Eis, auf dem er sich bewegte, war hauchdünn und knackte gefährlich. »Wir haben uns gestritten«, entfuhr es ihm unwillkürlich.

Monsieur Jérôme lachte. »Das tut sie mit jedem, im Moment hadert sie mit sich selbst und mit dem Beruf, sie will weg aus Paris. Sie geht vor die Hunde, den ganzen Tag lang lügen und antichambrieren, die eigene Meinung verleugnen, das entspricht ihr nicht. Ich kenne meine Tochter, das macht sie kaputt. Und sie ist viel zu viel allein. Sie haben keine Kinder, oder?«

Monsieur Jérôme sagte es in einer Weise, die Martin als

Vorwurf empfand und ihn unsicher werden ließ. Das Eis knackte wieder. »Ich habe bislang keine Frau getroffen, bei der ich den Wunsch verspürte. Vielleicht bin ich auch schon zu alt, ich werde nächstes Jahr vierzig, und bin zu viel unterwegs.« Das Thema behagte Martin überhaupt nicht, er hatte keine Lust, von wem auch immer als Schwiegersohn in Betracht gezogen zu werden. Rasch wechselte er das Thema. »Fassen Sie bitte mal mit an? Wir müssen die neuen Fässer umräumen. In einer Woche ist die Maischezeit zu Ende, dann müssen wir umfüllen. Wir sollten sie vorher wässern. Eine Sterilisation mit Schwefel scheint mir nicht angebracht.«

Monsieur Jérôme war diskret genug, nicht weiter zu insistieren. »Etwas verstehe ich nicht. Charlotte hat mir erzählt, sie hätte diesen Kommissar aufgetrieben. Wieso unternimmt der nichts? Das ist doch eigentlich seine Aufgabe.«

»Ich habe mich gestern mit ihm getroffen. Er hat von Anfang an einen Mord vermutet, so jedenfalls habe ich ihn verstanden, direkt gesagt hat er das aber nicht. Außerdem gibt es keinen Zeugen, keine Beweise – jetzt allerdings schon, da auch der Algerier tot ist.«

»Welcher Algerier?«

»Na, der Fahrer des Gabelstaplers ist in Marseille erstochen worden …«

Die beiden Männer begannen die Fässer auszuwaschen. Martin erzählte weiter.

»Eine Leiche kann Zufall sein, bei zwei Toten könnte System dahinterstecken. Das merkt sogar der größte Trottel. Dieser Kommissar Grivot wollte alles von mir wissen, aber mir sagt er kein Sterbenswörtchen. Dabei hat er indirekt angedeutet, dass ich auf eigene Faust weitersuchen soll. Gleichzeitig schärft er mir ein, nichts Illegales zu unternehmen, ich sei schließlich Ausländer. Alles ziemlich unausgegoren und verworren.«

Am Abend fuhr Martin dann nach Castillon-la-Bataille, um sein Glück im Bistro zu versuchen. Vielleicht spielte Jacques Billard, wenn er nicht gerade wieder einem Ehemann Hörner aufsetzte. Er musste ihn unbedingt für die Bewachung von Caroline und der Garage gewinnen, vielleicht konnte Jacques ihm auch eine Pistole beschaffen.

Vor dem Bistro standen etliche Wagen und zwei Motorräder, aber weit und breit keine Spur von Jacques' rostigem Moped. Der Lärm der Gäste drang bis nach draußen, und als Martin die Tür öffnete, rollte das Stimmengewirr wie eine Welle auf ihn zu. Er hätte am liebsten kehrtgemacht, auch die Luft war die Hölle, aber wo, wenn nicht hier, hatte er die Chance, den rheumatischen Kellermeister zu treffen?

Er hatte Glück. Jacques stand am Billardtisch, das Queue in der Hand, und diskutierte hitzig mit einem bedrohlich aussehenden Typen in einem blauen Overall. Sicher einer der Arbeiter aus einem Weinberg, dem Jacques' unkonventionelle Spielweise missfällt, dachte Martin. Ein anderer Mann in knittrigem Anzug näherte sich von hinten. Sie nahmen Jacques in die Zange. Hilfesuchend sah er sich um und entdeckte Martin. Die Erleichterung war ihm überdeutlich anzumerken, er kam eilig an die Bar.

»Du musst mir helfen, unbedingt. Ich brauche zweihundert Euro, jetzt gleich, auf der Stelle. Die hast du bestimmt.«

»Wozu das? Ich weiß nicht, ob ich so viel dabeihabe.«

»Dann sieh nach, was du hast. Leih mir alles, ich brauche es sofort«, stieß Jacques hervor. »Hab Mist gebaut. Die beiden sind Berufsspieler, Partner, die haben es drauf angelegt, mich fertigzumachen. Der in dem Blaumann hat den Deppen gespielt, und ich bin drauf reingefallen. Dabei dachte ich, es sei leicht, ihn abzuzocken, na ja, sie haben es umgekehrt gemacht.«

Martin grinste frech. »Dich fertigmachen? Wer sollte das wagen? Wieso lässt du dich auf solchen Unsinn ein?«

»Ich brauche Geld.«

»Jetzt hast du Schiss, was? Schon gut, lass mich machen«, beruhigte ihn Martin und verspürte eine gewisse Schadenfreude. Er schob Jacques zur Seite, ging an die Theke und bat den Wirt mitzukommen. Die Profispieler fixierend, drängte er sich durch die Menge. Kurz vor ihnen steckte er die rechte Hand unter die Jacke. Die beiden wichen einen Schritt zurück.

»Guten Abend, Messieurs.« Statt eines Revolvers zog Martin die Brieftasche hervor, entnahm ihr vier Fünfzig-Euro-Scheine und drückte sie dem verblüfften Wirt in die Hand. »Er ist Schiedsrichter, und das ist euer Gewinn, den habt ihr sicher. Aber wir spielen weiter. Was wollt ihr, Geld verdienen oder meinen Freund einschüchtern?«

»Hau ab«, sagte der Fremde im Anzug, der Martin auf unangenehme Weise an einen Zuhälter erinnerte. »Das geht dich einen Dreck an. Er hat verloren – und zahlt.« Er zeigte auf Jacques.

»Vielleicht hat er nur Pech gehabt. Habt ihr Angst, ein vernünftiges Spiel zu machen? Dreiband? Nein? Zu schwer. Nun gut, dann Zweiband. Auch nicht? Was wollt ihr, Kinderspiele?« Martin drehte sich zum Wirt um. »Dann gib mir das Geld zurück. Sie wollen es nicht, und Jacques hat keins. Ihr könnt ihn hier nicht verprügeln. Aber denkt daran, das hier …«, Martin wies in die Runde, »das sind alles seine Freunde.« Martin streckte die Hand nach dem Geld aus.

»Nein«, unterbrach ihn der im Blaumann. »Zweiband, aber ohne Absprache, *très bien.*«

Martin hatte hoch gepokert, jetzt musste er zeigen, was er konnte. Die zweihundert Euro interessierten ihn nicht besonders. Aber wenn er Jacques' Spielschulden beglich, war dieser ihm verpflichtet. Jacques war ein Schlitzohr, und genau so musste man ihn behandeln.

Martin nahm ihn beiseite und erklärte ihm, wie er vorgehen wollte. Jacques beherrschte zwar sein eigenes Spiel, dachte aber nicht strategisch, war nicht in der Lage, mehrere

Züge des Gegners vorherzusehen und sie zu durchkreuzen. »Achte auf meine Augen, sie werden dir zeigen, wohin du spielen musst.«

Es wurde still rings um den Billardtisch. Die anderen Gäste, es waren nur Männer, kamen näher, der Einsatz war hoch.

Jacques war technisch gut, führte gekonnt die Bälle, platzierte sie so, dass er sein Spiel fortsetzen konnte. Lagen die Kugeln zu schlecht für eine sichere Karambolage, zeigten ihm Martins Augen, wohin er zu stoßen hatte, damit der Gegner nicht an die Bälle kam und Martin weiterspielen konnte. Nach einer halben Stunde war der Verlust ausgeglichen, und sie hatten noch fünfundachtzig Euro dazugewonnen. Ihre Gegner wollten weitermachen, was jedoch am Einspruch der anderen Gäste scheiterte, die den Tisch für sich beanspruchten. Wütend verließen die Profis das Bistro, mit der Empfehlung des Wirtes, sich hier besser nicht wieder blicken zu lassen.

»Wo hast du das gelernt?«, fragte Jacques, als sie sich zum Essen an einen Tisch setzten. »Neulich warst du nicht so gut.«

»Da habe ich auch nicht gewinnen wollen. Während des Studiums hatte ich eine Bude in der Nähe des Bahnhofs. An der Ecke war ein Billardsalon, in dem sich schon morgens das ganze Gesindel rumgetrieben hat. Gauner eben, kleine Kriminelle, Zuhälter, Autoschieber. Am besten aber spielten die Rentner. Denen konnte ich stundenlang zusehen, und sie haben mir viel gezeigt und erklärt. Aber jetzt brauche ich deine Hilfe.«

»Habe mir doch gleich gedacht, dass da noch was nachkommt. Selbstlos bist du nicht. Eins kannst du dir gleich aus dem Kopf schlagen. In die Garage von deinem toten Freund kriegst du mich nicht!«

»Es ist nicht so kalt da, aber das musst du auch gar nicht. Ich brauche Leute zum Aufpassen, die vertrauenswürdig sind und auf Gastons Frau und die Kinder achtgeben. Rund um die Uhr muss jemand da sein, besser zwei, Tag und Nacht, bei jedem Wetter. Es gilt lediglich, Präsenz zu zeigen. Ich bin zwar die nächsten Tage auch da, ich mache die Kellerarbeit, aber ich habe noch anderes zu tun.«

»Du? Ich denke, du bist Händler. Du machst die Kellerarbeit?«

»Ja und? Einige Leute haben etwas dagegen. Die wollen nicht, dass der Wein gut wird.«

»Wenn du bis hierher rauskommst, dann sitzt du wohl mächtig in der Tinte?«

»Kann man so sagen. Und? Kann ich mit dir rechnen?«

»Weshalb nimmst du keinen Wachdienst?«

»Will ich nicht. Die machen das für Geld. Wenn ihnen einer mehr zahlt, gucken sie weg.«

Mit einem Schlag erinnerte Martin sich wieder an den Überfall, an die Schmerzen und Drohungen, und er wurde unsicher. Es ging hier nicht mehr um ein einfaches Geschäft, nicht mehr um Wein oder um das Weingut eines aufstrebenden Winzers. Nein, es ging um Macht und Geld, sehr viel Geld. Er störte jemanden bei seinen unsauberen Machenschaften, mit denen Millionen verdient wurden. Diese Leute wussten mehr als er. Und sie waren bereit zu töten. Er hatte nur einen Vorteil, der jedoch alles entscheiden konnte. Er konnte still sitzen und warten, wie ein Jäger auf dem Hochstand. Der Hirsch musste sich irgendwann bewegen, zum Äsen auf die Lichtung kommen. Dann konnte man ihn schießen. Er musste Garenne dazu bewegen, auf die Lichtung zu kommen. Und dann?

Martin druckste herum. Aber es ließ sich nicht umgehen, und wen außer seinem halbseidenen Billardpartner konnte er fragen? »Ist es schwierig, an eine Waffe zu kommen, einen Revolver oder eine Pistole?«

»Spinnst du?«, fragte Jacques. »Du machst dich unglücklich.«

Martin zog ihn in eine Ecke und klärte ihn über die Hintergründe auf. Jetzt zeigte Jacques ein gewisses Verständnis:

»Unter den Umständen ist das was anderes. Aber hältst du es nicht für sinnvoller, wenn du die Polizei einschaltest?«

»Schon probiert. Die glauben mir nicht, was weiß ich, was die denken. Also was ist? Machst du mit?«

»Glaub schon. Wird aber einen oder zwei Tage dauern. Kostet dich einen Haufen Geld. Und wo soll diese Aufpassaktion stattfinden?«

»Carolines Weingarten und das Haus liegen an der Straße von Saint-Émilion nach Montagne, bei Kilometer 7. Rechts liegen drei kleine Kellereien, hinter einer Gruppe von Pappeln links zweigt ein kleiner Weg ab, da fährst du rein. Erst kommt das Haus von Caroline, dahinter …«

»Ach, wo die Bertrands wohnen.«

»Du kennst sie?«

»Klar, Charlotte, die Tochter, ein heißer Feger.«

»Warst du das mit deinem Motorrad auf dem Parkplatz?«

»Bei der Beerdigung von Gaston? Ja, zufällig. Charlotte ist ganz was Feines, seit sie in Paris lebt. Ich kenne sie von der Schule her, wir haben zusammen Abitur gemacht. Damals war sie nicht so. Sie war die Erste, mit der ich was hatte, ein tolles Mädchen, unheimlich erotisch. Das ist sie heute noch, aber zickig. He, was ist, was hast du?«

»Nichts«, sagte Martin, dem bei Jacques' letzten Worten der Mund trocken geworden war. Er räusperte sich, stand auf und ging zur Bar. »Zwei Bier, nein, besser drei, die Flaschen sind bei euch so klein.« Er trank die erste in einem Zug aus, stellte sie etwas zu heftig auf den Tresen und nahm die übrigen mit. Es gefiel ihm ganz und gar nicht, dass Jacques mit Charlotte zusammen gewesen war. Andererseits war es verdammt lange her. Trotzdem, es störte ihn. Er gestand es sich ungern ein, aber er war eifersüchtig.

»Was ist los mit dir?« Jacques stieß Martin an. »Wir haben gewonnen, Mann, haushoch. Das muss gefeiert werden.«

»Wenn ich dich nicht gesucht hätte, säßest du schön im Dreck.«

»Dein Schaden war es nicht, moralisch bist du der Sieger und hast fünfundachtzig Euro mehr im Sack, ich bin der Verlierer. Du hast mich rausgehauen, vor allen hier, das rechnen die dir hoch an. Ich besorge dir Leute und die Knarre, dann sind wir quitt.«

»Wart ihr lange zusammen?«

»Wer?«

»Na, Charlotte und du.«

»Ach, daher weht der Wind. Hast dich in die schöne Tochter von Madame Lisette verliebt? Das kann ich gut verstehen, habe ich mich damals auch. Soll ich mich dafür entschuldigen?«

»So ist das nicht gemeint.«

»Doch, doch. Weil einer vor dir war. Und da war dann noch der Ehemann. Wenn man den Vorgänger nicht kennt, ist es einem fast egal, wenn nicht, hat man ein Problem. Willst du 'ne Jungfrau oder 'ne Frau?«

»Ach, leck mich doch …«

Der Wirt wischte die steinerne Tischplatte ab und brachte die Teller.

»Was trinken wir, Patrón?« Martin benutzte mittlerweile dieselbe Anrede für den Wirt wie alle anderen Gäste.

»Ich habe einen Wein, der dir gefallen wird. Lass dich überraschen.«

Darauf ließ sich Martin eigentlich nur ungern ein. Na ja, zur Not konnte er ihn zurückgehen lassen. Aber der Wirt hatte nicht zu viel versprochen, der Wein war hervorragend, frisch und stark, aromatisch, nicht zu hart und schön lang im Finale. Es gab absolut nichts zu meckern, er sollte ihn in sein Sortiment aufnehmen. Martins Laune besserte sich. »Wo kommt der her?«, fragte er, als der Patrón wieder zum Tisch kam. »Den sollte ich vielleicht auch verkaufen.«

»Aus Cairenne, ein Côtes du Rhône Villages. Mein Cousin arbeitet da«, sagte der Patrón und holte die zweite Flasche.

Irgendwann am Abend, nachdem Martin Jacques seine

Theorien über Gastons Tod erläutert hatte, fragte er ihn unvermittelt: »Kennst du einen Mann namens Bichot?«

Jacques verzog den Mund. »Mein letzter Chef hieß so, auf Château Grandville.«

Martin nickte heftig. »Genau den meine ich. Dein … ehemaliger Chef?«

»Ja. Ich habe lange bei ihm gearbeitet. ›*Le faucon*‹ haben wir ihn genannt, den Falken. Dem entgeht nichts, der hat seine Augen überall, ist immer auf der Jagd und kriegt, was er haben will … Ein Weingut nach dem anderen. Fünfzehn oder zwanzig hat er mittlerweile.«

»Er hat mir erzählt, er hätte seinen Önologen entlassen. Warst du das?«

»Einer von denen, ja. Von jetzt auf gleich. Ich habe einen schlechten Wein vernichten lassen. Irgendetwas war mit dem Barrique nicht in Ordnung. Das habe ich ihm gesagt. Er hat mich auf der Stelle aufgefordert zu gehen. Wenn du bei dem im Keller was verkostest, dann gießt er den Rest aus deinem Glas wieder ins Fass. Habgierig wie kein Zweiter. Gleichzeitig gibt er die größten Feste. Neulich erst …«

»Ich weiß«, sagte Martin.

»Du warst auch da? Na bitte, dann gehörst du doch dazu. Was willst du dann hier bei uns?«

»Es ist lustiger«, sagte Martin. »Man kann sein, wie man ist, und guten Wein hat der Patrón auch.«

Das, was Jacques über Bichot gesagt hatte, tat er ab. So wie er sprachen viele Angestellte, die im Streit gingen, über ihre vorherigen Arbeitgeber, egal, was vorgefallen war. Er behielt seine Meinung jedoch für sich und beugte sich vertraulich zu Jacques: »Was ist, kannst du mir nun die Pistole besorgen, oder kennst du jemanden, von dem ich eine kriegen kann?«

Jacques reagierte so gelassen, als würde er täglich danach gefragt. »Glaubst du, dass es dir hilft? Kaufen kann man alles, sicher, es ist nur eine Frage des Preises. Was für ein Fabrikat, was willst du anlegen? Wie schnell brauchst du das Ding?«

Am späten Nachmittag des folgenden Tages stellten Jacques und zwei seiner Freunde, Bernard und Antoine, einen Campinganhänger auf den Kiesweg zwischen Carolines Wohnhaus und die Garage. Von dort aus hatten sie die Eingänge beider Gebäude im Blick. Einer der Aufpasser war Elektriker. Er installierte, sehr zur Freude der Kinder, die sich stundenlang damit beschäftigten, vor den Eingängen des Wohnhauses und der Garage Bewegungsmelder, die nachts eingeschaltet wurden und so justiert waren, dass sie nicht auf jedes Kaninchen ansprachen. Auch Jacques hatte versprochen, die eine oder andere Wache zu übernehmen, aber nur dann, so mutmaßte Martin, wenn er sich zufällig mal nicht mit einer Frau verabredet hatte.

Für Simone und Daniel war die Anwesenheit der Männer eine willkommene Abwechslung, zumal die Männer, um sich die Zeit zu vertreiben, nachmittags mit ihnen spielten. Und auch Caroline begrüßte ihre Anwesenheit und widmete sich gern der Aufgabe, alle zu bekochen, was sie ein wenig von ihrer Trauer ablenkte.

Martin fühlte sich ungeheuer entlastet, sein Nacken entspannte sich, die Rückenbeschwerden gingen zurück, und er lief täglich einen halben Kilometer weiter. Zumindest in der Nähe des Hauses fühlte er sich vor Verfolgern sicher, lediglich beim Autofahren wanderte sein Blick ständig von der Straße in den Rückspiegel. Denn so gerne er es auch ignoriert hätte: Nichts war geklärt.

Gastons Mörder mochte tot sein, nicht aber der Auftraggeber. Das Geschäft mit den gefälschten Weinen lief weiter, und was Fleury aushecken würde, den er beleidigt und gedemütigt hatte, stand in den Sternen. In seiner Jackentasche trug Martin jetzt immer eine kurzläufige 38er Smith & Wesson, die Jacques ihm zugesteckt hatte. Mehr als fünfzehn Jahre war es her, dass Martin während seiner Grundausbildung bei der Bundeswehr mit einer Pistole geschossen hatte, einer Walter PPK. War die Erfahrung auch nur gering, so gab sie ihm doch das Gefühl, mit einer Waffe umgehen zu können. Um sie zu fühlen, hatte er eine Trommel leer geschossen, leider nicht das Hinweisschild von Moulin de Vaux als Zielscheibe. Viel wichtiger aber war das Gefühl von Sicherheit, das die Waffe ihm vermittelte. Situationen wie die an jenem Abend vor seiner Wohnung würden nun anders verlaufen.

Er suchte die Telefonnummer von Château Haut-Bourton aus dem Guide Hachette und ließ sich mit Garenne verbinden.

»Wie geht es Ihnen, Monsieur? Ich hoffe, Sie erinnern sich an unseren interessanten Abend auf Grandville?«

Garenne schien zu überrascht, um sofort etwas Vernünftiges zu sagen. »Ja, gut geht es mir, danke, natürlich, der Abend auf Grandville, ach ja, Sie sind es, sehr schön …«

Martin unterbrach ihn. »Ich habe mich sehr über die Einladung gefreut, die Sie an jenem Abend bei unserem Diner auf Grandville ausgesprochen haben. Petra hatte ja bereits das Vergnügen, und ich würde jetzt meinerseits gern darauf zurückkommen, zumal Ihre Weine diesen ausgezeichneten Ruf haben. Ich hatte den Grandville auch in meinem Programm.«

Garenne war sprachlos.

»Ich bin momentan in Bordeaux«, fuhr Martin fort, »und führe meine Arbeit hier weiter.« Garenne sollte wissen, dass mit ihm zu rechnen war, auf welche Weise auch immer, falls Fleury ihn noch nicht über den spektakulären Rauswurf informiert hatte. Vielleicht konnte er ihn so in die Falle locken.

»Natürlich können Sie kommen, es würde mich sogar sehr freuen«, sagte Garenne vorsichtig. »Es kommt etwas überraschend, äh, ich, wir müssten dazu noch einige Vorbereitungen treffen, denn wir sind mitten in der Arbeit. Sie verstehen. Aber kommen Sie, ja, ich freue mich drauf. Ich werde sehen, wann es sich einrichten lässt, vielleicht sogar morgen. Ich werde Sie in der nächsten Stunde anrufen. D'accord?«

Jetzt wird er sich fragen, was ich mit diesem Besuch bezwecke, freute sich Martin im Stillen, er wird seinen Apparat in Bewegung setzen, Truppen formieren und sich mit dem Korsen beraten. Schade, dass er sein Telefon nicht abhören konnte. Diese Tour würde er Garenne vermasseln, und er wusste auch, wie. Eine Stunde später rief Garennes Sekretärin an und schlug ihm einen Termin am Nachmittag des nächsten Tages vor. Wollte Garenne es hinter sich bringen oder ihn und ein Problem aus der Welt schaffen?

Die erste Nacht mit dem Sicherheitsdienst vor der Tür verlief ohne jede Störung. Martin jedoch schlief unruhig, das Treffen mit dem Mann, der vermutlich der Auftraggeber für den Mord an Gaston war, beschäftigte ihn auch im Schlaf, obwohl er jegliche nur mögliche Vorsichtsmaßnahme getroffen hatte. Aber ihm blieb keine andere Wahl, als Garenne zu einem Schritt zu bewegen, der ihm Beweise liefern würde, die Grivot verwerten konnte.

Das erste Licht des Tages riss Martin aus einem Schlaf, der alles andere als erholsam gewesen war. Zu seiner Erleichterung kam Monsieur Jérôme früh, um ihm zu helfen. Er würde auch morgen wieder da sein. In den wenigen Tagen war er zu einem wichtigen Gesprächspartner geworden. Mit ihm konnte er fachsimpeln und die Vor- und Nachteile der verschiedenen Methoden für die malolaktische Gärung erörtern. Die Umwandlung der scharfen Apfelsäure in die weichere Milchsäure, bevor der Wein auf die Fässer kam, sollte im Edelstahltank vor sich gehen. Dazu mussten sie den Wein von der Maische nehmen. Oder war es besser, sie im Fass ablaufen zu lassen?

Monsieur Jérôme war ein Partner, der kritisch nachfragte und ihn dadurch zu genauem Denken zwang, er sagte klar, was ihm nicht gefiel und was er nicht verstand. Und Monsieur Jérôme brachte eine Nachricht mit, von der Martin nicht genau wusste, wie er sie aufnehmen sollte: Charlotte hatte sich fürs Wochenende angemeldet.

14

Garenne hatte die Jacke seines dunkelblauen Anzugs über die Lehne des Schreibtischsessels gehängt, den Hemdkragen aufgeknöpft und die rote Seidenkrawatte ein wenig gelockert. Als er seinen gewaltigen Mahagonischreibtisch umrundete, um Martin zu begrüßen, schleppte er eine Wolke eines Lagerfeld-Rasierwassers hinter sich her, die Martin als penetrant empfand. Er erinnerte sich, dass Petra es auch ihm geschenkt hatte, als sie sich kennengelernt hatten. Es passte genauso wenig zu ihm wie zu Garenne. Wie sollte man in dieser süßlichen Wolke vernünftig Weine degustieren?

»Erst machen Sie die Pferde scheu, dass Sie unbedingt jemanden mitbringen müssen, und dann lässt Ihr Freund auf sich warten.« Garenne kam mit ausgestreckter Pranke auf Martin zu. »Meine Zeit ist knapp. Geben Sie mir zehn Minuten, dann bin ich für Sie da. Sollte Ihr Freund bis dahin nicht hier sein, fangen wir ohne ihn an.«

»Vielleicht hat er sich verfahren, er ist erst seit kurzem …«

»Dann hätten Sie ihn besser abgeholt«, unterbrach Garenne ärgerlich.

Martins Manöver hatte funktioniert. Garenne fühlte sich überrumpelt. Mit einer Verbeugung dirigierte er Martin aus dem holzgetäfelten, mit alten Büchern vollgestopften Raum, in dem jedes Wort dumpf und verstaubt klang.

Eine Sekretärin wies einladend auf einen kunstvoll gearbeiteten Tisch, auf dem bereits ein silbernes Kaffeeservice stand. Die Sekretärin schenkte ein, Garenne kehrte in sein Büro zurück.

Martin kämpfte gegen die Spannung an, die immer stärker wurde, seit er das Haus des Mannes betreten hatte, den er für Gastons Tod verantwortlich machte. Sein Rücken verkrampfte sich, vergeblich versuchte er, in dem Brokatsessel eine bequeme Haltung zu finden, die seinen Rücken entlastete. Locker, sei locker, sagte er vor sich hin und hoffte, dass Garenne seine Erregung nicht bemerken würde.

Auf dem Rauchtisch stand eine silberne Zigarrenkiste mit zwei sehr fein herausgearbeiteten Pferdeköpfen auf dem Deckel. Die meisten Abbildungen von Pferden empfand er als kitschig. Diese hier jedoch mit den schlanken Köpfen, den gebogenen Nacken, den weiten Nüstern von Arabern, den Rundungen der wehenden Mähnen erinnerten ihn an griechische Motive. Er nahm eine Zigarre und schnupperte daran. Martin rauchte nicht, Zigarren- und Zigarettenrauch waren ihm zuwider, aber die Aromenvielfalt des Tabaks liebte er. Welche Wohltat im Vergleich zu dem Gestank von Schäferhunden, der in Garennes Büro hing.

Martin schnupperte wieder an der Zigarre, um die Erinnerung an die Hunde loszuwerden, doch die Ablenkung hielt nur kurz vor, auch ein Schluck des starken Kaffees half wenig. Wo blieb nur dieser verdammte Grivot? Wieso konnte er nicht pünktlich kommen? Ohne ihn – das hatte Martin ihm gestern eindringlich klargemacht – wäre er hier nie im Leben aufgekreuzt.

»Locker, Monsieur Bongeers, entspannen Sie sich. Machen Sie nicht so ein grässliches Gesicht«, flüsterte eine Stimme im Halbdunkel. »Man könnte meinen, Sie wollten unserem Gastgeber an die Gurgel …«

Erschrocken und erleichtert zugleich fuhr Martin auf und schnappte nach Luft. »Grivot! Gott sei Dank. Konnten Sie nicht eher kommen?« Er schüttelte dem Kommissar die Hand.

»Ist doch schön hier. Was haben Sie denn da? Wunderbar, Kaffee und Zigarren, Reichtum und Luxus, Wohlanständigkeit und Überfluss seit Menschengedenken«, schwärmte Grivot und bewunderte den Kamin und das Bild darüber. Auf dem Gemälde war ein Wasserfall in Gewitterstimmung zu sehen, schwülstig und dramatisch. »Eine Metapher für die Angst der Winzer vor schlechtem Wetter?«, witzelte er und öffnete gerade die Zigarrenkiste, als Garenne beinahe geräuschlos den Raum betrat.

»Rauchen Sie nicht, Monsieur, bevor Sie Wein aus der besten Appellation Frankreichs probieren. Das wäre jammerschade.«

»Verzeihen Sie mir«, sagte Grivot mit schuldbewusster Miene. »Wahrscheinlich gehört dies bereits zu den Dingen, die ich in Bordeaux noch zu lernen habe.« Er legte die Zigarre vorsichtig zurück.

Garenne ging auf den Kommissar zu. Obwohl dieser, fast einen Kopf kleiner, zu ihm aufschauen musste, ließ er sich von der bulligen Gestalt nicht einschüchtern und schüttelte Garenne kräftig die Hand. »Ist es nicht großartig, wenn man gemeinsame Freunde hat?«, bemerkte Garenne maliziös. »Ausgesprochen originell übrigens, dass ein Deutscher einen Franzosen auf mein Château mitbringt. Wir haben auf Haut-Bourton leider andere Erfahrungen mit dieser Nation machen müssen. Seine Landsleute«, Garenne wies auf Martin, »hatten das Château damals requiriert …«

Und Moulin de la Vaux ist wahrscheinlich deshalb so runtergekommen, weil es die Engländer auf ihrem Rückzug anno 1453 geplündert haben, dachte Martin böse und hoffte, von der Neuauflage der Geschichte des Großvaters und der Résistance verschont zu bleiben.

Garenne hob sie sich wahrscheinlich für später auf, denn er ging erst einmal auf den neuen Gast ein. »Grivot ist Ihr Name? Sind Sie verwandt mit dem Inhaber der hiesigen Kugellagerwerke? Nein? Dann sind Sie in diesem wunderbaren Metier tätig, das mich mit unserem deutschen Freund verbindet?«

»Leider nicht, Monsieur, leider nicht. Mein Beruf ist trocken. Versicherungen, äußerst sinnvoll, aber nicht so sinnlich wie der Ihre. Kultur, Schönheit, Geschmack, Natur, Eleganz und Klasse, alles findet sich darin wieder, ach, die Tradition habe ich vergessen. Sie müssen ein glücklicher Mensch sein. Vielleicht ergibt sich eines Tages auch für mich ein Betätigungsfeld in dieser Branche.«

Das hoffe ich dringend, dachte Martin, dem Grivots Hang zum Pathos entsetzlich auf die Nerven ging.

»Die Gefilde des Weins umspannen die Welt.« Garenne breitete die Arme aus. »Sie reichen von Argentinien bis Neuseeland. Das Epizentrum allerdings – und darauf sind wir zu Recht stolz – liegt bei uns in Bordeaux, seit Jahrhunderten. Weshalb sollte es da nicht auch für Sie eine Nische geben?« Garenne öffnete einladend die Hände, setzte dann aber ein sorgenvolles Gesicht auf. »Die Natur jedoch bedeutet für uns Abhängigkeit, manchmal sogar Schicksal. Ein Hagelschauer an der falschen Stelle, und ich bin ein armer Mann. Fünfhundert Meter weiter hingegen freut man sich über die beste Ernte des Jahrzehnts. Das ist wie in der Lotterie.«

»Sie übertreiben, Monsieur.«

»Durchaus nicht. Wir wollen unsere Schäden ersetzt bekommen, und Sie wiederum leben davon, dass Sie nichts rausrücken. Also kaufe ich am besten gleich Versicherungsaktien.« Garenne war der Einzige, der über diesen Witz lachte.

Weshalb schwadroniert er so viel?, fragte sich Martin. Er beobachtete Garenne aufmerksam und hatte den Eindruck, dass er versuchte, Zeit zu gewinnen. Wenn Garenne geplant haben sollte, ihn auf seinem Château in Schwierigkeiten zu bringen, so war ihm dieses Vorhaben vorerst gründlich vermasselt.

Garenne legte dem Kommissar in gespielter Vertraulichkeit den Arm um die Schultern und führte ihn an eines der hohen Fenster, das den Blick nach hinten auf die Weingärten freigab. »Es wird mir ein Vergnügen sein, Sie in die Welt der großen Weine einzuführen. Sie befinden sich auf einem der berühmtesten Châteaus der Appellation Margaux, von denen es ohnehin nur vierzehn gibt.«

Er ging durch die Halle voran, durchschritt zwei Räume, deren Ausstattung und Möbel aus dem 19. Jahrhundert Grivot zu ehrlichen oder gespielten Begeisterungsstürmen hinrissen, und öffnete schließlich eine Tür an der Rückseite des Renaissance-Schlösschens.

Jenseits des Parkplatzes lag zwischen hohen Hecken versteckt der Zwinger. Drei Schäferhunde kamen ans Gitter. Garenne streckte die Hand hindurch und tätschelte sie. »Leider habe ich viel zu wenig Zeit, mich den Tieren zu widmen und sie richtig auszubilden. Sie sind zu wild. Denjenigen, der hier unberechtigt eindringt, würden sie zerfetzen.« Er winkte seine Besucher zu einem ramponierten Geländewagen, der neben dem silbernen S-Klasse-Mercedes stand, mit dem Petra abgeholt worden war. Garenne hielt dem Kommissar die Beifahrertür auf, Martin durfte die rückwärtige Tür selbst öffnen. Er fing einen Blick auf, der besagte: Diese Runde mag an dich gehen, aber in der nächsten bist du k. o.

Die Weingärten begannen wenige Meter hinter dem Château und zogen sich über etliche Hektar bis zu einer weit entfernten Senke, wo eine späte Pflückerkolonne im Einsatz war. Die Wege waren in gutem Zustand, die Reben reichten so nah an die Fahrspur, dass sie beinahe an die Fenster schlugen, und die Blätter strahlten in leuchtenden Herbstfarben, in tiefem Rot und Gelb.

»Dort in der Senke wird der letzte Cabernet Sauvignon geerntet, dann ist Schluss für dieses Jahr. Mit dem Cabernet Franc, mit dem wir unseren Cru in manchen Jahren verschneiden, sind wir fertig«, sagte Garenne über die Schulter zu Martin. Dieser zog es vor, den Mund zu halten. »Merlot haben wir längst im Keller, der ist bereits vergoren.« Das war wieder an Grivot gerichtet.

In ihm hatte Garenne einen dankbaren Zuhörer, und so begann er einen ausführlichen Vortrag über die Bodenbeschaffenheit der Weinberge, die Qualitätsverbesserung durch Bestockungsdichte und Mengenbegrenzung, die Vorzüge der Ernte von Hand im Gegensatz zu Erntemaschinen und darüber, wie er seine Teams für die Lese ausbildete. Besonderen Wert legte er auf die Feststellung, nur Franzosen zu beschäftigen, obwohl Ausländer billiger seien. »Das sind wir der Nation schuldig.«

Grivot würdigte dies als äußerst nationalbewusst, wandte sich um und nickte Martin begeistert zu. Der wusste nicht, was für ein Gesicht er machen sollte, denn Garenne beobachtete ihn im Rückspiegel. Es beeindruckte Martin durchaus, wie viel Garenne von seinem Metier verstand, aber ihn störte, dass er alles so präsentierte, als hätte er persönlich den Weinbau erfunden. Martin musterte derweil verstohlen jeden Arbeiter, schaute prüfend in jedes Gesicht. Würde er hier den Typen in der Lederjacke wiedersehen, der mit dem Korsen in seinen Laden gekommen war, oder einen der beiden Totschläger? Mit Grivot an seiner Seite fühlte Martin sich jedoch sicher. Momentan würde niemand etwas gegen ihn unternehmen.

Garenne hielt vor einem langen, flachen Gebäude. »Wir sehen uns jetzt die Keller an. Es wird Sie erstaunen, dass wir die alkoholische Gärung, also die Umwandlung des Zuckers in Alkohol, nach wie vor in großen Eichenfässern durchführen. Sie sind seit Jahrzehnten in Gebrauch, und der Wein wird dadurch authentischer.«

Was mag Grivot sich darunter vorstellen?, fragte sich Martin und zog auf der Treppe zum Gärkeller vorsichtshalber den Kopf ein.

Sie traten in einen hohen, langen und hell erleuchteten Raum. In drei Reihen standen die lackierten, von schwarz glänzenden Fassreifen zusammengehaltenen Bottiche auf gemauerten Podesten. Sie reichten bis knapp unter die Decke, der Zwischenraum war jedoch so groß, dass sie von oben gefüllt werden konnten.

Garenne trat an den elektronischen Melder für Kohlenmonoxid. »Früher ging man mit einer Kerze in den Keller, Monsieur Grivot. Wenn sie verlöschte, wusste man, dass es tödlich enden konnte. Unsere modernen Geräte lösen Alarm aus, aber wir sorgen sowieso für die entsprechende Belüftung.«

Martin war beeindruckt. Eine derartige Professionalität hätte er Garenne nach seinem überheblichen Auftritt beim Diner nicht zugetraut, auch wenn Château Clairmont bereits einen guten Eindruck gemacht hatte. Falls Garenne hier tatsächlich das Kommando führte, dann war an seiner fachlichen Kompetenz wenig auszusetzen. Weshalb ließ er dann den Moulin de la Vaux derartig verkommen?

Im Barriquekeller blieb Grivot fasziniert stehen, was Garenne nicht entging. Voller Stolz betrachtete dieser die Reihen von Eichenfässern, die bei der festlichen Beleuchtung matt cremefarben schimmerten. Im Raum hing der leichte Duft von Holz und Wein, und über allem lag die feierliche Stille einer gotischen Kathedrale. Es fehlten nur Weihrauch und die monotone Litanei eines Priesters.

Dafür haben wir ja Garenne, dachte Martin, den diese Szenerie wenig beeindruckte. Probieren – ja. Aber Kellerbesuche? Er konnte Jacques gut verstehen, der es satthatte, dauernd in der Kälte zu arbeiten.

Als Garenne bemerkte, dass Martins Blick ihm und nicht der Umgebung galt, bekam sein Mund wieder einen verächtlichen Zug. »Das sind weit mehr als tausend Fässer, alle zu je 225 Liter, zwei Jahrgänge Haut-Bourton, dazu kommen noch die für unseren Zweitwein, für den wir die Trauben unserer jungen Rebstöcke und gebrauchte Fässer verwenden. Alles Eiche aus den Wäldern von Limoges … Aber das wird Ihnen wenig sagen.«

»Wir haben mit Fässern aus Allier die besten Ergebnisse erzielt«, warf Martin beiläufig ein.

»Ach, was Sie nicht sagen? Die hat sicher Ihr verstorbener Freund eingeführt. Madame Latroye sollte verkaufen, dann können Sie sich Ihren Aufgaben in Deutschland wieder besser widmen.«

Eindeutiger ging es nicht: Garenne wünschte ihn möglichst weit weg, und Caroline sollte verkaufen. Also steckte er mit Fleury unter einer Decke.

Garenne wandte sich brüsk ab, schleifte Grivot zwischen den Fässern durch und setzte seinen Vortrag fort. Immer wieder zielten seine Äußerungen darauf ab, Martins Kompetenz infrage zu stellen. Ein Deutscher könne unmöglich die französische Philosophie des *Terroir* verstehen, das Zusammenspiel von Boden, Klima und Landschaft; ein Laie wie Martin könne niemals den richtigen Zeitpunkt wählen, um den Wein zum langfristigen Ausbau in Eichenfässer umzufüllen. Schließlich kam Garenne zum Ende. »Unsere kleine Führung soll nicht nur aus Theorie bestehen, Messieurs. Wein, das ist etwas Konkretes, im Moment des Degustierens liegt die Wahrheit. Wir werden jetzt probieren.«

Da hast du verdammt recht, dachte Martin und erinnerte sich an den Abend, als er den gefälschten Haut-Bourton verkostet hatte. Sie kehrten an die Erdoberfläche zurück und gingen zum Probenraum.

»Wo haben Sie das Verkosten gelernt, Monsieur Martin?« An dem wuchtigen Holztisch blieb Garenne stehen und betrachtete die darauf aufgereihten Flaschen. Pappmanschetten waren über die Etiketten gezogen, Hals und Schulter der Flaschen jedoch freigeblieben. »Ich möchte es Ihnen nicht zu einfach machen«, erklärte Garenne, bevor Martin auf seine Frage eingehen konnte. »Es sind vier Crus und vier Zweitweine, alle aus den Neunzigerjahren. Mehr verrate ich nicht.« Er nahm einen Block mit selbstklebenden Etiketten, schrieb Nummern von eins bis acht darauf und drückte sie leicht auf die Manschetten.

»Was ist in diesen wunderbaren Wandschränken?« Grivot machte aus seiner Neugier keinen Hehl und musterte interessiert das Mobiliar.

Garenne, in jedem Moment darauf bedacht, sich in Szene zu setzen, schloss einen der Schränke auf. »Silber und Kristall. Kühler für Champagner, Karaffen, Leuchter, zusammengetragen aus ganz Frankreich. Dieses Château gehört unserer Familie allerdings erst seit etwas mehr als sechzig Jahren.«

Grivot reckte sich, um die glänzenden und funkelnden Schätze besser in Augenschein nehmen zu können. »Ein Vermögen! Alles Antiquitäten und alles echtes Silber?« Als er merkte, dass Garenne kurz davor war, unleidlich zu werden, fügte er noch hinzu: »Ich meine das als Feststellung, nicht als Frage.«

Martin langweilte sich mittlerweile. Er hatte zu viele Châteaus gesehen, und dieser Krempel war nur Beiwerk. Oft genug war sowieso alles längst einer Bank verpfändet. Wie war das hier? Bislang hatte Sichel sich nicht gemeldet und berichtet, was seine Erkundigungen ergeben hatten.

»Monsieur Grivot, wenn Sie um achtzehn Uhr wieder in Bordeaux sein wollen, dann sollten wir uns beeilen. Lassen Sie uns anfangen.« Martin griff nach einem Glas.

»Ach, solche schönen Dinge bekommt man nicht alle Tage zu Gesicht. Und Sie sind wirklich gut versichert, Monsieur Garenne?«

»Es kostet mich zumindest einen Haufen Geld.«

»Wir könnten Ihnen ein Angebot unterbreiten, dazu müssten wir jedoch genau wissen …«

»Etablieren Sie sich erst einmal in aller Ruhe, Monsieur. Dann sehen wir weiter. Man trifft sich immer wieder. Wenn ich Ihnen einen Tipp geben darf, sozusagen als Alteingesessener: Seien Sie vorsichtig, Bordeaux kann für einen Neuling gefährlich sein. Fangeisen und Fallstricke, wohin Sie blicken, und zack – holen Sie sich eine blutige Nase.« Mit diesen Worten drehte sich Garenne zu Martin um. Aus seinem Gesicht war jede Verbindlichkeit gewichen.

»Wenn Sie Rat brauchen, Verbindungen suchen, Monsieur Grivot, dann kommen Sie einfach zu mir. Sie gefallen mir, Sie haben Humor, ich kann Sie mit wichtigen Leuten bekannt machen. Ach, Monsieur Martin, was ich Sie noch gar nicht gefragt habe: Wie geht es mit dem Pechant voran? Haben Sie sich nicht zu weit vorgewagt, so ganz allein?« Die Häme war kaum zu überhören, sogar Grivot löste seinen Blick kurz vom Silber.

»Im jetzigen Stadium kann ich nicht viel sagen«, antwortete Martin gelassen, die Provokation überhörend. »Die Trauben waren ausgereift, extraktreich, Zuchthefe haben wir selbstverständlich nicht verwendet. Sie wissen selbst am besten, wie es ist. Die Gärung ist durch, ich bin absolut zufrieden. Ich lasse den Wein noch ein wenig auf der Maische, ganz nach Fingerspitzengefühl.« Das alles war unverfänglich, ein Hinweis, der auch für jeden anderen Wein gelten konnte.

Verschnupft füllte Garenne die Gläser. Das Probieren verlief in aller Stille. Martin notierte die Nummern der Weine und machte sich dazu Notizen. Garenne behagte das Schweigen nicht, er platzte mit einer Frage heraus: »Haben Sie mit Ihrem verstorbenen Freund auch mal den einen oder anderen Cru aus meinem Haus probiert? Auf einer Auktion vielleicht oder im Frühjahr, wenn wir die neuen Jahrgänge für die Subskription vorstellen? Sie sagten, Sie hätten meinen Wein in Ihrem Laden geführt.«

Wollte Garenne herausbekommen, ob er den gefälschten Haut-Bourton kannte und ihn vom Original unterscheiden konnte? Martin beschloss, ihn zappeln zu lassen. »Nein, das heißt, ja. Zusammen nie. Aber jeder für sich schon.« Sollte Garenne darunter verstehen, was er wollte. »Ich hatte einen Ihrer Weine im Sortiment, den von 1989. Die letzten Flaschen habe ich vor kurzem verkauft – an zwei Franzosen übrigens. Merkwürdig, nicht wahr?«

»Durchaus nicht ungewöhnlich. Franzosen kennen diese Weine besser als Ihre Landsleute und wissen sie zu schätzen.«

»Merkwürdig fand ich nur, dass ich einen der Herren auf Château Clairmont wiedergesehen habe, er ist dort Geschäftsführer. Clairmont gehört Ihnen auch, nicht wahr? Den Wein hätte er bei Ihnen sicher preiswerter haben können.«

»Auf Clairmont haben Sie sich ja bereits umgesehen, wie man mir berichtet hat. Beim nächsten Château-Besuch melden Sie sich bitte vorher bei mir, damit wir uns besser auf so wichtige Besucher einstellen können.« Garenne drehte sich zur Seite und stieß mit dem Ellenbogen ein Glas vom Tisch, das in hundert Splitter zerbrach.

Der Kommissar blieb neben seinem Wagen stehen und betrachtete das Château. »Der Mann ist kindisch.«

»Wieso das?« Martin wollte möglichst rasch zurück nach Saint-Émilion, in eine normale Umgebung, zu vernünftigen Menschen. Er fand Garenne und seine Welt unerträglich, seine falsche Höflichkeit widerlich. Gleichzeitig machte ihn die Tatsache, dass er nichts in die Hände bekam, mit dem er Garennes Schuld an Gastons Tod beweisen konnte, reizbar und dünnhäutig. »Monsieur Grivot, lassen Sie uns fahren! Sie finden allein zurück?«

»Immer mit der Ruhe. Erst konnten Sie mich nicht schnell genug herbringen, und jetzt soll ich schon wieder weg.« Grivot konnte sich vom Anblick Haut-Bourtons nicht losreißen. »Da hat der Mann so ein wunderschönes Château – wie nennt man eigentlich diesen Baustil? Die Keller sind mit teuerstem Wein gefüllt, die Schränke voller Silber, und dann besitzt er noch weitere Châteaus – wie viele eigentlich?«

»Haut-Bourton wurde in der Zeit der Renaissance gebaut. Die vier anderen sind ganz gewöhnliche Kellereien.«

»Gut, fünf. Vielleicht noch mehr in Verbindung mit dieser

Holding in London, von der Sie sprachen. Hat Ihr Freund sich schon gemeldet? Nein? Und dann ist Garenne so was von engstirnig und eitel. Ich dachte, ich sehe nicht recht, als er die Etiketten vertauschte.«

»Welche Etiketten?«

»Haben Sie das nicht gesehen? Na, die mit den Nummern.«

»Nein, wann denn?« Martin war sprachlos. So viel Impertinenz hatte er Garenne nicht zugetraut.

»Als Sie sich gebückt haben, um die Scherben aufzusammeln, schwupp, so schnell wie ein albanischer Hütchenspieler. Als er das Glas umstieß, war mir klar, dass er es absichtlich getan hatte, und ich habe mich gefragt, was als Nächstes kommt.«

»Ach, deshalb hatten Sie auf einmal Ihr komisches Polizistengesicht.«

»Was hatte ich?« Grivot sah ihn ziemlich verdutzt an.

Immer, wenn es spannend wurde, zog Grivot die Oberlippe hoch, und man sah seine Schneidezähne. Er wirkte dann wie eine schnuppernde Ratte. Aber das wollte Martin dem Kommissar natürlich nicht sagen, und so redete er sich heraus. »Sie machen in diesen Momenten den Eindruck eines Hundes, wenn er Witterung aufnimmt …«

Grivot glaubte es nicht ganz und schmollte. »Eigentlich ein Wunder, dass Garenne mit seinem Trick bei Ihnen Erfolg hatte, da Sie doch sonst so aufmerksam sind. Ich frage mich, weshalb er sich zu einer derart lächerlichen Reaktion hinreißen lässt? Ich nehme an, er wollte Ihnen den Triumph, alle Jahrgänge richtig zuzuordnen, nicht gönnen.«

Martin zuckte mit den Achseln. »Ich war vom Ergebnis verblüfft. Eigentlich kenne ich mich gut aus, auf mein Duftgedächtnis kann ich mich verlassen, besonders bei meinem augenblicklichen Training. Ich bemerke die Nuancen, um die sich der Wein innerhalb von vierundzwanzig Stunden verändert. Wir haben drei Tanks in der Garage, und in jedem ist der Wein ein wenig anders. Ich habe gedacht, Garenne habe sich geirrt. Schließlich kann ich ja nicht verlangen, dass er die Hüllen abzieht, damit ich die Etiketten sehen kann. Möglicherweise war es die Rache dafür, dass ich einfach jemanden mitgebracht habe. Außerdem waren die Flaschen offen, da hätte man vorher irgendetwas x-Beliebiges einfüllen können.« Martin verzog angewidert den Mund. »Solche Spielchen sind einfach zu billig.«

»Er ist ein Hasardeur, ein Gernegroß, da passt Ihre Theorie von der Weinfälschung ins Bild.«

»Das ist keine Theorie, sondern Realität.«

»Bringen Sie mir endlich Beweise! Sie besitzen noch eine Flasche von der Fälschung und drei vom Original? Bringen Sie mir die.«

»Und dann lädt die Polizei zehn Experten zur Verkostung ein? Nein, danke. Das wird der größte Witz, den Bordeaux je gehört hat.«

Du wirst deine Beweise kriegen, Grivot, aber anders, als du es dir vorstellst, dachte Martin grimmig.

»Dann sagen Sie mir, weshalb Garenne Wein fälschen sollte. Wir brauchen ein Motiv. Er hat doch alles, wie Sie sehen.« Grivot machte eine ausholende Handbewegung, hielt aber plötzlich inne. »Unser Gastgeber beobachtet uns.«

»Klar, wenn wir hier noch rumstehen. Wir sollten fahren.«

Aber Grivot blickte weiter in Richtung des Fensters, hinter dem er Garenne vermutete. »Wenn jemand, der so viel besitzt, noch mehr will, dann muss er extrem geldgierig sein, oder er steckt in Schwierigkeiten.«

»Heutzutage wollen doch immer mehr Leute immer mehr Geld.«

»Aber wieso sollte er den Auftrag für den Unfall Ihres Freundes bei LaCroix geben?«

»Wer sonst? Gaston muss eine Verbindung zwischen dem Moulin de la Vaux und dem Haut-Bourton entdeckt haben und hatte davon eine Kiste und zwei Flaschen im Haus. Die hat er in meinen Wagen geladen, und jemand hat uns dabei beobachtet. Gaston haben sie erwischt, als er bei LaCroix herumgeschnüffelt hat, genau an der Stelle, wo der Haut-Bourton stand, von dem Sie die Bretter und die Scherben haben.«

»Könnte Ihr Korse, unser Monsieur Drapeau, den Auftrag gegeben haben?«

»Nein. Nur Garenne wusste, dass ich im Besitz von Gastons Aufzeichnungen war.«

»Ist Ihr Freund allein auf die Idee gekommen, bei LaCroix einzubrechen? Möglicherweise hat ihn jemand dazu bewogen.«

Martin hatte einen Namen auf den Lippen, aber er sprach ihn nicht aus, denn Garennes Mercedes kam die Einfahrt herauf, umrundete das Rondell vor dem Château und hielt vor dem Portal. Der Chauffeur holte Gepäck aus dem Kofferraum, eine braune Reisetasche, die Martin bekannt vorkam, und öffnete die Wagentür. Die Dame im Kostüm, die mit einem Mantel über dem Arm ausstieg, kannte er gut. Es war Petra.

Martin setzte sich in seinen Wagen und ließ den Motor an. »*Au revoir*, ich fahre!«

Der Kommissar war blitzschnell an seiner Wagentür. »Moment! Wer ist das? Kennen Sie die Dame? Sie machen ein Gesicht, als hätten Sie ein Gespenst gesehen.«

»Hab ich auch.«

»Bitte, wer ist die Dame?«

»Meine Exfreundin.«

»Aha! Worum geht es hier wirklich? Wollen Sie mir nicht reinen Wein einschenken?«

»Glauben Sie doch, was Sie wollen! Vielleicht legen Sie zur Abwechslung mal Ihre Karten auf den Tisch.«

»Und, hast du was rausbekommen?« Caroline räumte die Küche auf, die beiden Kinder stritten irgendwo im Haus um ein Video, und ihr persönlicher Sicherheitsdienst war nach dem Abendessen in den Wohnwagen zurückgekehrt.

Martin machte sich an der Espressomaschine zu schaffen. »Haut-Bourton ist ein erstklassig geführtes Château. Das Einzige, was nicht passt, ist Garenne selbst, seine Überheblichkeit, seine blasierte Art. Er hätte das nicht nötig.«

»Wer hat das schon?«

»Das meine ich nicht. Der Mann hat Erfolg, das siehst du an seinen Weinen. Acht Proben hatten wir, genau die richtige Menge, um differenzieren zu können. Die Crus schätze ich alle über neunzig Punkte, die Zweitweine knapp darunter. Und dann vertauscht dieser Idiot die Proben. Grivot hat mich darauf aufmerksam gemacht, später. Ich habe die Crus nur miteinander verglichen und mit dem in Beziehung gesetzt, was ich über die jeweiligen Jahrgänge weiß. 1993 war ein gutes Jahr, und der Wein war genau an dem Punkt, um getrunken zu werden. Einen 97er hatte er dabei, der war nicht so gut.«

»Der gefälschte 89er war nicht dabei?«

»Garenne ist doch nicht dumm. Nein, auch nicht der 90er, für den sie neue Kisten bedrucken. 1990 war ein genauso fantastisches Jahr wie 1989, mit großen Weinen, da lassen sich Spitzenpreise erzielen. Aber er hat sondiert, ob ich seine Weine zusammen mit Gaston probiert habe. Ich muss unbedingt noch einmal nach Moulin de la Vaux. Wahrscheinlich füllen sie dort die hundertzwanzigtausend Flaschen ab.«

»Wieso hundertzwanzigtausend? Es können mehr sein oder weniger.«

Der Espresso war durchgelaufen, und Martin stellte die Tassen auf den Küchentisch. »Du hast völlig recht. Sichel, mein Versicherungsagent, meinte das auch. Ich bin bislang davon ausgegangen, dass Garenne genauso viel fälscht, wie er offiziell verkauft. Aber das muss nicht so sein. Außerhalb Europas kann er so viel verkaufen, wie er loswird, weit mehr als hunderttausend Flaschen. Inzwischen kommen die Oligarchen des ehemaligen Ostblocks und ihr Gefolge als Abnehmer hinzu. Da gibt es genügend Leute ohne Kultur, ohne

Geschmack, aber mit viel Geld. Hauptsache, es steht Grand Cru Classé auf der Flasche. Ein korrekter Händler hingegen könnte merken, um was für einen schlappen Wein es sich handelt. Aber wenn er ihn bereits gekauft hat, wird er sich hüten, etwas zu sagen.«

»Mit dem Nachweis, dass der Haut-Bourton eine Fälschung ist, wirst du dir keine Freunde machen. Wenn das publik wird, wirkt sich das auf ganz Bordeaux aus, und alle werden dich hassen. Ein Deutscher, der einen Bordeaux als Fälschung entlarvt! Du wirst dich hier nirgendwo mehr blicken lassen können.«

»Soll ich es deshalb bleiben lassen?« Martin seufzte. »Na ja, du warst von Anfang an dagegen …« Er stand auf und begann, die Espressomaschine zu reinigen.

»Sei nicht eingeschnappt. Ich habe mir nicht vorstellen können, dass wir es ohne Gaston schaffen, wie ich ohne ihn leben kann, und ich weiß es noch immer nicht. Seit Fleury hier war, habe ich noch mehr Angst – aber auch mehr Mut. Außerdem löchert mich meine Mutter. Fleury hat bei ihr angerufen und behauptet, du würdest mich ruinieren.«

»Willst du, dass ich aufgebe? Hätte Gaston aufgegeben?«

Caroline senkte beschämt den Kopf. »Das ist nicht fair, Martin.«

»Doch, das ist es. Du hast deinem Mann vertraut. Er hatte etwas vor, hat niemandem davon erzählt, weder dir noch mir, und ist damit gescheitert. Wir beide kennen uns jetzt seit zehn Jahren. Ich habe das hier mit aufgebaut und bin der Pate deines Sohnes, ich habe Wochen und Monate bei euch verbracht, und wir hatten niemals Differenzen. Ich will lediglich denjenigen zur Rechenschaft ziehen, der Gaston auf dem Gewissen hat, nicht mehr und nicht weniger. Das schulde ich ihm. Wie gefährlich es für mich ist, hat man mir ziemlich deutlich gezeigt. Und jetzt bitte ich lediglich darum, dass du keinen anderen Maßstab anlegst als in den vergangenen zehn Jahren.«

»Du bist nicht von hier, du hast dir Feinde geschaffen, mächtige Feinde. Mach den Wein, damit hilfst du mir ungeheuer, und lass das andere sein!«

»Was? Niemals!«

»Charlotte kommt morgen …«

»Ich weiß. Was hat das damit zu tun?«

»Sei nicht so hart und abweisend. Petra und du, ihr habt euch getrennt, sie ist jetzt bei Garenne, du hast ihr quasi selbst die Tür geöffnet und verlierst kein Wort darüber. Du verguckst dich in eine andere Frau und erzählst so gut wie nichts davon. Das Einzige, worüber du sprichst, ist Garenne und noch mal Garenne.«

»Er ist auch der Schlüssel zu allem.« Martin blickte auf seine Hände. So rau und hart waren sie lange nicht mehr gewesen. Er sollte nicht so schnell aus der Haut fahren. Caroline war zerbrechlich, er durfte sie nicht mit seinen Problemen belasten. Er musste sich mäßigen. Welche Anstrengung es ihn gekostet hatte, Garenne nicht eine seiner Flaschen über den Schädel zu ziehen, sagte er Caroline besser nicht.

»Wie soll ich dir erklären, was mit mir los ist? Gaston ist seit einem Monat tot. Seitdem mache ich mir Vorwürfe, dass ich irgendetwas übersehen habe, dass ich ihm nicht zugehört habe. Möglicherweise hat er eine Andeutung gemacht, und ich bin nicht darauf eingegangen. Du denkst jeden Tag an ihn, jede Stunde, er ist hier in jeder Ecke, in jedem Zimmer. Mir geht es nicht anders. Wenn ich morgens in die Garage gehe, dann habe ich das Gefühl, er wartet dort auf mich. Ich frage mich, wie er dieses oder jenes gemacht hätte. Doch wenn ich dich so unglücklich sehe, dann erscheinen mir meine Sorgen belanglos.«

»Es ist viel schwieriger, wenn du schweigst und mir nichts erzählst. So entstehen Missverständnisse.«

»Ich kenne Charlotte kaum.«

»Dann bemühe dich darum, sie besser kennenzulernen.

Und hör endlich auf, diese blöde Espressomaschine zu polieren! Du schabst noch das Metall ab.«

Martin warf den Lappen in die Spüle und setzte sich widerwillig. »Ja, ich fühle mich zu ihr hingezogen, aber auch wieder abgestoßen. Nicht von ihr, sondern von der Verlogenheit der Politik, die sie repräsentiert. Die macht die Menschen kaputt, und die färbt auf sie ab. Das stammt nicht von mir, das sagt sie selbst. Es bleibe einem nichts anderes übrig, als sich anzupassen, sonst gehe man drauf. Also passt sie sich an.«

»Woher willst du das wissen? Ganz im Gegenteil, Charlotte will aufhören.«

»Woher weißt du das?«

»Das hat sie …« Erschrocken hielt Caroline inne. Draußen blitzte es. »Was ist da …?«

Ein zweiter Blitz folgte sofort, und dann, anstelle des Donners, ertönte schmetternd die Marsellaise: *Allons, enfants de la patrie …*

Caroline wurde bleich. »Sind die Kinder oben?« Sie stürzte aus der Küche und raste die Treppe hinauf.

Martin rannte zur Haustür und riss sie auf.

»Wir haben sie! Wir haben sie!« Lachend standen die beiden Aufpasser in der Tür ihres Wohnwagens und klatschten in die Hände. »Die Kamera hat funktioniert, jetzt haben wir Fotos.«

»Wahrscheinlich von einer verängstigten Katze«, knurrte Martin. »Wer hat sich das ausgedacht? Das war nicht abgemacht. Caroline hat sich zu Tode erschreckt.«

»Willst du hier 'ne Schießerei? Wir jedenfalls nicht. Unser System basiert auf Abschreckung. Wenn du dich beeilst, kriegst du sie noch. Zwei sind es gewesen, da lang sind sie gelaufen.« Der Elektriker wies in die Richtung des Hauses der Bertrands. »Sie sind durch den Weinberg rauf.«

Martin spurtete nach oben und holte den Revolver. Waren es die beiden, die ihn überfallen hatten? Dann flitzte er zu seinem Wagen. »Passt auf Caroline und die Kinder auf!«, schrie er und startete den Motor.

Hier kannte Martin jeden Pfad und jede Straße. Wer immer der Eindringling war, er würde ihn finden. Hoffentlich konnte er den Wagentyp erkennen, vielleicht sogar das Nummernschild? Nachts waren Scheinwerfer meilenweit zu sehen, deshalb fuhr er ohne Licht und hoffte, dass die Einbrecher nicht auf den gleichen Gedanken gekommen waren. Wahrscheinlich hatten sie den Wagen oben am Weg gelassen, der zum Anwesen von Monsieur Jérôme führte.

Auf einmal sah er Scheinwerfer langsam den Weg herabkommen. Es waren andere als die von Monsieur Jérômes klapprigem Lieferwagen. Martin spürte sein Herz, laut und schnell. Er schnappte nach Luft. Was sollte er mit dem Revolver, der kalt und silberfarben auf dem Beifahrersitz neben ihm lag? Etwa auf die Männer schießen?

Das fremde Fahrzeug kam näher. Plötzlich war es wieder dunkel, auch sie hatten jetzt die Scheinwerfer ausgeschaltet.

Martin hielt kurz vor der Einmündung am Straßenrand, öffnete das Fenster und stellte den Motor ab. Er lauschte in die Nacht und hörte zwischen dem Zirpen der letzten Zikaden das Motorengeräusch näher kommen. Entschlossen griff er nach dem Revolver und entsicherte ihn. Hatten die Männer ihn gesehen? Würden sie schießen? Gleich, wenn sie an die Landstraße kamen, würde er es wissen. Martin pochte das Blut in den Schläfen. Er spürte die Kopfwunde wieder. Seine Augen wurden trocken, so angestrengt starrte er in die Dunkelheit.

Der Wagen rollte den Hügel hinunter auf Martin zu. Die Zündung seines Autos war eingeschaltet, er brauchte nur den Hebel für das Fernlicht anzutippen. Ein neuer schwarzer Renault wurde gestochen scharf aus der Nacht gerissen. Der unbekannte Fahrer reagierte blitzartig, blendete auf und trat aufs Gas, aber Martin hatte das Nummernschild erkannt: 246 BX 33. Er würde Grivot das Kennzeichen durchgeben!

Der Renault beschleunigte mit quietschenden Reifen und raste schlingernd auf der schmalen Asphaltpiste in die Nacht.

Martin stieg mit weichen Knien aus und schaute dem Wagen nach. Erst als er auf die Landstraße Richtung Saint-Émilion einbog, wurden die Scheinwerfer wieder eingeschaltet. Er konnte sich ein hämisches Grinsen nicht verkneifen. Etwas zittrig notierte er die Nummer des Wagens. Er hatte Glück gehabt. Das Blatt begann sich zu wenden. Über diese Männer käme er an den Auftraggeber.

Martin suchte in seiner CD-Kiste nach etwas, das seiner momentanen Stimmung entsprach, und entschied sich für die Temptations. Während er *I'll Be in Trouble* hörte, schaute er in den sternenübersäten Himmel. Es war eigentlich ein guter Tag gewesen. Er hatte Garenne geleimt, der seinen Heimvorteil nicht hatte nutzen können, und war mit der Gewissheit zurückgefahren, dass er auf Haut-Bourton nicht weiter zu suchen brauchte. Grivot hatte er von seinem Weinwissen überzeugt und auf eine Spur gesetzt. Antoine und Bernard hatten die Männer, die Garenne oder Fleury geschickt hatten, gelinkt. Er besaß das Autokennzeichen, und wenn etwas auf den Fotos war, dann bekäme Gastons Mörder vielleicht doch bald ein Gesicht.

15

In der Nacht war die Temperatur drastisch gefallen. Seit dem frühen Morgen schüttete es wie aus Kübeln, das Wasser lief an den Fensterscheiben herunter, und es war so dunkel, dass Caroline und Martin zum ersten Mal in diesem Herbst beim Frühstück das Licht einschalten mussten.

»Wenn Garenne gestern die letzten Trauben eingebracht hat, dann hat er wirklich Schwein gehabt«, sagte Martin, während er beim Abräumen des Tisches half, und er wunderte sich, dass er es ihm gönnte, obwohl er diesen Mann verabscheute. Kurz nach neun Uhr rief er im Präsidium an, verlangte nach Grivot, aber der war wie immer nicht zu erreichen. Martin hinterließ das Kennzeichen der Einbrecher mit der Bitte, ihn sofort zu benachrichtigen, wenn der Kommissar eintreffen würde.

Als Nächstes loggte er sich in seine Datenbank ein, um die Umsätze zu kontrollieren. Das war ein Fehler, denn es verdarb ihm die Hochstimmung, die ihn seit dem gestrigen Erfolg gepackt hatte. Die Verkäufe blieben nach dem guten Start im September hinter dem Vorjahresergebnis zurück, das Geschäft kam nicht in Gang, die wirtschaftlichen Aussichten waren miserabel, kaum jemand wagte, Geld auszugeben. Auch Frau Schnor hatte schlechte Nachrichten: Zwei Lieferungen für Restaurants und ein großes Event ließen seit Tagen auf sich warten, und die Kunden machten verständlicherweise Druck. Und zur Krönung des Ganzen war für

Anfang nächster Woche eine Prüfung vom Finanzamt angesetzt. Musste er dabei sein, oder durfte er das dem Steuerberater überlassen?

Dummerweise war es genau der Zeitpunkt, an dem der Wein von der Maische abgezogen und diese gepresst werden musste. Vom Presswein konnte er dem Vorlaufwein, je nachdem, wie er ausgefallen war, etwas hinzugeben, um Farbstoff und Gerbsäuregehalt zu steuern. Was war wichtiger? Der Wein, sein Betrieb oder Garenne, der zwei Menschen auf dem Gewissen hatte, denn wer sonst hätte ein Interesse haben können, den Algerier aus dem Verkehr zu ziehen?

Bei all den offenen Fragen gab es zwei Lichtblicke: Charlotte und Gastons Wein. Der Pechant wurde von Tag zu Tag besser, die Arbeit in der Garage ließ ihn alles um sich herum vergessen. Er fühlte sich sicher und hatte das Gefühl, endlich einmal etwas zu schaffen, statt nur einzukaufen und dafür zu sorgen, dass die Ware schnellstmöglich den Laden verließ und ihm einen kleinen Verdienst einbrachte. Wenn er jedoch Pause machte und sich auf den Schemel in der Garage setzte, kam die Angst zurück. Die Drohung, ihn endgültig fertigzumachen, falls er nach Bordeaux zurückkehren würde, konnte jederzeit Realität werden.

Er beschloss, den Film vom Vorabend zum Entwickeln nach Libourne zu bringen und dort gleichzeitig den Wochenendeinkauf zu erledigen. So kam er auch ein wenig raus. Aber die schwarzen Gedanken ließen sich nicht abschütteln. Dieser Grivot interessierte sich einen Dreck dafür, ob sie ihm den Schädel einschlugen. Die Erinnerung an die Schläger kam wieder hoch und mit ihr das ekelhafte Ziehen vom Hals bis in den Magen. Aufgeben war allerdings die schlechteste Lösung. Er tastete nach dem Revolver in der Jackentasche und fühlte sich gleich besser. Wenn er auf der Abschussliste stand, galt es, den Kopf des Ganzen zu finden und zu überführen. Und wenn das nicht gelang? Dann ging auch Garennes Betrug weiter, weltweit. Welcher Schaden sowohl den

Winzern wie auch den Händlern des Bordelais daraus entstehen würde, war in Geld nicht zu messen. Der Glykolskandal in Österreich fiel ihm ein, er lag sehr lange zurück; aber Österreichs Winzer hatten Jahre gebraucht, um das damals verlorene Vertrauen zurückzugewinnen. Glykol hatte eine elend lange Halbwertzeit.

Als er nach Saint-Émilion zurückkam, rief er Grivot aus Gastons Büro an. Eine halbe Stunde dauerte das Telefonat, danach stürzte er wutentbrannt aus dem Raum und prallte im Flur mit Charlotte zusammen. Sie war nach ihrer Ankunft aus Paris gleich herübergekommen und brannte vor Neugier, denn ihr Vater hatte ihr alles über den Zwischenfall vor der Garage und die Verfolgungsjagd erzählt.

Martin war viel zu erregt, um sich über ihr plötzliches Erscheinen richtig zu freuen. Stattdessen ließ er Dampf ab: »Der Mann geht mir auf die Nerven«, zischte er, nachdem er sie begrüßt hatte. »Was tut dieses Würstchen den ganzen Tag? Es wäre seine Aufgabe, nach dem Auftraggeber für den Mord an Gaston zu suchen, nicht meine. Was macht eure Polizei eigentlich?«

»Na ja, eure hat sich auch nicht gerade bemüht. Bislang habe ich nicht von dir gehört, dass sie nach den Männern fahndet, die dich verprügelt haben, Martin. Die Polizei arbeitet eben mehr im Stillen«, sagte Charlotte vieldeutig und lächelte süffisant.

Martin war sich nicht sicher, ob sie ihn beruhigen oder auf den Arm nehmen wollte. »Sehr im Stillen, das ist wahr. Grivot meint, dass ich zu weit ginge, ich hätte ihm keine Anweisungen zu geben.«

»Sicher hast du ihn provoziert. Unsere Beamten sind da überaus empfindlich. Was hast du gesagt?«

»Weshalb er diesen Richard Charcoussette nicht einfach fragt, wo er gestern Abend gewesen ist«, antwortete Martin.

»Wer ist Charcoussette?«

»Auf ihn ist der Renault zugelassen, mit dem die beiden

Kerle letzte Nacht gekommen sind. Er wohnt in Arsac.« Martin wurde langsam ruhiger. Er winkte Charlotte in die Küche und holte die Fische für die Bouillabaisse aus dem Kühlschrank. »Isst du mit?«

Charlotte nickte. »Gerne.« Sie überlegte einen Moment. »Ich kenne Arsac, es ist ein Dorf auf der Rive Gauche, in der Nähe von Margaux und Grandville.«

»Dann liegt Haut-Bourton ja auch nicht weit«, sagte Martin nachdenklich. »Drei oder vier Kilometer entfernt …«

»Das Château kenne ich nicht. Aber zurück zu Grivot. Hat er diesen Charcoussette im Computer?«

Martin lachte. »Genau das wollte ich auch wissen, aber er hat mich lediglich gefragt, weshalb ich mich nicht bei der Polizei bewerbe, bei meiner Neugier.«

»Dieser Mensch ist wirklich unglaublich. Ich nehme ihn mir mal vor, oder besser, ich rede mit seinem Vorgesetzten. Vielleicht ist diese Arbeitsauffassung der wahre Grund, weshalb man ihn versetzt hat.«

Martin, damit beschäftigt, die Fische im Spülbecken zu waschen, wollte aufbrausen, hielt sich dann doch zurück. »Bitte, misch dich nicht ein! Überlass das mir, das ist meine Sache. Nicht, dass wir uns wieder in die Haare kriegen, wie neulich in Paris.«

Charlotte zögerte kurz und nickte dann. »Längst vergessen, Martin. Aber wieso regst du dich eigentlich so schnell auf?«

»Weil mein Leben in Gefahr ist, die Zukunft von Caroline, die der Kinder und das Ansehen der vielen Winzer in Bordeaux, ihre wirtschaftliche Existenz. Aber das interessiert diesen Büttel einen Dreck. Nein, ich lasse mir jetzt nichts mehr von ihm sagen.«

Charlotte lächelte ihn entwaffnend an. »Weißt du, was ich an dir mag? Dass du dich engagierst, dass du Gefühle zeigst, dass man bei dir weiß, woran man ist. Das macht es leicht.«

Martin hatte Widerspruch erwartet, aber nicht mit dieser

Reaktion gerechnet. Er senkte den Kopf. »Na gut, dann fange ich schon mal an, die Fische zu schuppen, sonst wird es nie was mit dem Essen.« Er drehte den Wasserhahn zu.

»Was hast du gekauft?« Charlotte band sich eine Schürze um und sah in die Schüssel, in der Martin die Fische wässerte.

»Was ich kriegen konnte: Rotbarbe, Knurrhahn, Seehecht, Heilbutt, das hier ist ... ein Steinbeißer, Moment, und das da ...« Martin beugte sich auch über das Becken. Charlottes Haar streifte seine Wange, und er nahm hinter dem Geruch von Fisch und salzigem Meer ihren angenehmen Duft wahr: herb wie die Flammenblume, ein bisschen Hyazinthe, allerdings nicht so stark und süß, ein wenig Rose und viel von ihrer warmen Haut. Er sah sie an. Als ob sie es gemerkt hätte, wandte sie ihm ihr Gesicht zu. Ihre Augen waren nur wenige Zentimeter voneinander entfernt. Martin holte tief Luft. Hätte er nicht in einer Hand das Messer und in der anderen die Rotbarbe gehabt, hätte er Charlotte an sich ziehen können. So streifte ihn nur ihr Atem. »... das da ist ein Drachenkopf«, murmelte er benommen und machte einen Schritt zurück. »Ich habe auch Muscheln und Crevetten ...«

»Die gehören nicht in eine Bouillabaisse«, sagte Charlotte und wandte befangen den Blick ab.

»Darüber streiten die Experten. Es gibt viele Arten, eine Bouillabaisse zu machen ...«

»Okay, was schmeckt, gefällt«, sagte Charlotte versöhnlich und wich nicht von der Stelle. »Sag mir, was ich tun soll.«

»Die Tomaten blanchieren, häuten und entkernen, Zwiebeln und Knoblauch schälen, den Fenchel waschen und in Stücke schneiden ...«

»Halt, stopp! Ich glaub, ich nehme lieber die Fische aus«, wehrte sie lächelnd ab und machte sich an die Arbeit. Während sie den Heilbutt aufschnitt, öffnete Martin einen Muscadet. »Passt ein Sancerre nicht besser dazu?«, fragte Charlotte.

»Kaum, der ist ein wenig zu mineralisch, ein Muscadet ist fruchtiger und weicher, durch die Zeit auf der Hefe, und nicht ganz so trocken. Außerdem brauche ich jetzt ein Glas. Den hier hat mir ein Winzer zum Probieren gegeben.« Er stellte auch ihr ein Glas hin. Sie prostete ihm zu, doch beim Trinken wich sie seinem Blick aus.

Als Martin den Safran aus einem Glas auf ein Blatt Papier schüttete, schaute sie interessiert hin. »Das sind ja Fäden und kein Pulver. Wo hast du das her?«

»Getrocknete Staubgefäße aus dem Safrankrokus. Habe ich mal aus Consuegra mitgebracht. Das liegt südlich von Madrid, in Kastilien. Ich war letztes Jahr im Herbst da, zur Weinlese. Sie haben gleichzeitig Safran geerntet, und ich habe den Bauern ein bisschen was abgekauft und Caroline die Hälfte abgegeben. Die Jungen arbeiten im Wein, die Alten und die Kinder im Safran, um nebenbei was zu verdienen. Es ist verdammt viel Mühe, und sie machen fast keinen Gewinn, seit Safran aus dem Iran und aus Indien importiert wird. Nimm immer die Fäden, beim Pulver wird gepantscht.« Martin machte eine Pause und sah Charlotte nachdenklich an. »Da ist noch etwas. Du kennst dich doch mit den Bordelaiser Familien aus … Über Garenne und seine politischen Ambitionen weißt du ja auch einiges.«

»Na, ein wenig, aber ich soll mich ja nicht einmischen.«

Martin ächzte. »So war das nicht gemeint. Du bist nur ungeheuer schnell. Bevor ich einen Gedanken zu Ende gedacht habe, bist du schon bei der Ausführung. Ich will lediglich etwas wissen, aber du sollst nichts tun, verstehst du?«

Charlotte nickte ergeben und beschäftigte sich intensiv mit den Fischen.

»Gestern auf Haut-Bourton meinte Garenne, dass seine Familie das Château seit etwas mehr als sechzig Jahren besitzt. Das hat mich verwundert. Entweder gehören die großen Châteaus Kapitalgesellschaften, oder sie sind seit Jahrhunderten im Besitz derselben Familien. Hast du eine Ahnung, wem Haut-Bourton früher gehört hat? Die Sammlung silberner Antiquitäten ist bedeutend älter.«

»Bis wann musst du das wissen?«

»Lieber heute als morgen. Ich habe auch Grivot danach gefragt. Es könnte wichtig sein, denn sechzig Jahre – das war mitten im Zweiten Weltkrieg, da war Frankreich schon besetzt … Oh, halt, das nicht …« Charlotte war im Begriff, Flossen und Haut in den Topf für den Fond zu geben. »Das nicht, der Fond könnte bitter werden. Und bring die Fische nicht durcheinander, sie haben alle unterschiedlich lange Garzeiten, der Seehecht braucht länger als der Heilbutt. Ich lege immer die Köpfe neben das Filet oder schreibe mir einen Zettel.«

»Woher kannst du das?«

»Was, das Schreiben oder das Kochen?«, frotzelte Martin. Wie ließ sich Charlotte aus der Reserve locken? Er würde zu gerne wissen, wie sie tatsächlich war. Sie tat so gesetzt, so überlegen, aber war sie das wirklich? Nach außen wirkte sie abgebrüht, aber je genauer er sie beobachtete, desto klarer wurde ihm, dass vieles sie tatsächlich berührte. Ihre Raubeinigkeit war Fassade, der Zynismus eine Maske, ihre Gleichgültigkeit antrainiert. War das ihr Schutz im Ministerium, wo alle mit dem Messer in der Tasche herumliefen, kaum jemand wusste, was vom anderen zu halten war, wo jeder Fehler, jede Schwäche in sich die Gefahr bargen, den Job zu verlieren? So hatte sie selbst es an jenem missglückten Abend in Paris dargestellt, und als er beiläufig gefragt hatte, warum sie es dann mache, war sie ausgeflippt, aufgestanden und gegangen. Es stand ihr anscheinend bis ganz oben.

Aber da Charlotte nicht auf seine Witzelei einging und er keine Lust hatte, zum soundsovielten Mal zu erzählen, dass seine Mutter das Gegenteil einer Küchenfee gewesen war und er mit allerlei Gewürzen das Aufgewärmte essbar gemacht und weiterentwickelt hatte, kehrte er zum aktuellen Thema zurück. »Die Muscheln und Crevetten pochiere ich vorher«, sagte er, als sie unvermittelt herausplatzte.

»Ich habe gekündigt!«

»Du hast was?«

»Ist das so schwer zu verstehen?« Charlotte drehte sich um, stemmte die Fäuste in die Hüften. »Gekündigt, hingeschmissen, abgedankt, den Rücktritt eingereicht, Ende meiner Vorstellung.« Die Worte kamen in rascher Folge. »Sollen andere meinen Job machen, es findet sich immer jemand, ich weiß auch bereits, wer es sein wird. Ich jedenfalls mache nicht weiter, basta. Ich habe einen Brief an den Minister geschrieben und um Entlassung gebeten. Ich werde höchstens noch ein halbes Jahr im Ministerium bleiben.«

»Und dann?« Martin stand mit offenem Mund vor ihr, den Fenchel in der einen Hand, ein Küchenmesser in der anderen, und schaute sie blöd an.

»Wie, und dann? Mir langt's ganz einfach. Ich werde sehen, was kommt. Wundert dich das? Wir haben uns neulich mit diesem Thema den Abend verdorben. Ich habe dir gut zugehört, sehr gut sogar. Du hattest recht. Wenn das Wasser schmutzig ist, muss man es wegschütten, auch wenn man noch kein frisches hat. Man verdurstet oder findet frisches.«

Im Grunde hatte Martin mit dieser Entscheidung gerechnet, zumal sie weder Gaullisten und Konservativen noch Sozialisten wirklich nahestand. Nur dass es so schnell passieren würde, hatte er nicht erwartet. Vielleicht würde er sie von jetzt an ganz in der Nähe haben. Die Vorstellung gefiel ihm gut, aber stopp: Weder lebte er in Saint-Émilion, noch wusste er, ob Charlotte vorhatte, aufs Land zurückzukehren.

Er legte den Fenchel aus der Hand. »Ich finde es gut, Glückwunsch. Eigentlich habe ich das von dir erwartet, so, wie ich dich kennengelernt habe. Ich habe immer Menschen bewundert, die Mut zeigen und nicht kuschen, die einigermaßen wissen, wohin sie wollen, und das auch sagen. Bei mir hat sich immer alles nur ergeben, ich bin überall mehr oder weniger hineingeschlittert.«

»Ein Ziel habe ich mir noch nicht gesetzt«, sagte Charlotte nachdenklich, mehr zu sich selbst, jedoch so laut, dass Martin sie verstehen konnte. »Das kommt von allein, wenn ich Ruhe habe. Ich muss mir über einiges klarwerden.« Sie seufzte, schaute ihn an, ging dann zum Fenster und blickte in den Regen. Draußen gab es nichts zu sehen außer herbstlich rotem Weinlaub vor grauem Himmel.

Beide schwiegen befangen, sie waren an einen Punkt gelangt, an dem sie nie zuvor gewesen waren. In ihrer Distanz zueinander lag mehr Nähe als in einer zu frühen Umarmung. Jedes weitere Wort ist überflüssig, dachte Martin, jeder Mensch braucht seine Zeit, sowohl zum Begreifen als auch dazu, sich zu neuen Entschlüssen durchzuringen. Er kannte Charlotte nicht gut genug, also wäre es verfehlt, ihr einen Rat zu geben. Schweigend wandte er sich wieder dem Essen zu, davon verstand er etwas. Er bereitete den Fischfond, kochte dazu Fischabschnitte und Gemüse knapp zwanzig Minuten, damit der Sud nicht klebrig wurde, und schnitt das Gemüse für den eigentlichen Eintopf in Stücke und Streifen.

»Wie weit ist der Pechant?«, brach Charlotte das Schweigen. »Kriegst du ihn so hin, wie du ihn haben willst? Mein Vater jedenfalls ist begeistert. Er sagt, du hättest ein Händchen dafür. « Sie wusch sich ausgiebig die Hände und rieb sie mit Limetten ab. Dann begann sie, die *Croûtes* vorzubereiten, schnitt Weißbrot und legte die Scheiben, die später mit Knoblauch eingerieben wurden, auf ein Backblech. Noch war es zu früh, den Ofen einzuschalten.

»Gastons Wein ist mittlerweile eine Art Gemeinschaftsprodukt: Dein Vater arbeitet daran mit, Caroline ist beteiligt, und ich habe meine Finger drin. Ja, der Wein wird spitze, wenn uns niemand die Bude anzündet oder die Fässer zerhackt.« Oder mir den Schädel einschlägt, dachte er bei sich. Das war das Stichwort, um Charlotte ausführlich von Fleurys Auftritt zu berichten. Er tat es, ohne sein eigenes Verhalten zu beschönigen. »Ich bin total ausgerastet, das war das Dümmste, was ich mir je geleistet habe«, sagte er zum Schluss.

»Ganz im Gegenteil«, erwiderte Charlotte, die begeistert

zugehört hatte und schadenfroh grinste. »Ich kenne Fleury, na ja, kennen ist zu viel gesagt, ich habe ihn dann und wann bei offiziellen Anlässen getroffen. Im Grunde ist er ein Schleimer, ein Krake mit tausend Armen und Saugnäpfen. Du hast ihn rausgeworfen? Toll, ganz wunderbar. Das hat noch keiner gewagt.«

»Wahrscheinlich war es das Falscheste, was ich tun konnte. Jetzt weiß es ganz Bordeaux.«

»Der wird sich hüten, darüber auch nur ein Wort zu verlieren. Das ist für ihn die totale Niederlage. Großartig hast du das gemacht.« Charlotte strahlte. »Also schlitterst du doch nicht nur …«

»Sag das mal Caroline. Ihre Mutter macht ihr inzwischen die Hölle heiß, sie ruft jeden zweiten Tag an, Fleury hetzt sie auf.«

»Das sind mir die richtigen Bankiers, sich hinter alten Weibern verstecken und intrigieren.«

Sie horchten auf, denn man hörte ein Auto auf dem Kies der Einfahrt. Das konnte Caroline mit den Kindern sein, doch vor dem Haus hielt ein dunkelgrüner Geländewagen, bullig, paramilitärisch, fast bedrohlich.

»Wer fährt denn so ein Ding?«, wunderte sich Charlotte.

»Keine Ahnung«, sagte Martin. Den Fahrer konnte man hinter den getönten Scheiben nicht erkennen. Der Mann stieg aus, setzte einen Hut auf, die Krempe verdeckte das Gesicht, und ging auf die Garage zu. Charlotte und Martin erkannten ihn im selben Moment. »Bichot!«, sagten sie wie aus einem Mund.

»Der Herrscher von Grandville. Was will der denn?«, wunderte sich Charlotte.

Auch Martin fragte sich das. Kam er, um zu helfen, oder war auch er eine Hyäne, von Gastons Tod angelockt? Auf der anderen Seite war es gut, dass Bichot da war, denn jetzt konnte er ihn endlich fragen, ob der Haut-Bourton von ihm stammte, wie in Gastons Kladde vermerkt.

Rasch ging Martin durch den Flur und zog leise die Haustür auf. Aber statt Bichot zu begrüßen, zögerte er und wartete vom Eingang verdeckt darauf, was geschehen würde. Charlotte trat hinter ihn, legte ihm die Hand auf den Arm und schob ihn ein wenig zur Seite, um das Geschehen verfolgen zu können. Martin empfand ihre Berührung als äußerst angenehm. Charlotte beugte sich vor und ließ dabei ihre Hand, wo sie war.

Bichot drehte sich um, musterte den Campinganhänger wie ein unbekanntes, gefährliches Tier, bis von innen jemand den Vorhang bewegte, dann wandte er sich wieder der Garage zu. Er musterte die Eisentür, als suche er etwas. Sein Blick blieb an der Kamera links oben hängen. Er hielt inne, sah nach rechts und entdeckte das zusätzliche Blitzgerät und die Lautsprecherbox.

Da schwang die Tür des Campinganhängers auf. Bernard und Antoine sprangen nacheinander ins Freie wie Fallschirmspringer aus einem Flugzeug. Unwillkürlich musste Martin bei dem martialischen Anblick lachen. Bichot fuhr zusammen, einen Augenblick lang hatte es den Anschein, als wollte er wegrennen, doch er besann sich, wurde wieder zu der souveränen Persönlichkeit, die man kannte, und ging weiter.

»Monsieur! Bleiben Sie stehen!«, rief Antoine scharf und lief hinter ihm her. »Das hier ist Privatgelände!«

Charlotte wollte sich an Martin vorbeidrängen, aber er hielt sie zurück. »Bleib. Ich will sehen, wie er reagiert«, raunte er ihr zu. »Der geht so zielstrebig vor, als wüsste er, was er sucht.«

Antoine und Bernard nahmen Bichot in die Mitte, der abwehrend die Hände hob und ein empörtes Gesicht machte, so als hätte er nicht nur auf Grandville, sondern auch hier das Kommando.

»Immer mit der Ruhe, Messieurs. Ich bin ein Freund des Hauses. Ich nehme an, Monsieur Bongers ist in der Garage. Mit ihm möchte ich sprechen.«

»Siehst du?«, flüsterte Charlotte. »Also von wegen, etwas gewusst. Der will zu dir.«

»Das werden wir noch sehen«, knurrte Martin und trat aus der Tür.

»Ah, da sind Sie ja«, sagte Bichot strahlend, schob die Bewacher wie Ungeziefer beiseite und ging mit ausgestreckter Hand auf Martin zu. »Ist das hier Sperrgebiet? Man wird bei Ihnen ja behandelt wie ein Einbrecher.« Mit einem gequälten Lachen versuchte er, seine Verunsicherung zu überspielen.

»Tut mir ausgesprochen leid, Monsieur Bichot, guten Tag. Aber wir haben zu viel Ärger gehabt, Madame Latroye und ich …«

»Ärger? Was ist geschehen? Warum kommen Sie damit nicht zu mir? Ich kann Ihnen bestimmt helfen. Geht es um den Wein oder um etwas anderes? Oh, Madame Bertrand, das überrascht mich aber.« Bichot hatte Charlotte in der Tür entdeckt. »Ach ja, ich vergaß, Sie sind Nachbarn. Urlaub von der Pflicht fürs Vaterland?« Er beugte sich galant über Charlottes Hand und führte sie bis fast an die Lippen. »Selbst dieses Outfit kann Ihnen nichts anhaben. Sie sehen bezaubernd aus.«

Trotz der schönen Worte hatte Martin den Eindruck, dass Bichot das Auftauchen der Staatssekretärin gar nicht recht war.

Bichot zog den Hut tiefer in die Stirn. »Lassen Sie mich nicht im Regen stehen, Monsieur Bongers. Erklären Sie mir drinnen, was das alles zu bedeuten hat. Ihre ›garde du corps‹?« Er zeigte auf Antoine und Bernard und schüttelte den Kopf. »Kameras über der Tür … vielleicht sogar … Selbstschussanlagen?«

Das letzte Wort sagte er auf Deutsch, und Martin übersetzte es für Charlotte.

Sie reagierte ernst und sachlich: »Monsieur Bichot, die Ironie in Ihrer Bemerkung lässt die Wirklichkeit außer Acht. Diese Maßnahmen sind notwendig. Nach den Ereignissen der Vergangenheit sollten Sie etwas mehr Verständnis für unsere Besorgnis aufbringen. Es gibt bereits zwei Tote, einen Einbruch während der Beerdigung von Monsieur Latroye, und in der vergangenen Nacht hat man versucht, in die Garage einzubrechen. Außerdem ist Monsieur Bongers überfallen und misshandelt worden!«

»Wie bedauerlich. Davon scheint er sich inzwischen ganz gut erholt zu haben, wie man sieht«, unterbrach Bichot, tat es mit einer Handbewegung ab und strebte auf die Garage zu. »Gott sei Dank«, schob er geistesgegenwärtig nach, als er Charlottes verständnislosen Blick auf sich ruhen fühlte.

»Eigentlich ist der Anlass meines Besuches rein positiver Natur. Ich bin gekommen, um mein Angebot an Sie, Monsieur Bongers, zu erneuern. Ich möchte Sie auf Grandville sehen. Und ich interessiere mich sehr für Ihren Pechant – es ist ja wohl mittlerweile der Ihre, wenn Sie ihn so konsequent verteidigen. Aber so sind die Deutschen. Wenn sie sich was in den Kopf setzen, müssen sich alle anderen zusammentun, um sie aufzuhalten.« Bichot kicherte gekünstelt, was deutlich machen sollte, dass diese Äußerung nicht als Beleidigung aufzufassen war. »Ich würde den neuen Wein gern probieren. Die Gärung ist durch? Haben Sie ihn schon abgezogen?«

»Das findet übermorgen statt.«

»Geht ruhig in die Garage. Ich kümmere mich ums Essen«, sagte Charlotte, die es anscheinend genoss, wie Bichot vergeblich versuchte, sich über das Verhältnis zwischen ihr und Martin klarzuwerden.

»Dass es noch Frauen gibt, die freiwillig in die Küche gehen«, wunderte sich Bichot und blickte ihr nach.

Machte Bichot sich über ihn lustig? Er zog es vor, nicht darauf einzugehen, dafür bot er Bichot eine Probe aus jedem Gärtank an.

Der Winzer fasste die Gläser am Fuß, so wie es beim Verkosten üblich war, um nicht vom Geruch der eigenen Hand abgelenkt zu sein, schnüffelte, kostete in winzigen Schlucken und kaute den Wein, wobei er intensiv schmatzte. »Wirklich hervorragend gemacht, Respekt! Ich stimme Ihnen zu. In zwei, allerspätestens drei Tagen würde ich ihn von den Schalen trennen. Der Tanningehalt ist vielleicht noch eine Spur zu niedrig, um die Farbe wirklich langfristig zu stabilisieren.«

Vom Pechant aus dem Vorjahr war Bichot, der selbst mit dem Besten des Médoc aufwarten konnte, geradezu begeistert, er lobte ihn enthusiastisch: »Großartig, fantastisch, ein wunderbarer Wein wird das. Eine hervorragende Arbeit, die Monsieur Latroye da geleistet hat.«

»Den lasse ich noch ein halbes Jahr im Barrique …«

»Genau richtig, im nächsten April ist er fertig. Sie scheinen etwas davon zu verstehen. Doch gerade als Verkäufer sollten Sie Folgendes bedenken: Wenn man diesen Wein unter anderem Namen verkaufen würde, könnte man das Doppelte, ja sogar das Dreifache verlangen. Das war früher schon so, und das ist heute nicht anders. Es gibt Untersuchungen aus dem 19. Jahrhundert – glauben Sie nicht, dass Marketing eine Erfindung der Gegenwart ist –, die ergaben, dass bei benachbarten Gütern mit dem gleichen Wein aus dem Médoc die des Adels immer doppelt so teuer verkauft werden konnten wie die der bürgerlichen oder bäuerlichen Winzer. Schauen Sie sich die Rothschilds an. Der Titel macht es. Selbst ihr Massenwein aus Chile lässt sich dank des Namens gut verkaufen.«

Während Bichot seine Überlegungen weiter ausbreitete, erinnerte sich Martin an Fleury. War das der Grund, weshalb er für Carolines Weine und den Weinberg so viel geboten hatte? In wessen Auftrag war er gekommen?

Bichot bemerkte Martins Stimmungswechsel. »Es ist bewundernswert, mit welchem Enthusiasmus Sie die Arbeit Ihres Freundes fortsetzen.«

Martin wurde ungeduldig. Er hatte genug von Bichots Lobhudeleien. »Es erfordert sehr viel Engagement, sich derartig in diese Arbeit hier zu vertiefen. Ein richtiger Winzer könnte das kaum besser. Aber, Monsieur, was ich Sie längst fragen wollte: Hat Gaston Latroye kurz vor seinem Tod achtzehn Flaschen Haut-Bourton von Ihnen bekommen?«

»Wo haben Sie all das kostbare Wissen erworben? Sie handeln äußerst umsichtig und vernünftig, als verfügten Sie über langjährige Erfahrung …«

»Alles von Gaston gelernt. Hat allerdings auch zehn Jahre gedauert. Aber Sie haben meine Frage nicht beantwortet«, sagte Martin und hob ein wenig die Stimme, sodass Bichot nicht umhinkonnte, darauf einzugehen.

»Welche Frage?«

Hat sich Bichot von seinem eigenen Redefluss mitreißen lassen, oder will er nicht antworten?, fragte sich Martin. »Gaston hat mir Mitte letzten Monats eine Kiste Haut-Bourton überlassen. Haben Sie ihm die Flaschen gegeben?«

»Ich? Nein. Wie kommen Sie darauf? Das Château gehört Monsieur Garenne. Weshalb sollte ich so etwas tun? Eine ganze Kiste, sagen Sie? Merkwürdig.«

»Ja, ich sollte den Wein probieren. Das habe ich getan, und ich bin zu dem Schluss gekommen, dass es sich um eine Fälschung handelt.« Martin zog mit dem gläsernen Weinheber noch etwas Wein aus einem zweiten Barrique und füllte Bichots Glas auf, dann sein eigenes und setzte sich auf ein Fass. »Ich habe den fraglichen Wein mit dem Original vergleichen können.«

Bichot starrte ihn mit offenem Mund an, dann schluckte er. »Was Sie nicht sagen. Garenne fälscht Wein? Großer Gott, nicht zu glauben. Wie sein Großvater damals«, murmelte er.

Jetzt lag es an Martin, zu schauspielern und so zu tun, als wisse er nichts von den damaligen Ereignissen. »Sein Großvater hat Wein gefälscht?«

Bichot nickte bedeutungsvoll, bevor er weitersprach: »Leider, ja, es fällt mir nicht leicht, über dieses dunkle Kapitel einer unserer Familien zu sprechen. Nun, da Sie ja fast zu uns gehören, muss ich es Ihnen erzählen, bevor Sie es von anderer Seite erfahren.«

Martin war gespannt auf Bichots Version.

»Sein Großvater hat der Wehrmacht Wein verkauft, angeblich einen Grand Cru, in Wirklichkeit war es Wein aus dem Midi … Sie sind dahintergekommen und haben ihn ins Gefängnis gesteckt. Wäre er wirklich für die Résistance eingetreten, so wie unser Garenne behauptet, hätten die Nazis ihn erschossen.«

»Wie sind die hinter den Betrug gekommen?«

»Einer seiner Arbeiter, ein Sympathisant der Nazis, denunzierte ihn. Aber jetzt zu Ihnen. Wie haben Sie entdeckt, dass Garenne vielleicht in unsaubere Geschäfte verstrickt ist?«

»Ich habe nicht gesagt, dass er verantwortlich ist«, entgegnete Martin. »Dafür gibt es keinen Beweis. Aber beim Haut-Bourton von 1989, den ich von Gaston bekommen habe, handelt es sich eindeutig um eine Fälschung.« Martin berichtete von seiner Probe, alles andere jedoch sparte er aus. Bichot musste nicht alles wissen. Er bereute bereits, dass er Grivot so viel erzählt hatte.

Bichots Reaktion war heftig. »Sie erheben schwere Vorwürfe gegen einen Mann aus unserer Mitte. Überlegen Sie es sich lieber, bevor Sie so etwas an die Öffentlichkeit bringen. Lassen Sie das besser. Das rate ich Ihnen als Freund.« Und mit eindringlicher Stimme fügte er hinzu: »Mir können Sie es sagen, da sickert nichts durch, verlassen Sie sich darauf. Aber eines sollte Ihnen bewusst sein: Sie schaden Garenne, Sie schaden Bordeaux, seinem Ansehen, uns allen und vor allem sich selbst. Wenn Sie das an die Öffentlichkeit bringen, wird es für Sie hier schwer werden. Kein Hund verkauft Ihnen mehr eine Kiste, nicht einmal eine Flasche unter der Hand.«

Wusste Bichot von seinen steuerfreien Geschäften? Martin wurde hellhörig. Hatte Gaston deswegen aufhören wollen? Vielleicht war einer ihrer heimlichen Lieferanten mit Bichot befreundet und hatte es ihm erzählt. Martin beschloss, bei der Wahl seiner Partner künftig noch vorsichtiger zu sein. Da Bichot verständlicherweise viel am Ruf von Bordeaux lag, war es sinnvoller, auf ihn zu hören oder zumindest so zu tun, sonst würde er womöglich Garenne warnen. Du gehörst nicht dazu, sagte sich Martin, also pass auf! In der Not halten die Franzosen zusammen, sie müssen miteinander auskommen, und auf einen Deutschen werden sie kaum hören.

Bichot beugte sich vor und fixierte Martin. »Falls Sie Beweise finden, kommen Sie damit am besten zu mir. Wir werden sie gemeinsam auf ihre Verwertbarkeit hin prüfen. Unternehmen Sie nichts, um Himmels willen. Sie haben hoffentlich mit niemandem darüber geredet?«

»Das wäre zu riskant.«

»Sehr gut, Monsieur Bongers, sehr gut. Schweigen Sie, zu niemandem ein Wort! Sprechen Sie auf keinen Fall mit Madame Charlotte darüber. Pflegen Sie gute Nachbarschaft, sie ist eine reizende Person, charmant, intelligent, mit weitreichenden Verbindungen, eloquent, aber Sozialistin und damit ihrer Partei verbunden. Für die wäre es ein gefundenes Fressen, der Bourgeoisie von Bordeaux die Maske vom Gesicht zu reißen. Nicht auszudenken, wenn bekannt würde, dass es eine Fälschung gibt. Das würde sich auch in Deutschland auf den Absatz unserer Weine auswirken. Es geht auch um Ihre Geschäfte. Vergessen Sie das nicht.« Der Chef von Grandville schüttelte fassungslos den Kopf, er konnte sich gar nicht beruhigen. »Garenne, ein Fälscher. Wer hätte das gedacht. Scheint in der Familie zu liegen – wie der Großvater, so der Enkel. Vielleicht überspringt das Schicksal immer eine Generation. Ein trauriger Fall. Im Grunde tut er mir leid.«

Es klopfte an der Garagentür. Charlotte trat ein. »Hoffentlich störe ich nicht. Monsieur Bichot, wir können Ihnen heute leider kein Festessen wie auf Grandville bieten, aber wir würden uns freuen, wenn Sie zum Essen blieben. Monsieur Bongers hat eine wunderbare Bouillabaisse gemacht.«

»Sehr freundlich, Madame.« Bichot stand beflissen auf. »Ich bedaure es außerordentlich, aber die Geschäfte rufen mich zurück. Ich wollte nur die Gelegenheit nutzen und kurz vorbeischauen. Ich gehe sofort.«

Das war eine klare Aufforderung an Charlotte, sie wieder allein zu lassen. Bichot küsste ihr erneut die Hand. Riecht die jetzt nach Fisch oder nach Limette?, fragte sich Martin, als Charlotte ihn über den Rücken des sich verbeugenden Bichot hinweg angrinste.

»Wir bringen das gemeinsam zu Ende, Monsier Bongers«, sagte Bichot, als die beiden Männer wieder allein waren, und legte Martin vertraulich die Hand auf den Arm. »Tun Sie nichts allein. Fragen Sie mich, kommen Sie zu mir, oder rufen Sie mich an, jederzeit. Wenn ich Ihnen irgendwie helfen kann – wir könnten Ihnen zum Beispiel einige unserer Weine langfristig kreditieren. Ich verfüge über Châteaus in allen wichtigen Appellationen, an der Rhône, im Elsass, im Burgund, an der Loire … Gut, Sie wissen Bescheid. Wir halten Kontakt.«

Beim Hinausgehen verharrte Bichot an der Tür. »Wozu diese Kamera da oben? Die gab es doch früher nicht, oder?«

»Andere Zeiten erfordern andere Maßnahmen. Nach den Ereignissen der letzten Wochen halten wir das für notwendig. Madame Latroye fühlt sich damit sicherer.«

»Ihre Nachbarin sprach von einem Einbruch gestern. Hier, in der Garage?«

Martin schloss die Eisentür ab. »Genau. Wir haben das Autokennzeichen der Einbrecher, und wir haben die Gesichter. Heute Abend hole ich die Abzüge ab.«

»Abzüge?«

»Ja, Fotos, von der Kamera hier oben.«

»Wo gibt's denn hier ein Labor, das an einem Tag Filme entwickelt?«

»In Libourne, der ortsansässige Fotograf macht das.«

»Zeigen Sie mir die Fotos. Möglicherweise kennen ich oder meine Mitarbeiter die Täter. Sicherlich Vorbereitungen für einen Einbruch. Wenn Wein gestohlen wird, dann ausschließlich von Insidern. Man muss wissen, wo man ihn absetzen kann.«

»Ich komme gern auf Ihr Angebot zurück, Monsieur Bichot. Wenn der Wein im Barrique ist, besuche ich Sie auch.«

»Es wird mir eine Freude sein. Meine Empfehlung an Madame Latroye.«

Martin sah ihn abfahren, blieb nachdenklich im Regen stehen und wusste nicht, was er von dem Mann und dem Zweck seines Besuches halten sollte.

Caroline war inzwischen mit den Kindern zurückgekehrt und trat ihm im Flur entgegen. »Uh, du bist ja klitschnass. Ich hole dir ein Handtuch. Ihr habt gekocht, Charlotte und du?«

»Hm, haben wir ...«, brummte Martin.

»Was bist du so einsilbig? Was ist los?«

»Bichot war hier. Irgendetwas stimmt nicht. Gestern kamen die Einbrecher, heute ist er hier, hat mich ausgefragt und mich geradezu beschworen, von meinem Verdacht gegenüber Garenne absolut nichts nach außen dringen zu lassen. Kungeln die beiden miteinander, oder haben sie gemeinsame Geschäfte laufen?«

»Kannst du an nichts anderes mehr denken?«

»Nicht, solange der Mord an Gaston nicht aufgeklärt ist.«

Dass Martin Angst hatte, so viel wie noch nie in seinem Leben, durfte er Caroline auf keinen Fall merken lassen. Am liebsten würde er das Haus und die Garage in eine Festung verwandeln und Caroline und die Kinder nur in Begleitschutz auf die Straße lassen. Er war erleichtert, als er das Knattern eines Motorrades hörte, obwohl es sein früherer Nebenbuhler war.

Jacques nahm den Helm ab, schüttelte sein Haar zurecht und schälte sich im Hausflur aus der schwarzen Ledermontur, eine Wasserlache auf den Fliesen hinterlassend. Er hatte den Weg von Castillon-la-Bataille auf sich genommen, war nass bis auf die Knochen, dafür aber guter Laune. »Ich habe den Führerschein wieder, außerdem muss ich sehen, wie es meinen Leuten geht.«

Der Tisch in der Küche bot allen ausreichend Platz: Daniel setzte Antoine und Bernard auseinander, dass sie heute in der Schule gelernt hatten, wie eine Dampfmaschine funktionierte. Sie hatten ein Boot aus einer Zigarrenkiste gebastelt und mit nur einem Teelicht unter einer wassergefüllten Blechdose angetrieben. Charlotte und Jacques plauderten über alte Zeiten und wer von ihren Schulfreunden bereits wieder geschieden war, und Simone beklagte sich bei ihrer Mutter über die neue Lehrerin. Zum ersten Mal seit Gastons Tod war wieder eine laute, fröhliche Runde versammelt.

Nur Martin stocherte lustlos mit dem Löffel im Teller herum. Die Suppe war zwar köstlich, aber im Moment schmeckte ihm nichts. Er fühlte sich gehetzt, sah alle fünf Minuten auf die Uhr, er brannte darauf, endlich die Bilder abzuholen.

Unvermittelt sprach Caroline ihn an: »Ich habe dummerweise vergessen, dir zu sagen, dass der Kommissar angerufen hat.«

»Grivot?«, stieß er überrascht hervor. »Wieso hast du mich nicht geholt?«

»Ich wollte nicht, dass Bichot davon erfährt und allein in der Garage bleibt. Ich soll dir ausrichten, Haut-Bourton habe vor dem Krieg der Familie Bichot gehört. Hat das was zu bedeuten?«

Martin starrte Caroline fassungslos an. »Und ob. So ein Mist! Und ich Idiot habe dem Kerl alles erzählt!« Martin schnappte nach Luft. »Ich glaube, dieser Biedermann verarscht uns nach Strich und Faden.«

Er sprang auf. »Jacques. Wir nehmen deine Maschine. Die ist schneller. Wir müssen die Abzüge holen, sofort, wenn es nicht schon zu spät ist.«

Sie kamen knapp vor Geschäftsschluss an, der Fotograf war schon im Begriff, die Rollläden vor dem Schaufenster herunterzulassen. Er ging ins Labor, holte die Bilder und legte sie nebeneinander auf den Tresen. Auf zweien der drei Fotos waren die Gesichter der Männer zu erkennen.

Beide blickten angespannt, einer in Richtung Garagentür, der andere zur Seite. Der Mann im Vordergrund hatte schwarzes Haar, tiefe Geheimratsecken und zog die Stirn kraus. Das Auffällige am zweiten Mann war sein bis zum Kinn reichender Schnurrbart. Er schien ein eher schlichtes Gemüt zu sein, was auch seine Körperhaltung ausdrückte: zurückgenommen, vorsichtig, nicht ganz überzeugt, während der vordere Mann zielstrebig auf die Garage zuging.

»Wenn sie bei Bichot arbeiten, müsstest du sie kennen.« Gespannt schob Martin Jacques die Fotos zu.

Der betrachtete sie lange, schüttelte dann den Kopf. »Nie gesehen, die Typen. Die arbeiten nicht auf Grandville.«

»Dann hat Garenne sie geschickt ...«

»Was macht dich so sicher? Bichot hat hundert und mehr Angestellte, der besitzt so viele Weingüter wie andere Leute Oberhemden, hier, in Bordeaux, und über ganz Frankreich verteilt«, sagte Jacques mit einem Naserümpfen. »Der sammelt Weinberge. Aber nur die besten.«

16

Der Lehm klebte in Klumpen an Martins Schuhen und hielt ihn am Boden. Bei jedem Schritt zwischen den Rebstöcken sank er ein und hatte unendliche Mühe, die Füße aus dem weichen Erdreich zu ziehen, um wenigstens einen Schritt voranzukommen. Er strampelte, geriet fast in Panik, der Lehm war zäh, der Morast ließ ihn nicht los. Er musste die Trauben unbedingt zu dem Anhänger bringen, den Gaston am Rand des Weinbergs geparkt hatte. Wenn er dort wäre, würde das verdammte Klingeln aufhören. Aber es klingelte weiter.

Martin wachte auf und tastete nach dem Lichtschalter. Im Licht der Nachttischlampe sah er den Grund für diesen entsetzlich anstrengenden Traum: Er war eingeschlafen, ohne die Bettdecke, die unter die Matratze geschlagen war, hervorzuziehen. Am Fußende war so wenig Platz, dass er die Füße kaum bewegen konnte.

Es klingelte von Neuem. Martin nahm sein Handy und räusperte sich. Sein »Hallo« blieb ihm im trockenen Hals stecken.

»Herr Bongers? Martin Bongers aus Frankfurt?« Die männliche Stimme hatte er nie zuvor gehört. Wer um alles in der Welt rief ihn mitten in der Nacht an?

»Walter Schreiber, Hauptkommissar, Kriminalpolizei Frankfurt. Sie haben eine Weinhandlung in der Hanauer Straße?«

»Wieso? Ist was nicht in Ordnung? Muss was Schlimmes

sein, wenn Sie um diese Zeit anrufen.« Martin sah auf seine Armbanduhr. Es war kurz vor halb fünf. Was um Himmels willen war jetzt wieder passiert? Ließ man ihn nicht mal einen oder zwei Tage verschnaufen?

»Es ist sehr unangenehm, wenn man schlechte Nachrichten überbringen muss, aber ich muss Ihnen leider mitteilen, dass es heute Nacht in Ihrer Weinhandlung gebrannt hat. Es sieht katastrophal aus, kurz gesagt. Sie müssen herkommen, so schnell es geht. Sie sind in Bordeaux?«

Martin schüttelte sich. Nein, nicht schon wieder ein Unglück, bitte, keine neue Katastrophe. Er setzte sich auf. »Wissen Sie, mein Herr, in einer Weinhandlung lagert nichts Feuergefährliches. Lassen Sie den Unfug. Ich finde solche Späße nicht witzig!«

Er drückte das Gespräch weg und ließ sich zurück in die Kissen fallen. Auf was für Ideen die Leute kamen, mitten in der Nacht! Wollte man ihn weichklopfen? Ihm wurde mulmig, zurzeit war alles denkbar. Er strampelte mit den Beinen, bis die Decke frei war, und rollte sich ein. Sollten sie ihn doch alle mal gern haben. Vom neuen Tag war nichts zu sehen, und das war gut so.

Unten im Haus läutete Carolines Telefon. Kurz darauf hörte er sie auf der Treppe. »Martin! Frau Schnor, dringend …«

Diesmal war er sofort aus dem Bett, warf den Bademantel über und rannte nach unten. Caroline sah ihm entgegen, die Sorge ins Gesicht geschrieben, und hielt ihm den Hörer hin. Er meldete sich, aber statt Frau Schnor war wieder der Mann von eben am Apparat: »Herr Bongers, bei solchen Angelegenheiten scherzen wir nicht. Falls Sie mir nicht glauben, Ihre Mitarbeiterin, Frau äh … wie? … Frau Schnor steht neben mir …«

»Dann lassen Sie mich mit ihr sprechen!«, fauchte Martin. »Sie wird ja wohl wissen, was passiert ist.«

Einen Augenblick später hörte er die vertraute Stimme,

verängstigt und aufgeregt. »Es ist wahr, Herr Bongers … es ist schrecklich.« Sie schluchzte, und es machte ihr Mühe, Worte zu finden. »Der Laden … alles ausgebrannt, die Polizei hat mich aus dem Bett geholt …«

»Ausgebrannt?« Martin stierte auf den Fußboden und versuchte, sich das Unbegreifliche vorzustellen. Sein Laden war – ausgebrannt? »Und das Lager?«, fragte er beklommen.

»Der Keller scheint unversehrt«, sagte sie mit erstickter Stimme. »Die Weine im Gewölbe sind wahrscheinlich gerettet, wenn kein Löschwasser durch die Decke kommt. Die Feuerwehr ist noch hier. Das Atelier vom Grafiker im ersten Stock ist auch verwüstet, und der Lagerraum nebenan …«, Frau Schnor schluchzte wieder, Martin wartete ungeduldig, bis sie sich beruhigt hatte, »… der Lagerraum ist beschädigt, das Löschwasser … viele Flaschen sind geplatzt, es sieht fürchterlich aus … Sie müssen kommen …« Sie konnte nicht weitersprechen.

Martin ließ den Hörer sinken. Was für ein Horror! War das wirklich wahr oder doch nur ein Traum? Er zitterte, setzte sich und zog den Bademantel fest um sich. Caroline stand fragend neben ihm. »Abgebrannt«, sagte er heiser und drückte die Lautsprechertaste des Telefons, damit Caroline mithören konnte. Aber es war Quatsch, sie verstand kein Deutsch. »Mein Laden ist abgebrannt. Hört sich an, als sei so ziemlich alles hinüber.« Am liebsten hätte er aufgelegt, sich wieder ins Bett verkrochen, die Decke über den Kopf gezogen und weitergeschlafen, aber der Kriminalbeamte gab keine Ruhe.

»Der Brand hatte eine solche Gewalt, dass wir uns fragen, was ihn verursacht hat. Was haben Sie gelagert?«

»Wein«, sagte Martin böse, »nichts als Wein, einige Obstbrände, hochprozentig, Cognac, Grappa, von allem etwas, aber nicht viel.«

»Eine Explosion jedenfalls hat stattgefunden, so viel ist sicher, und Ihre Mitarbeiterin sagt, Sie seien bedroht worden.«

»Lassen Sie Frau Schnor in Ruhe«, schnauzte Martin den Polizisten an.

»Herr Bongers, nicht in diesem Ton«, sagte der Beamte scharf. »Wir können Sie auch von der französischen Polizei vorführen lassen. Es deutet alles auf eine Explosion hin und den Einsatz von Brandbeschleunigern. Wie in solchen Fällen üblich, haben wir den Staatsschutz alarmiert. Wann sind Sie hier?«

Mit dem Wagen zu fahren war ausgeschlossen, er musste wegen des Weins so schnell wie möglich wieder zurück sein. Also blieb nur das Flugzeug. Er blickte auf die Uhr: »Wenn ich in der ersten Maschine noch einen Platz kriege, kann ich gegen elf da sein.«

Das Gespräch war beendet, und Martin schleppte sich niedergeschlagen in die Küche. Jetzt war es an Caroline, ihn zu trösten. Er stützte die Ellenbogen auf die Tischplatte und legte das Gesicht in die Hände. Lieber nichts sehen. Er wusste nicht, was er denken oder fühlen sollte. »Welches Arschloch legte eine Bombe in meinen Laden? Garenne? Der Korse, dieser Drapeau? Wenn ich das behaupte, wird man mich für verrückt halten«, hörte er sich wie von ferne zu Caroline sagen.

War er ruiniert? Sah so das Ende seines Weinhandels aus? Was war mit seiner Bibliothek, war die auch verbrannt? Wenn das Feuer sich bis ins Büro ausgebreitet hatte, waren all die in Leder gebundenen Bände hin, alte Werke über Weinbau in der Antike und im Mittelalter, Kunstwerke mit zum Teil rührend anmutenden Zeichnungen, dazu das gesamte Pressearchiv, die Arbeit von zehn Jahren. Um die Versicherungen brauchte er sich keine Sorgen zu machen, Sichel hatte wahrscheinlich alles unter Kontrolle. Doch Geld würde diesen Verlust nicht ersetzen. Konnte man nach all dem, was geschehen war, einfach wieder neu anfangen? Wollte er das überhaupt?

Während Caroline schweigend Kaffee machte, sah er erneut auf die Uhr. Es war viel zu früh, um Grivot anzurufen, wozu auch? Hilfe war von ihm nicht zu erwarten.

Martin trat ans Fenster. Regen, in der Ferne die Lichter von Saint-Émilion. Hinter ihm auf der Stuhllehne die Jacke mit dem Revolver! Nein, das war kein Traum mehr.

Auf dem Weg zum Flughafen – Martin hatte einen Platz in der Neun-Uhr-Maschine nach Orleans mit Anschluss nach Frankfurt ergattert – rief er den Wirt des Bistro an und bat ihn, nachdem er ihm im Telegrammstil seine Lage erklärt hatte, Jacques ausfindig zu machen.

Der Patrón sperrte sich. Es sei nahezu unmöglich, Jacques bei irgendeiner seiner Freundinnen aufzutreiben, außerdem würde er sowieso keinen Weinkeller freiwillig betreten. Martin drängte. Schließlich gab sich der Patrón geschlagen.

Martin umriss kurz die anstehenden Arbeiten, das Umfüllen, den biologischen Säureabbau und wo Bakterienkulturen zu bekommen waren, aber davon wollte der Patrón nichts hören. Ihn interessierte etwas anderes: »Bist du versichert, gegen Feuer?«

»Gegen Feuer ja, aber kaum gegen Bombenanschläge.«

»Eine Bombe? Von wem?«

»Keine Ahnung. Aber das kriegen wir raus, und dann wird es ihm leidtun.« Er dankte dem Patrón, entschuldigte sich noch einmal, dass er ihn so früh aus dem Bett geholt hatte, und steckte das Handy in die Tasche. Dabei berührte er den Revolver und erschrak. Er hatte ihn gewohnheitsmäßig eingesteckt. Wie gut, dass er es noch rechtzeitig bemerkt hatte, am Flughafen wäre es zu spät gewesen. Er legte ihn ins Handschuhfach.

Nachdem er den Wagen im Parkhaus abgestellt hatte, lief Martin hinüber zum Terminal. Er versuchte, seine Gedanken einigermaßen zu sortieren und Überlegungen von Gefühlen zu trennen. In sich spürte er etwas, das er nur als Vergeltungsdrang oder Rachsucht beschreiben konnte. Wenn er doch nur wüsste, wer sein Feind war.

Er ertappte sich bei der Vorstellung, dass Garenne in einem Gärbottich unterging, eine Hand im Todeskampf aus dem Tresterhut gereckt. Nein, zu melodramatisch. Im Stillen musste er Grivot recht geben: Bislang hatte er keinen Beweis, dass Garenne der Drahtzieher war. Jetzt war auch noch Bichot in den Kreis der Verdächtigen getreten. Der Landedelmann hatte gelogen. Denn er war es gewesen, der Gaston den Haut-Bourton gegeben hatte. Was konnten die Kürzel in Gastons Kladde anderes bedeuten?

Verdammt. Wer würde Grivot die Fotos der Einbrecher bringen? Sie steckten in einem Umschlag, in der Innentasche seiner Regenjacke. Er könnte Charlotte darum bitten. War das zu viel verlangt? Wenn sie es nicht tat, würde es sich ewig hinziehen, bis man wusste, ob Fahrzeughalter und Gesicht auf dem Foto übereinstimmten. Und wenn der Wagen gestohlen war? Hoffentlich hatte Sichel endlich etwas über Garennes Geschäftsverbindungen herausgefunden.

Niedergeschlagen ging Martin zum Abflug. Ihm war hundeelend. Was würde ihn am Ende des Fluges erwarten? Nur Trümmer.

Es roch nach Rauch, nasser Asche und verbranntem Holz, nach Wein und verkohlter Pappe. Es stank nach Plastik und Mörtel. Martin hob das rot-weiß gestreifte Band der Absperrung an, das den Torweg versperrte, duckte sich darunter hindurch und ließ den Blick über seinen Hof streichen. Ein Kombi der Feuerwehr stand dort, die Brandwache war also noch nicht abgezogen worden. Der Feuerwehrmann kam auf ihn zu. Martin trat ans Schaufenster seines ehemaligen Geschäfts. Einzelne Splitter hingen noch im Rahmen.

Er hatte viele Bilder von Häusern gesehen, die das Feuer zerstört hatte. Eigentlich waren solche Aufnahmen fast täglich auf jedem x-beliebigen Fernsehsender zu sehen, überall auf der Welt. Aber das hier betraf sein eigenes Leben.

Asche bedeckte den Boden, die alte lackierte Holztheke war verkohlt. Regale waren eingestürzt und verrußt, Scherben und feinste Splitter lagen überall, Glas, wohin er blickte, Flaschenhälse und -böden, geborstene Karaffen, geschmolzen, ausgeglüht …

»Bitte verlassen Sie die Brandstelle!«, sagte der Feuerwehrmann, »Einsturzgefahr«, und wollte Martin zum Tor dirigieren.

»Das ist mein … das war mein Laden, das hat alles mal mir gehört«, sagte Martin und wies auf das Chaos. Das Entsetzen war ihm ins Gesicht geschrieben.

»Das tut mir leid«, sagte der Feuerwehrmann und trat beiseite.

Wie oft sagt er diese Worte, fragte sich Martin und betrat sein Büro. Dort sah es nicht viel anders aus als vorn im Laden. Aktenordner waren angeschmort, kaum einer stand mehr im Regal, kaum ein Buch, das noch lesbar war, alles war verbrannt, zerfetzt, verkohlt oder vom Löschwasser aufgeweicht. Die Computer waren Cyberschrott, aber wenn Frau Schnor sich an seine Anweisungen gehalten hatte, was zu vermuten war, dann waren alle Daten gesichert. Doch wie würden die Betriebsprüfer reagieren, wenn sämtliche Belege und Zollerklärungen vernichtet waren? Würden sie annehmen, dass er selbst zu dieser uralten und weit verbreiteten Methode gegriffen hatte, um Beweismittel zu vernichten?

Im Schutt sah er das Foto von Gastons und Carolines Haus mit dem Weinberg, oder besser das, was davon noch übrig war: Das Glas war zerbrochen, der Rahmen gesplittert, das Bild angeschmort. Ich bringe ihn um, dachte Martin hasserfüllt, ich bringe Garenne um und den Korsen auch, und die Tränen, die ihm nun übers Gesicht liefen, waren Tränen der Wut. Er zerschlug den Rahmen vollends und nahm das Foto an sich.

Die wertvollen Weine im Keller waren nahezu unversehrt. Im Teppichgeschäft gegenüber half man mit Plastikfolie aus, um die Kisten vor dem tropfenden Löschwasser zu schützen. Als er alles mithilfe des Feuerwehrmannes abgedeckt hatte, traf Frau Schnor ein. Sie sah grau aus, müde und verweint. Martin hätte nie vermutet, dass sein Laden mehr als ein Broterwerb für sie gewesen war.

Als Nächstes erschien die Polizei. Der Leichen- und Brandsachbearbeiter, so die offizielle Bezeichnung von Kommissar Walter Schreiber, hatte einen Beamten vom Staatsschutz mitgebracht, einen kleinen, unscheinbaren Kerl mit Halbglatze, Nikotinfingern und einem aschfarbenen Schnurrbart. Der Mann war so nichtssagend, dass ihn Martin eher im Gartenbauamt als beim Staatsschutz vermutet hätte.

Mit einer unangenehm quäkenden Stimme wandte sich der Beamte an Martin. »Allein der Augenschein lässt uns annehmen, dass eine Bombe den Brand auslöste. Dazu wurden noch Brandbeschleuniger verwendet, wahrscheinlich von der Bombe gezündet. Ihre Spirituosen haben das Feuer weiter entfacht. Wir haben da bereits einiges sichergestellt. Ach, wie ich sehe, haben Sie hier rumgetrampelt. Unterlassen Sie das. Haben Sie irgendwelche politischen Verbindungen?«

»Davon halte ich nichts.«

»Das habe ich nicht gefragt«, erwiderte der Beamte emotionslos. So ein Typ hätte wahrscheinlich auch bei der Stasi sein Auskommen gefunden. »Ob Sie Verbindungen zu politischen Organisationen haben, habe ich gefragt!«

»Was soll der Unsinn?«, fragte Martin wütend, und die Worte sprudelten aus ihm hervor: »Sie reden in einem Ton mit mir, als sei ich der Bombenleger. Nachdem ich neulich zusammengeschlagen wurde, haben Ihre Kollegen auch nicht weiter ermittelt. Und als ich ihnen gesagt habe, worum es sich handelt, haben sie mich gefragt, ob ich getrunken habe.«

»So kommen wir nicht weiter. Wie ich sehe, haben Sie erhebliche Vorurteile gegenüber den ermittelnden Behörden und dem Staat …«

»Ich weiß, wer das hier angezündet hat, aber das interessiert Sie anscheinend einen Dreck. Der Täter heißt Drapeau, wohnt in Bordeaux und ist Geschäftsführer von Château Clairmont in Côtes de Bourg, falls Sie wissen, wo das liegt.« Bei den letzten Worten war Martin laut geworden.

Frau Schnor schob sich dazwischen. »Herr Bongers, die Herren wollen nur helfen …«

»Nein, Frau Schnor. Der Dumme bin wieder ich. Mein Freund wird umgebracht, ich werde verprügelt, bei Caroline wird zweimal eingebrochen, ihr wird eine ungeheure Menge Schwarzgeld von einem Banker geboten, wenn sie verkauft, und hier wird mein Geschäft in die Luft gesprengt, meine Existenz vernichtet. Und sie fragen mich, ob ich politische Kontakte habe! Sind die noch zu retten? Was muss noch passieren, he? Ich sage nichts mehr, kein Wort – ohne Anwalt.« Martin drehte sich um.

In diesem Moment trat Sichel durch den Torbogen und ließ seinen Blick über den Ort der Katastrophe schweifen. Entsetzt presste er die Lippen zusammen, dann ging er langsam auf Martin zu und umarmte ihn. Das hatte er nie zuvor getan.

»Tut mir wirklich leid für dich, mein Junge, aber ich habe es dir prophezeit«, flüsterte er. »Mann, du zitterst ja. Komm, beruhige dich. Bist du wütend? Verständlich.«

Sichel zog Martin in eine Ecke des Hofes, wo sie sich auf die gemauerte Einfriedung einer Platane setzten. »Dabei hast du verdammtes Glück gehabt«, sagte er leise und sah sich um, ob ihn jemand hören konnte. »Ich habe nach unserem Gespräch alle Verträge geändert, Versicherung der Betriebsräume, Warenlager, Einrichtung, Ausfall der betrieblichen Tätigkeit. Wenn alles glattgeht, bist du ein reicher Mann. Du kriegst mehr, als wenn du den Laden inklusive Lager verkauft hättest.«

»Schönen Dank, du Hellseher, aber ich will an diesem Verbrechen nicht verdienen.«

»Halt die Luft an, du Moralist. Bei den schwarzen Geschäften hast du nie Skrupel gehabt. Willst du gewinnen oder verlieren? Ich habe Neuigkeiten aus London und Singapur. Die Verbindungen laufen auf den Cayman Islands zusammen, bei der BFC, der Bank for the Carribbean, ein Off-Shore-Institut. Dein Garenne ist Teilhaber einer Holding, die noch über drei andere Stufen geht, nicht ungeschickt eingefädelt. Der Importeur in Singapur gehört auch zum Verein, verkauft über Grossisten und Fachhandel, das Netz reicht bis nach Südkorea und China. Hier, ich habe es notiert.« Unauffällig drückte er Martin ein Organigramm in die Hand. »Außerdem scheint es unserem Freund Garenne finanziell nicht besonders gut zu gehen. Er hat zumindest das Inkasso für Deutschland einer Factoring Bank übergeben. Die kontrolliert die Geldeingänge. Das tut man immer dann …«

»Ich weiß«, unterbrach ihn Martin, »bei extremer Verschuldung, Krediten, Hypotheken und so weiter.«

»Richtig. Wie das in Frankreich und Großbritannien ist, wissen wir noch nicht.«

»Was heißt ›wir‹?«

»Du darfst gern alles essen, aber nicht alles wissen, okay? Geschäftsfreunde eben. Und dann ist bei mir im Büro ein Paket für dich angekommen. Ich habe es aufgemacht. Es wird dir gefallen.« Sichel betrachtete nachdenklich die Ruine des Ladens. »Wenn ich mir das so ansehe, dann ist das keine Maßnahme gegen dich, sie schadet dir nicht wirklich. Bitte, versteh mich nicht falsch«, sagte er rasch, als er Martins fassungslosen Gesichtsausdruck bemerkte. »Das war nicht dein Lebenswerk, sondern was zum Geldverdienen. Für mich erhebt sich die Frage, was dahintersteckt. Was hast du gemacht, als du von dem Brand gehört hast?«

»Ich bin sofort gekommen.« Martin brauchte einen Moment, bis bei ihm der Groschen fiel. »Mensch, Sichel! Genau! Wahrscheinlich war es das, was sie wollten.«

»Das denke ich auch. Und während du hier bist, läuft in

Bordeaux das Ding. Du hast beobachtet, dass sie Kisten mit einem anderen Jahrgang bedruckt haben? Das wird es sein. Kapiert?«

»Ich könnte die letzte Maschine kriegen …«

»Was hindert dich?«, fragte Sichel und grinste. »Wenn du Geld brauchst … hast du eine …?«

»Inzwischen ja, mit sechs Schuss.« Martin stand auf, seine Lebensgeister kehrten zurück. Er begriff, dass jetzt alles auf eine Entscheidung hinauslief. Schlimm wäre nur, wenn Caroline und den Kindern etwas zustieße.

»Viel Glück«, raunte Sichel, als er den Mann vom Staatsschutz bemerkte, der sich ihnen von hinten genähert hatte.

»Sie halten sich zu unserer Verfügung, Herr Bongers!«, befahl er. Martin erinnerte sich nicht an seinen Namen, oder hatte er sich nicht vorgestellt? »Bleiben Sie auf jeden Fall in Frankfurt. Heute brauchen wir Sie nicht, aber morgen haben Sie sich hoffentlich so weit beruhigt, dass man sich mit Ihnen unterhalten kann.«

»Selbstverständlich«, antwortete Martin mit einem Vertrauen schaffenden Lächeln und wünschte, dass er dem Mann, der ihm zutiefst unsympathisch war, möglichst nie wieder begegnete. Der kann mich mal, dachte er und ging zu Frau Schnor, die er in seine Reisepläne einweihte. Er verpflichtete sie zum Schweigen. »Nur Sie und Sichel wissen, wo ich bin. Zu keinem Menschen ein Wort! Sie wissen von nichts, haben mich nicht gesehen. Und wenn es Sie beruhigt, Ihr Gehalt läuft weiter.«

Frau Schnor war am Ende ihrer Kräfte. Was hier und gleichzeitig in Bordeaux geschah, überstieg ihr Fassungsvermögen. Sie nickte ergeben.

Bei Air France bekam Martin noch einen Flug über Paris mit Anschluss nach Bordeaux. Er bestellte ein Taxi und holte die Reisetasche, die er an der Tür des ausgebrannten Ladens hatte stehen lassen. Sein letzter Blick galt der Ruine. Es war ein Abschied von den letzten zehn Jahren seines Lebens. Damit es weitergehen konnte, musste er jetzt etwas anderes erledigen.

In gebrochenem Deutsch und mit französischem Akzent nannte er dem Taxifahrer Sichels Büro als Ziel, wusch sich dort, wischte die Asche von den Schuhen und bürstete notdürftig die Flecken vom Anzug. Mit der Kiste Haut-Bourton aus Singapur, die Sichel entgegengenommen hatte, ließ er sich zum Flughafen fahren. Unterwegs rief er Charlotte an. Auch sie hatte Neuigkeiten.

»Gewisse Verbindungen zur Politik können hilfreich sein, Martin. Eine Freundin von mir kennt einen Mann bei Gericht. Der hat einen Blick in die Akten von 1943 im Fall Garenne geworfen und bestätigt, was Grivot gesagt hat: Haut-Bourton gehörte früher dem Großvater von Bichot, einem begnadeten Winzer. Aber er war auch ein Spieler und hat das Château mit allem Inventar bei irgendeinem Kartenspiel an den alten Garenne verloren. Wird ihm nicht allzu wehgetan haben, es war nur eins von zehn, aber ein Filetstück. Und als Großvater Garenne den gefälschten Wein an die Wehrmacht verkauft hat, hat Großvater Bichot ihn verraten, nicht der faschistische Franzose, wie sie behauptet haben. Der alte Bichot wird darauf spekuliert haben, dass sie ihm für den Verrat sein Gut zurückgeben. Haben sie aber nicht getan. Nur wie das jetzt mit den aktuellen Ereignissen zusammenhängt, ist mir nicht klar. Alles im Leben wiederholt sich irgendwie.«

Jedes Mal, wenn Martin mit Charlotte telefonierte, war er befangen. Außerdem war das Thema nicht dazu angetan, ihr etwas Nettes zu sagen, zum Beispiel, dass er sich darauf freute, sie vielleicht am Abend wiederzusehen. Also begegnete er ihr notgedrungen auf der sachlichen Ebene. »Kann man rausbekommen, mit welcher Bank Bichot zusammenarbeitet?«

»Sieh an, auf einmal scheinst du meine Hilfe zu schätzen.«

Martin gab sich einen Ruck. »Sehen wir uns heute Abend?«,

fragte er übergangslos. Er suchte nach einem Halt, jetzt, da sein Laden abgebrannt war und er sich auch in seiner Wohnung nicht mehr sicher fühlte.

Knapp vier Stunden später landete seine Maschine planmäßig in Bordeaux. Im Wagen nahm Martin zuerst die Waffe aus dem Handschuhfach. Mit ihr in der Tasche fühlte er sich dem gewachsen, was auf ihn zukommen würde, obwohl er keine Ahnung hatte, was es sein konnte. Wenn sie ihn weggelockt hatten, um ungestört den 1990er Jahrgang abzufüllen, dann könnte er sie in flagranti erwischen, Grivot verständigen, und die Sache wäre ausgestanden. Aber würde der Kommissar sich darauf einlassen?

Der Sicherheitsdienst in Saint-Émilion war auf seinem Posten, mit den Kindern und Caroline alles in Ordnung. Fürs Erste war Martin beruhigt. Jacques sei da gewesen, erzählte Caroline, hilfsbereit und keineswegs mürrisch; sie habe ihm den Zettel mit den Hinweisen gegeben. Morgen wolle er den Wein von der Maische nehmen, Jérôme werde natürlich helfen.

»Am besten machen wir das morgen früh zu zweit.«

»Wenn du nicht zu müde bist. Charlotte erwartet dich«, sagte Caroline abschließend. »Sie hat Informationen über Bichots Bankverbindungen.«

Carolines Lächeln brachte diskret zum Ausdruck, dass es Charlotte wohl nicht nur um finanzielle Verbindungen ging.

Martin hatte noch immer den ausgebrannten Laden vor Augen und den Brandgeruch in der Nase. Er fühlte sich schmutzig. Ein heißes Bad brachte Entspannung, und das Lavendelöl im Badewasser reinigte auch die Nase. Er rasierte sich gründlich und zog sich sorgfältig an, zu der hellen Flanellhose passten sein weich fallendes weißes Hemd und die schwarze Weste, die er lange nicht getragen hatte. Die dicke Wetterjacke darüber und die Stiefeletten mussten sein, es konnte jeden Augenblick wieder regnen.

Dass er schnell gegangen war, wurde ihm erst bewusst, als er außer Atem drüben ankam. Er klopfte laut. Charlotte öffnete, sie sah wunderbar aus. Sie trug das Haar hochgesteckt, wie an jenem Abend auf Grandville, einen weiten cremefarbenen Seidenpullover mit rundem Halsausschnitt, der ihre Schultern freiließ und diesen wunderbaren Nacken betonte. Obwohl die Hose im dezenten, blassen Grün der Blätter von Herbstastern nicht eng geschnitten war, unterstrich sie Charlottes Figur. Martin war hingerissen.

Zögernd begrüßten sich beide. Sie trat zurück, er machte einen Schritt in den Flur, als er sich von ihrem Anblick losgerissen hatte, und sah sich suchend um.

Charlotte las seine Gedanken. »Sie sind übers Wochenende nach Bordeaux, in die Stadt, zu meiner Tante.« Sie wurde rot wie ein junges Mädchen, wich zurück zur Küchentür und stieß sie auf. Drinnen war der Tisch gedeckt, Champagnergläser standen neben den Gedecken, nur die Kerzen brannten noch nicht.

»Willst du mich verführen?«, fragte Martin mit trockenem Mund, forsch seine Unsicherheit überspielend, und wunderte sich, dass sein Herz bis zum Hals klopfte.

»Ja«, sagte Charlotte einfach und blickte ihn offen an.

»Dann tu es.« Martin ging auf sie zu, fasste sie an den Schultern und sah ihr in die Augen, die viel brauner waren als sonst. Kurz bevor ihm die Knie wirklich weich wurden, nahm er ihren Kopf in die Hände, sah ihren Mund auf sich zukommen, spürte ihren warmen Duft, eine sommerliche Wiese, um sich hineinfallen zu lassen.

»Vor oder nach dem Diner?«, hauchte Charlotte schmunzelnd, als sie sich von ihm löste.

Als Martin in der Frühe ans Fenster trat, lagen feuchte graue Schleier über den Hügeln. Die Wolken hatten sich auf den Boden gesenkt, die Sicht tendierte gegen null. Eigentlich ein Tag, um im Bett zu bleiben. Er drehte sich um, sah Charlotte in die Laken eingewickelt, betrachtete sie wehmütig und wäre gern zu ihrem warmen, weichen Körper zurückgekehrt, aber Jacques würde jeden Moment kommen. Leise zog er sich an.

»Bemüh dich nicht«, sagte Charlotte, die ihn heimlich beobachtet hatte. »Auf dem Land muss man eben früh raus. Ich mache dir Kaffee.«

»Wieso hast du eigentlich Zeit?« Martin ging zurück zum Bett, setzte sich auf die Bettkante und strich ihr verliebt übers Haar.

»Blaumachen nennt man das bei euch, nicht wahr?«

»Eine ganze Woche?« Dass sie seinetwegen geblieben war, konnte er sich nicht vorstellen.

Jacques verspätete sich natürlich. Die Dame sei so nett gewesen, dass er unmöglich früher hätte aufstehen können. Martin drängelte, und sie arbeiteten konzentriert. Der Wein wurde umgefüllt, die Maische mit äußerster Vorsicht abgepresst, und gemeinsam fanden sie nach vielen Versuchen die richtige Mischung zwischen Vorlaufwein und dem an Gerbsäure und Farbstoff reichen Presswein.

Das Schwierige war, dass sie heute Entscheidungen treffen mussten, deren Auswirkungen erst in ein bis zwei Jahren spürbar sein würden und dann nicht mehr korrigierbar wären. Mit zunehmender Reife des Weins würde sein pH-Wert ansteigen, zumal Martin ihn ungefiltert abfüllen wollte, so wie es Gaston getan hatte. Deshalb war eine zweite Schwefelung nötig, wenn auch mit äußerster Vorsicht. Aber das hatte Zeit bis zum Umfüllen ins Barrique.

Nach getaner Arbeit kletterte Jacques zum Kartenspielen in den Campingwagen.

Martin fuhr nach Saint-Émilion, wo er eine kleine Kamera und eine Taschenlampe kaufte. Beides würde er heute Nacht brauchen.

17

Ein Schauer ging nieder, und vom Atlantik rasten die Böen des ersten Herbststurms heran, als er zum Wagen lief. Die Nacht war ideal für sein Vorhaben. In der Jackentasche schlug der Revolver schwer gegen seine Hüfte. Nie und nimmer würde er auf jemanden schießen, das war ihm klar. Aber das Ding machte Krach, andere ließen sich damit auf Abstand halten, er konnte sich zurückziehen, falls man ihn entdeckte. Er hatte an alles gedacht.

Kurz vor Castillon-la-Bataille kamen ihm jedoch Bedenken, und er stoppte am Straßengraben, um Grivot anzurufen. Wenn die Bande tatsächlich den neuen Jahrgang abfüllte, konnte er sie direkt einsacken. Grivot wusste auch noch nichts von der Zerstörung seines Ladens. Aber der Kommissar war wie üblich unterwegs. Frustriert hinterließ Martin eine Nachricht.

Er stellte den Wagen in dem Wäldchen ab, in dem er ihn auch beim ersten Besuch von Moulin gelassen hatte, und ging zu Fuß weiter. Der Mond zeigte sich kurz zwischen den Wolken, in seinem kalten weißen Licht warfen die Rebzeilen Schatten, an denen Martin sich orientieren konnte. Als er näher kam, bemerkte er Lichtschein auf Moulin de la Vaux. Also wurde gearbeitet, seine Vermutung war richtig. Außer ihm war noch jemand dorthin unterwegs, tastend bewegten sich die Scheinwerfer eines Autos auf die Kellerei zu.

Kaum verdeckten die Wolken den Mond, lag tiefe Finsternis wie eine Glocke über dem Land. Zügiges Vorwärtskommen war unmöglich. Die Erde zwischen den Feldern und Rebflächen war schlammig, Martin hatte sofort nasse Schuhe, an den Sohlen klebte der Lehm wie in seinem Traum. Kein Wunder, dass der Wein von diesen Flächen nicht besonders gut ausfiel, Rebstöcke liebten durchlässigen Boden und keine Staunässe so wie hier. Und dann ging der nächste Schauer nieder. Wahnsinn, in dieser Finsternis, die sich beinahe schneiden ließ, hier draußen herumzuirren, dachte er und erinnerte sich an den sommerlichen Duft in Charlottes Haar. Jetzt in ihren Armen liegen! Doch in diesem Augenblick musste er genau das tun, was andere, die ihn tausend Kilometer entfernt vermuteten, eben nicht erwarteten.

Als er den Anbau hinter der Kellerei erreichte, blieb er aufatmend stehen. Er hörte Stimmen, vernahm das typische helle Klirren leerer Flaschen, die aneinanderstießen. Demnach war die Abfüllanlage in Betrieb. Also doch der 1990er?

Martin betrat den Schuppen und legte den Regenumhang ab, trocknete sich das Gesicht mit seinem Hemd und kratzte mit einem Holzstück den Lehm von den Schuhen. Auf demselben Weg wie beim letzten Mal gelangte er in die erste Halle. Die Deckenbeleuchtung brannte, doch niemand arbeitete hier. Trotzdem bewegte Martin sich leise und vorsichtig hinter den Gärtanks auf die Tür zum Hof zu. Quietschte sie? Martin drückte behutsam dagegen, sie knarrte. Glücklicherweise waren das Klirren und Scheppern der Abfüllanlage lauter. Er fand einen Holzkeil und hielt damit die Tür für den Rückweg offen.

Der Auflieger des Sattelschleppers mit der Abfüllanlage stand vor der gegenüberliegenden Halle. Die Seitenwände waren aufgeklappt, aber was dort genau geschah, ließ sich wegen der seitlich herunterhängenden Regenplanen nicht erkennen. Dahinter bewegten sich Arbeiter wie Scherenschnitte im chinesischen Theater, betätigten Hebel, Flaschen bewegten sich auf dem Förderband, Greifarme packten sie, und jemand reichte Kisten nach unten. Wo kam der Wein her, der dort oben abgefüllt wurde? Martin entdeckte den Schlauch, der aus der Halle zur Abfüllmaschine führte, sah seine pulsierenden Bewegungen. Ihm musste er folgen.

Rechts im Hof – der Tresterhaufen war abgefahren worden – stand zwischen anderen Fahrzeugen der alte Toyota, mit dem sie auf Haut-Bourton herumkutschiert waren. Demnach war entweder Garenne hier oder der Korse. Oder beide? Wer war gefährlicher? Das Hirn, das alles ersann, oder die Hand, die es ausführte? Egal, darüber konnte er sich später Gedanken machen. Ein neuer Wolkenbruch ging nieder, und während die Arbeiter sich unterstellten, rannte Martin über den Hof und kroch unter den Sattelschlepper. Neben der Hinterachse lagen Bretter von zu Bruch gegangenen Kisten: ›Haut-Bourton 1990‹ war fein säuberlich aufs Holz gedruckt, aber nicht geprägt. Na bitte! Einen deutlicheren Beweis für eine weitere Fälschung konnte es nicht geben.

Plötzlich packte Martin ein wahnsinniger Schmerz im Bein. Der Wadenkrampf war so heftig, dass die Fußspitze wie mit Gewalt nach unten gezogen wurde. Er wollte sich aufrichten und stieß sich den Kopf. Mit zusammengebissenen Zähnen streckte er immer wieder das Bein, bis der Krampf sich löste. Dann wartete er keuchend und zusammengekrümmt auf das Ende des Schauers.

Das Rauschen wurde leiser, er meinte, in der zweiten Halle Garennes Stimme zu hören. Im Schlauch pulsierte der Wein wieder wie Blut in den Arterien, das Klirren der Flaschen wurde lauter. Martin prägte sich den Rückweg über den Hof ein, Schritt für Schritt, jede Ecke. Hier würde ihn niemand schonen oder gar raushauen. War nicht auch Gaston allein gewesen, so wie er jetzt? Im Gegensatz zu Gaston besaß er jedoch einen Revolver und kannte das Risiko. Er fürchtete, ihn benutzen zu müssen, andererseits gab er ihm ein unerhörtes Gefühl von Macht. Und er hatte die Überraschung auf seiner Seite.

Als die Tür zur Halle einen Augenblick offen stand und niemand in Sicht war, schlüpfte Martin hinein und kauerte sich hinter eine Palette mit zugenagelten Weinkisten. Wie bei LaCroix zeigte die Aufschrift mit dem Wappen nach innen. Erst jetzt, im hellen Licht der Halle, sah er die Arbeiter: ausschließlich Nordafrikaner, nicht sehr groß, scharf geschnittene Gesichter mit dunklen Augen unter schwarzen Brauen. Von dem, was sie sprachen, verstand er kein Wort. Alles fügt sich, dachte er, als er einen der Männer von LaCroix wiedererkannte. Anscheinend lieh sich Garenne dort seine Hilfskräfte.

Die Männer arbeiteten schnell, niemand achtete auf die Umgebung. Leere Kisten wurden gebracht, Flaschen in Rollcontainern quer durch die Halle geschoben, volle Kisten mit Drucklufttackern zugenagelt und gestapelt, einer kontrollierte den Schlauch, der aus dem Treppenschacht heraufkam. Der Schlauch konnte nur aus den versteckten Tanks kommen. Dorthin musste Martin, um jeden Preis.

Der Arbeiter, der im Keller neben dem Schlauch stand, wurde gerufen und kam herauf. Martin verließ sein Versteck, huschte die Stufen hinunter und hockte sich unter die Treppe. Links von ihm waren die unterirdischen Tanks, schräg davor standen Rollcontainer, die Tür zum Lastenaufzug rechts war offen. Gegenüber stand eine halb von einer Plane verdeckte technische Anlage. Es konnte ein Vakuumverdampfer sein, die großen Zylinder und Rohrleitungen ließen das vermuten. Falls sich keine Möglichkeit für den Rückzug ergab, konnte er sich hier für den Rest der Nacht verstecken, dunkle Ecken gab's genug.

Der Schlauch führte zu einem Tank in der Wand. Die Klappe, durch die der Trester herausgeholt wurde und durch die man hineingelangte, stand offen, was bedeutete, dass in oder hinter dem Tank noch ein zweiter war, der über dasselbe Ventil angezapft wurde. Martin vermutete, dass man die Tanks später getrennt hatte. Eigentlich ganz simpel, wie ein doppelter Boden in einem Koffer. So ließ sich ein Achtzigtausend-Liter-Tank in zwei von je vierzigtausend Litern unterteilen. Man brauchte lediglich Bauarbeiter und Installateure, die den Mund hielten. Illegal ins Land gekommene Algerier, erpressbar und der Sprache nicht mächtig, waren geradezu ideal. Jetzt musste er nur noch die Aufnahmen machen – nur noch! – und dann nichts wie raus hier und Grivot anrufen. Er war einen gewaltigen Schritt vorangekommen.

Langsam schlich er zu einem Rollcontainer und zog ihn als Schild zentimeterweise neben sich her bis kurz vor den Tank, an den der Schlauch angeschlossen war. Hier unten war es sehr hell, außerdem flackerten die Neonröhren, sodass ein Blitzlicht nicht besonders auffallen würde. Martin machte das erste Foto und wartete. Er machte ein zweites, wurde mutiger, verließ das Versteck und suchte eine neue, seitliche Perspektive. Er robbte in den Tank und nahm die Rohrleitung auf, die zu dem versteckten Tank führte. Wenn das kein Grund für eine Hausdurchsuchung war! Zumindest Zoll und Finanzverwaltung würden sich freuen.

Lautlos kroch er zurück und schlüpfte hinter den Container, gerade noch rechtzeitig, denn ein Arbeiter kam herunter und blieb stehen. Martin verharrte stocksteif und atmete unhörbar. Nach einer endlosen Minute entfernte sich der Mann. Schwein gehabt, dachte Martin und fing an, den Rollcontainer zurück in Richtung Treppe zu schieben. Da blockierte eines der kleinen Räder. Er stemmte sich dagegen, vergebens. Der Rollcontainer neigte sich, bewegte sich aber keinen Zentimeter vorwärts, stattdessen klirrten die Flaschen. Sie würden den Lärm hören, verfluchter Dreck, jetzt war alles aus! Martin wagte nicht mehr zu atmen. Doch nichts geschah. Gott sei Dank. In diesem Moment kam der Arbeiter zurück – und Martins Handy klingelte.

Das war das Ende. Martin nahm das Handy aus der Tasche und drückte auf ›Annahme‹. Dann steckte er das Handy weg und zog den Revolver, entsicherte ihn und spannte den

Abzug. Seine Hand zitterte nicht, als er aus dem Schatten trat.

Der Nordafrikaner riss erschrocken die Augen auf und wich angsterfüllt zurück, rief etwas in einer kehligen Sprache und ging rückwärts die Treppe hinauf. Oben erschienen drei weitere Arbeiter, zwei mit Schraubenschlüsseln, der dritte hielt eine kurze Eisenstange umklammert. Martin zweifelte nicht, dass sie ihre Prügel benützen würden, wenn der Revolver nicht gewesen wäre.

Garenne erschien und blickte herunter. »Sag ihnen, sie sollen Platz machen«, sagte er zu jemandem, der außerhalb von Martins Blickfeld stand. Doch als dieser Mann laute Anweisungen gab, erkannte Martin dessen Stimme sofort: Es war der Lagerleiter von LaCroix.

Der beugte sich über das Geländer und winkte ihm hämisch zu. »Ich wollte ihn damals gleich abservieren, aber dieser Kommissar Grivot ist dazwischengekommen«, sagte der Lagerleiter selbstgefällig zu Garenne.

»Grivot – ein Kommissar? Etwa so ein Kleiner, mit Brille? Du hast wohl nur Scheiße im Kopf! Du Vollidiot, wieso hast du mir das nicht gesagt? Bin ich nur von Trotteln umgeben? Der *boche* führt mich vor, und ich zeige einem Polizisten mein Château? Das reicht!« Garenne beugte sich weit übers Geländer. »Komm rauf, Bongers! Dein Auftritt in Bordeaux ist beendet. Ich weiß, du hast 'ne Pistole. Ich habe auch eine!«

Er blufft, dachte Martin und wusste doch, dass es um sein Leben ging. Er durfte sich keinen Fehler erlauben, nicht die kleinste Unsicherheit zeigen, sonst war er tot. Sie würden ihn umbringen, wenn nicht hier, dann woanders. Was hatten Sichel und er ausgerechnet? Vier oder fünf Millionen Euro, die in dieser Nacht mit dem neuen Jahrgang verdoppelt wurden.

Martin bedeutete den Arbeitern, die Treppe freizugeben. Der Revolver in seiner Hand sprach eine Sprache, die sie verstanden, und die Männer zogen sich zurück. Auf das Geländer gestützt, sahen Garenne und der Lagerleiter Martin entgegen, als betrachteten sie einen Fisch in einem großen Becken. Langsam stieg er Stufe für Stufe hinauf, die Waffe auf Garenne gerichtet, ihn nicht eine Sekunde lang aus den Augen lassend.

Der erwiderte seinen Blick ungerührt. Die auf seinen Bauch gerichtete Pistole beeindruckte ihn anscheinend wenig. »Sie schießen sowieso nicht. Sie sind ziemlich weit gekommen, Martin, weiter als Ihr verstorbener Freund, meine Hochachtung. Aber das nützt Ihnen nun auch nichts mehr. Wieso befassen Sie sich mit Sachen, die Sie nichts angehen? Kein Hahn wird nach Ihnen krähen, Sie sind so gut wie tot.«

Das war er keineswegs. Wenn Garenne eine Waffe gehabt hätte, hätte er sie längst benutzt. Oder hinderte ihn die Anwesenheit so vieler Zeugen? Martins Sinne waren bis zum Äußersten gespannt, keine Bewegung durfte ihm entgehen. Das Wichtigste war, sich den Rücken freizuhalten.

»Sagen Sie den Männern, sie sollen die Werkzeuge fallen lassen. Und dahinten fummelt einer mit ’nem Messer rum. Lass das fallen!«, schrie Martin plötzlich und fuhr mit der Waffe zu den Arbeitern herum. Die Männer zuckten zurück, das Messer fiel klirrend auf den Betonboden. Martin musste sie in Bewegung halten und durfte nicht zulassen, dass sie sich auf die neue Lage einstellten.

»Du kommst hier nicht raus«, sagte Garenne mit einer Stimme, als würde er jemandem den Weg erklären.

Martin ging nicht darauf ein. »Der Dicke da, der von LaCroix, hat der den Mörder von Gaston erstochen? Feine Mitarbeiter, die Sie da haben, Garenne!«

Ungläubig starrte Garenne den Lagerleiter an. »Wieso weiß ich nichts davon?«

»Damit habe ich nichts zu tun, Chef ... Drapeau meinte ...«

»Antworte mir!«, unterbrach ihn Garenne und schlug nach ihm, aber der Lagerleiter wich dem Schlag aus. »Ist er tot oder nicht?«

»Ja«, sagte der Fettwanst mürrisch. »Damit er das Maul hält.«

So muss ich es machen, dachte Martin, Garenne reizen, ihn in Rage bringen, er darf nicht zum Nachdenken kommen. »Mörder, Menschenhändler und Betrüger. Sind das Ihre Kreise, Garenne? Passt hervorragend: Weinpantscher, gescheiterte Existenzen und dieser Alkoholiker da.«

»Halt die Schnauze, Bongers«, fauchte Garenne.

Martin hatte offenbar den richtigen Ton getroffen. »Was bilden Sie sich ein? Sie sind ein mieser kleiner Fälscher. Wieso eigentlich? Sie machen doch sonst guten Wein. Brauchen Sie so viel Geld für Ihre Frauen? Ist hart, wenn man alt wird und dafür zahlen muss.«

»Dich lasse ich hier nicht lebend raus.« Garenne keuchte, er sah aus, als wollte er Martin den Hals umdrehen, aber die Waffe hielt ihn auf Abstand. »Bist selbst schuld, du Klugscheißer. Keiner hat dich aufgefordert, rumzuschnüffeln. Deine Exfreundin wird nicht traurig sein, sie nennt dich eh einen Versager.« Garenne lachte fett und grinste höhnisch, aber er schien sich nicht ganz sicher, ob Martin nicht doch schießen würde.

Martin schob sich weiter in Richtung Ausgang. »Weshalb habt ihr bei Latroye eingebrochen, während der Beerdigung? Ging es euch um den Haut-Bourton, damit es nichts zum Vergleichen gibt, damit man die Fälschung nicht nachweisen kann?«

»Völliger Quatsch, das waren wir nicht. Wir haben nur nachts den Wein aus deinem Wagen geholt, nachdem wir euch morgens beim Einladen beobachtet haben.«

»Und wer hat die Schläger geschickt?«

»Woher soll ich das wissen? Hast dich anscheinend überall unbeliebt gemacht.«

»Sie lügen, Garenne. Ihr Korse hat mich angerufen und mir gedroht.« Martin schob sich rechts an die Paletten heran und damit näher an die Tür zum Hof. Das Tor zur anderen

Halle stand offen, und durch das Loch in der Mauer konnte er entkommen.

»Ist das Fälschen von Wein genetisch veranlagt? Wie ich hörte, war bereits Ihr Großvater ein Krimineller.«

»Lass meine Familie aus dem Spiel.« Garenne schnaufte, sein Gesicht rötete sich. Er konnte sich kaum noch beherrschen. »Das erzählt Bichot überall. Dem Drecksack ist jedes Mittel recht, um mir Haut-Bourton wieder abzujagen. Das macht er mit allen so. Um den solltest du dich kümmern. Erst ruiniert er die Winzer, dann kauft er ihre Châteaus auf, eins nach dem anderen. König will er werden, König von Bordeaux. Wenn er nicht wäre, würde dein Freund noch leben … Er ist schuld.«

»Ihr habt ihn umgebracht!«

»Nein. Bichot hat ihn ein zweites Mal zu LaCroix geschickt, und da hatte er dummerweise diesen Unfall.« Garenne breitete theatralisch die Arme aus. »Ihr seid nützliche Idioten, ihr mit euren Illusionen vom Terroir und sonstigem Humbug. Wir leben im Zeitalter der Technik. Der Winzer ist passé – und du auch!«

»Garenne, Sie reden Scheiße!« Martin hob drohend die Pistole, als der bullige Mann einen Schritt auf ihn zumachte. »Sie haben ihn töten lassen. Wir wissen längst, wo Sie die Fälschungen absetzen.«

»Fälschung? Es ist mein Wein, und damit mache ich, was ich will, und so viel, wie ich will.«

»Aber nicht mit falschen Jahreszahlen und einer so ekelhaften Lorke wie dieser hier.« Martin wies auf den Schlauch, der erschlafft auf dem Boden lag. »Eine miserable Kopie …«

Garenne schob blasiert die Unterlippe vor. »Was ist heute nicht Kopie? Leg was auf'n Kopierer und mach eine Million Abzüge. Versace, Chanel und wie sie alle heißen – sie werden kopiert und lassen sich kopieren. Heute wirst du nur was, wenn du dich vervielfachen lässt. Um Originale geht es nicht mehr, nur um Symbole. Latroye mit seinem Garagenwein, lächerlich! Nenne den Wein ›Le Grand Ami‹, erfinde eine schöne Geschichte dazu und kaufe dir ein paar Journalisten. Dann sahnst du ab. Aber daraus wird jetzt nichts mehr. Pech gehabt.«

Garenne ließ wieder das eklige Lachen ertönen. Der Lagerleiter lachte mit, und die Arbeiter fühlten sich zu einem unbedarften Grinsen veranlasst, wahrscheinlich aus Loyalität gegenüber ihren Chefs. Aber das gemeinsame Lachen machte sie stärker. Die Situation wurde brenzlig.

»Das ist nicht mal 'ne Kopie, Garenne. Das ist schlicht Betrug«, sagte Martin kalt. Er spürte, dass man ihn trotz des Revolvers nicht mehr ernst nahm. Dabei hatte er jetzt den Rücken frei, nur Garenne versperrte noch den Weg.

Plötzlich war draußen Motorengeräusch zu hören, das Zuschlagen einer Autotür, schnelle Schritte. Dann stand der Korse im Tor der Halle. Überraschung breitete sich auf seinem Gesicht aus, als er Martin sah, den er in Frankfurt wähnte, in der Hand einen Revolver, der auf seinen Chef gerichtet war. »Was macht der hier?«, fragte er arrogant und zeigte auf Martin.

»Mitspielen, unser kleiner *boche.* Er meint, mit dem Ding da«, Garenne wies auf die Pistole, »hätte er gute Karten.«

»Bist du wahnsinnig, Garenne, vor allen Leuten diese Veranstaltung abzuziehen?«, fuhr ihn der Korse respektlos an. »He, Fettsack!«, gemeint war der Lagerleiter, »schick die Berber an die Arbeit, dafür wirst du bezahlt. *Allez, allez!*«

Der Revolver in Martins Hand kümmerte den Korsen nicht im Geringsten. Er scheuchte die Arbeiter vor sich her, was Martin nutzte, um sich weiter in Richtung Hof zu bewegen. Aber Garenne durchschaute die Absicht, senkte den Kopf und stürzte los.

Martin fühlte sich an einen Stierkampf erinnert, den er vor Jahren miterlebt hatte. Garenne war so massig wie der Stier damals und genauso kampfbereit.

Martin drückte ab. Die Kugel traf das Ziegeldach, doch

weder der Knall noch der Schauer von Tonsplittern beeindruckten Garenne. Er rammte Martin mit der Schulter, sodass er gegen die Paletten fiel, strauchelte und stürzte. Der Revolver glitt ihm aus der Hand, rutschte mit hässlichem Scharren über den Beton und blieb kurz vor der Tür neben dem Schlauch liegen.

Garenne stolperte über die eigenen Füße, verlor das Gleichgewicht und fiel auf Hände und Knie.

Beide Männer rappelten sich auf und krabbelten über den Boden, um die Waffe zu erreichen. Martin war schneller und trat Garenne, der ihn am Knöchel packte, mit dem anderen Fuß ins Gesicht. Es knackte, Garenne gab einen gurgelnden Laut von sich und ließ los. Martin wollte nach der Waffe greifen, doch der Korse war schneller. Er hob sie auf und drückte ohne Zögern ab.

Martin hörte den Schuss wie eine Explosion, glaubte, sein Trommelfell würde platzen, rammte dem Korsen den Kopf in den Bauch und wartete auf den Schmerz, der jedoch ausblieb.

Dafür schrie Garenne. »Ich bin getroffen, Scheiße, ich verblute!«

Martins Stoß hatte den Korsen zurückgeworfen. So gelang es ihm, die Tür zum Hof zu erreichen. Er blickte sich um. Garenne saß mit blutendem Gesicht am Boden und hielt sich die linke Schulter, der Korse hob wie in Zeitlupe den Arm mit der Waffe – Martin sah die Mündung des Revolvers in seine Richtung schwenken.

Der Lagerleiter stand mit weit offenem Mund und hängenden Armen mitten in der Halle und brüllte die Nordafrikaner an. »Ihr Schwachköpfe, packt ihn!«, schrie er hasserfüllt, aber die Arbeiter standen da wie gelähmt, keiner bewegte sich.

Martin rannte auf das Hoftor zu. Als er erneut einen Schuss hörte, schlug er einen Haken nach links zwischen die geparkten Wagen, dann nach rechts. Der Korse schoss erneut, eine Frontscheibe zerbarst, dann war Martin in der ersten Halle, wo eine Kugel hell klingend von einem Gärtank abprallte. Martin sprang über Schläuche, umrundete die Gärtanks und warf sich hinter den Palettenstapel. Hastig robbte er durch den Tunnel und riss, als er sich aufrichtete, einen Balken um, der einen Gerümpelhaufen einstürzen ließ. Damit war den Verfolgern dieser Weg versperrt.

Mit einem Satz war er im Freien. Über sich die vom Sturm getriebenen Wolken, so gehetzt wie er, dazwischen das silberne Licht des Mondes. Kalter Wind fuhr ihm ins Gesicht. Es war wie der Eintritt in eine andere Welt. Aber als er wenige Augenblicke später das Anfahren von Wagen und die Stimmen der Meute vernahm, wusste er, dass die Jagd weiterging. Er verharrte einen Moment wie vor dem Start zu einem Marathon, konzentrierte sich und lief los.

Es wurde der härteste Lauf seines Lebens. Martin lief wie eine Maschine, keineswegs entspannt und doch gleichmäßig. Der Lehm an den Füßen hielt ihn fest, er sank ein, fand trockene Stellen nur, wenn der Mond den Weg beschien. Er musste über und über mit Schlamm bespritzt sein. So wie in seinem Traum.

Doch der Matsch hatte auch Vorteile, denn die Autos seiner Verfolger kamen nur schwer voran. Sie mussten seinen Wagen entdeckt haben. In der Ferne hörte Martin eine Explosion. Jetzt hatten sie bis auf seine Wohnung alles zerstört. Platz für den totalen Neuanfang, dachte Martin und wunderte sich über seinen Fatalismus. Aber er hatte die Fotos, und Garenne würde die Zeche bezahlen. Aber mit wessen Hilfe konnte er jetzt rechnen?

Bis nach Castillon-la-Bataille war es weit. Auf halber Strecke lag das Bistro – der Patrón würde ihm weiterhelfen. Diese Aussicht gab Martin Kraft. Er konnte es schaffen. In etwa einem Kilometer Entfernung verlief die Landstraße, dort zuckte Blaulicht. Die Ambulanz für Garenne? Vielleicht die Polizei?

Martin lief und lief, für die Zeit hatte er jedes Gefühl verloren, seine Augen hatten sich längst an die Dunkelheit gewöhnt. Von den Verfolgern war nichts zu sehen, er hatte sie abgehängt. Keiner jagte ihn mehr. Dafür überschlugen sich nun die Gedanken in seinem Kopf.

Er griff nach seinem Handy, aber der Akku war leer. Hatte er das verdammte Ding, das ihn verraten hatte, die ganze Zeit über eingeschaltet gelassen? Wer mochte angerufen haben? War Garenne schwer verletzt? Hoffentlich hatte er ihm die Nase gebrochen. Geschossen hatte der Korse. Wieso wusste Garenne nichts von dem Mord am Fahrer des Gabelstaplers? Und mit dem Einbruch während der Beerdigung wollte er auch nichts zu tun haben?

Lüge! Wer, wenn nicht Garenne, hatte den Auftrag gegeben, seinen Laden niederzubrennen. Jetzt war Stacheldraht im Weg. Martin wand sich darunter hindurch. Anscheinend trieb der Korse sein eigenes Spiel. Wieso redete er so abfällig mit Garenne? Und was war mit Bichot?

Geduckt überquerte Martin eine asphaltierte Straße. Was für eine Rolle spielte Bichot? Den Landedelmann nahm er ihm schon längst nicht mehr ab. War er es gewesen, der Gaston zu LaCroix geschickt hatte? Mit welcher Absicht? Damit Garenne ihn umbringen konnte? Nein, sie waren Feinde. Bichot wollte Haut-Bourton zurück.

Beinahe am Ende seiner Kräfte erreichte Martin das Bistro. Es hatte noch geöffnet, einige Wagen parkten davor, aber Jacques' Motorrad stand nicht dort. Sicherheitshalber näherte Martin sich dem Gebäude von hinten. Er klopfte ans Küchenfenster. Die Frau des Patrón erschrak, als sie ihn sah. Er musste schrecklich aussehen, wie das Ungeheuer aus dem Moor. Er klopfte wieder, sie verschwand, dafür kam ihr Mann ans Fenster.

»Ärger gehabt?«, fragte der Patrón und musterte Martin von oben bis unten. »Recht heftigen, wie ich sehe. Ich dachte, du bist in Deutschland.«

Kurz darauf hörte Martin den Schlüssel im Schloss der Hintertür, und der Patrón zog ihn ins Haus. »*Mon dieux*, siehst du schlimm aus! Geh ins Badezimmer. Ich werde sehen, ob sich was zum Anziehen für dich finden lässt, du bist ziemlich groß. Viel Betrieb in der Gegend heute Abend, nicht? Anscheinend auf Moulin de la Vaux. Polizei, Krankenwagen – keine Ahnung, was da los ist.« Er sah Martin fragend an. »Weißt du es?«

Martin schüttelte müde den Kopf, er wollte nur noch ins Bad.

Das heiße Wasser am Körper zu spüren war ein göttliches Gefühl. Kurz darauf brachte der Patrón einen blauen Trainingsanzug mit der Aufschrift des Fußballvereins von Castillon-la-Bataille auf der Jacke. »Lass dich drinnen nicht sehen. Geh in das Zimmer hier. Mein Vater hat es bis zu seinem Tod bewohnt. Ich bringe dir gleich was zu essen.«

Der Vater hatte Stumpen geraucht, Martin roch es sofort, und auch die gestreifte Tapete war vom Rauch gefärbt. Rechts stand ein schmales Bett, links ein Schrank und in der Mitte unter dem Fenster ein Tisch mit einem uralten Fernsehgerät und einer kleinen Lampe darauf. An den Wänden hingen Bilder von einem Radrennfahrer, mal mit Siegerpokal und Lorbeerkranz, mal wurde er von Männern auf den Schultern getragen. Auf einem anderen Bild umarmte er eine junge Frau mit einem Kind auf dem Arm.

»Die Pokale im Bistro sind alle von ihm. Nach dem Krieg war er einer der besten Rennfahrer. Vor zwei Jahren ist er gestorben, ich habe seitdem alles so gelassen. So, hier, dein Essen, wir reden morgen.« Der Patrón stellte eine Flasche von dem provenzalischen Wein, der Martin so gut gefiel, neben den Teller und ließ ihn allein.

Martin war mit dem Beefsteak beschäftigt und vom ersten Glas Wein nach der mörderischen Anstrengung viel zu beduselt, um der Ankunft mehrerer Fahrzeuge Bedeutung zu schenken. Als er aus dem Fenster sah, war es zu spät. Draußen standen Uniformierte. Wenige Augenblicke später wurde die Zimmertür aufgerissen, und Martin fuhr herum. Zwei Polizisten traten mit der Waffe im Anschlag auf ihn zu. Hinter ihnen erkannte er den Korsen.

»Das ist er«, sagte er laut und zeigte auf Martin. »Das ist der Mann, der Monsieur Garenne erschossen hat.«

18

»Nett haben Sie es hier«, sagte Kommissar Grivot und sah sich um. Amüsiert musterte er Martin von Kopf bis Fuß: »Ich hätte nicht gedacht, dass Sie Fußballfan sind, noch dazu von Castillon-la-Bataille …«

Martin rückte auf der Pritsche ein wenig zur Seite und machte eine einladende Handbewegung. »Wollen Sie nicht Platz nehmen? Ich würde Ihnen zu gern etwas anbieten. Aber Sie sind ja hier der Gastgeber.«

»Seien Sie nicht zynisch. Das passt nicht zu Ihnen. Sie können gehen, Monsieur Bongeers.«

»Dann ist Garenne nicht tot?«

»Nein.«

»Hätte sein können, dass ihn der Korse erschossen hat, vielleicht um einen Mitwisser zu beseitigen. Ach, wenn man Sie braucht, Grivot, sind Sie nie da. Haben Sie die Fotos gesichtet?«

»Ja. Es tut mir leid, ich glaube, ich habe Ihnen ziemlich viel Ärger eingebrockt, und ich habe Sie auch unterschätzt. Na, wenigstens hatten Sie Glück.«

Martin nahm Grivot die Entschuldigung nicht ab. Die Zerknirschung wirkte vordergründig. »Ist das die Stunde der Selbstkritik?«

»Ich war es, der Sie letzte Nacht angerufen hat.«

»Sie waren das?« Wütend sprang Martin auf. »Und warum bin ich dann hier gelandet? Ich komme in den Knast, weil Sie nie den Mund aufkriegen! Mit keiner Information rücken Sie raus. Mich schicken Sie vor und hängen sich dann dran.«

Gestikulierend rannte Martin durch die winzige Zelle, schnappte nach Luft und rieb wütend an den Fingerkuppen, die zur Abnahme der Fingerabdrücke eingefärbt worden waren. Grivots Geständnis erboste ihn mehr als der Tatbestand, dass man ihn und nicht den Korsen verhaftet hatte. Am liebsten hätte er den Kommissar geohrfeigt.

»Regen Sie sich ab, Monsieur Bongeers. Es ist alles vorbei, Sie sind ein freier Mann. Ihr Handy war eingeschaltet, so konnte ich einiges mit anhören, bis der Akku leer war. Ich habe sofort ein Kommando losgeschickt. Bitte kommen Sie morgen her, für das Protokoll. Übrigens, ich wusste gar nicht, dass Sie über weitreichende Verbindungen in die Politik verfügen. So wie heute bin ich nicht einmal auf der Polizeischule runtergeputzt worden.«

Damit war sicherlich Charlotte gemeint. Zum ersten Mal war Martin ihr für ihre Einmischung zutiefst dankbar. Er grinste schadenfroh. »Geschieht Ihnen recht. Wenn Sie gleich auf mich gehört hätten, wäre der Mord an Gaston längst aufgeklärt. Dann säße Garenne im Knast. Aber wahrscheinlich besticht der alle Richter in Bordeaux.« Es war Grivot anzusehen, dass ihm das alles sehr unangenehm war. Martin war aber noch nicht fertig. »Sie machen schon wieder einen Fehler, Monsieur le Commissaire. Der Fall ist längst nicht abgeschlossen.« Er hielt inne. »Was ist mit Garenne und dem Korsen?«

Statt zu antworten, verzog Grivot gequält das Gesicht.

»Nun? Reden Sie schon.«

Grivot trat auf den Zellengang und bedeutete Martin mitzukommen. »Es wird Ihnen wenig gefallen«, baute er vor. »Garenne ist im Krankenhaus, glatter Durchschuss. Er hat viel Blut verloren, aber das haben sie nachgefüllt. Er ist obenauf, der Mann hat eine Bärennatur. Leider ist, äh, Drapeau verschwunden. Man sah keinen Grund für eine Festnahme, schließlich hat er die Polizei alarmiert und sie zu Ihnen geführt, zu diesem Bistro. Die Truppe aus Castillon war schneller als unsere Leute. Auf dem Weg zurück nach Castillon war er plötzlich weg. Ich bedauere das selbst außerordentlich.«

Martin stöhnte. So viel Dummheit und Zufall auf einen Haufen konnte es doch gar nicht geben. Er hielt Grivot an der Schulter zurück. »Und die Algerier, der Lagerleiter – was ist mit denen?«

Grivot machte sich frei. »Zwei Algerier waren vorgeladen, die hatten korrekte Papiere. Sie haben ausgesagt, sie seien draußen gewesen, in der Abfüllanlage, und hätten von allem nichts gesehen. Als es geknallt habe, hätten sie sich zu Boden geworfen.«

»Zwei, sagen Sie?« Martin konnte es nicht fassen. »Wie blöd seid ihr eigentlich? Zehn Mann haben da gearbeitet, das ist doch offensichtlich.«

Grivot schnitt ihm das Wort ab. »Sie können Ihre Aussage später machen, Monsieur Bongeers. Ich bin Ihre Anfeindungen leid. Außerdem werden Sie erwartet. Aber zwei Fragen habe ich noch.«

»Nur zwei, Monsieur Grivot? Ob ich sie Ihnen jedoch beantworten kann, sei dahingestellt.«

»Wieso ist der Fall noch nicht zu Ende?«, wollte Grivot wissen.

»Weil Drapeau wahrscheinlich mein Geschäft in Frankfurt in die Luft gejagt hat. Sie wissen nichts davon? Fragen Sie den Staatsschutz in Frankfurt. Schönen Gruß von mir, vielleicht beruhigt das die Beamten. Und die zweite Frage?«

Martin hatte den Eindruck, dass Grivot mit einem Schlag hellhörig geworden war. Er hob den Kopf und zeigte wieder seine Rattenzähne. »Wie erklären Sie Ihre Fingerabdrücke auf der Waffe?«

»Es gab einen Kampf. Der Korse, oder besser Drapeau, bedrohte mich. Ich stürzte mich auf ihn, dabei fiel ihm die

Waffe aus der Hand, und ich nahm sie. Dann griff mich Garenne an und schlug sie mir wieder aus der Hand. Der Korse bekam sie in die Finger und schoss.«

»So war das?«, fragte Grivot ungläubig.

»Ja, so war es. Sie haben doch mitgehört, oder war der Akku da bereits leer? Ja? So ein Pech auch. Außerdem gibt es, soweit ich weiß, eine Methode, um festzustellen, ob jemand geschossen hat.« In dieser Sekunde erinnerte sich Martin, dass bestimmt auch an seiner Hand Schmauchspuren waren. Er hatte den ersten Schuss abgegeben. Ihm wurde heiß. Er drehte sich weg, damit Grivot nicht sah, wie ihm das Blut in den Kopf schoss, und nickte dem Beamten zu, der ein Gitter öffnete. Dann setzte er nach. »Sehen Sie sich auf Moulin um: Tanks mit Trennwänden innen, diverse Einschusslöcher in Decke und Wänden, fünf oder sechs. Dann müssten noch die Kisten mit dem gefälschten Haut-Bourton von 1990 da sein, falls sie nicht inzwischen weggeschafft wurden. Hat Ihnen niemand davon berichtet?«

Grivot knurrte nur. »Die Kollegen, die da rausgefahren sind, gehörten zu einer anderen Abteilung.«

Während Martin seine persönlichen Dinge zurückerhielt, informierte er den Kommissar über Garennes Holding und dessen Beziehungen nach London, Singapur und den Cayman Islands.

Grivot blieb gleichgültig. Entweder langweilte es ihn, oder er wusste bereits alles. Er führte Martin aus dem Untersuchungsgefängnis nach oben ins Präsidium.

Charlotte, die vor Grivots Büro wartete, strafte den Kommissar mit eisiger Verachtung. Sie verließ mit Martin am Arm das Gebäude und ging zum Parkplatz.

»Danke«, sagte Martin und umarmte sie. In dem Moment raste ein Wagen mit Blaulicht und quietschenden Reifen aus dem Hof, Grivot auf der Rückbank. »Ich habe ständig das Gefühl, dass da noch ganz was anderes läuft, wovon ich nicht die geringste Ahnung habe.«

»Mir hat er nichts gesagt, kann aber sein, dass man mir seit der Kündigung nicht mehr traut. Ich könnte es vielleicht herausfinden«, sagte Charlotte, »aber nur, wenn du mich jetzt noch mal in den Arm nimmst.«

»Garenne ist geflüchtet.« Charlotte schloss die Tür der Garage von innen und lehnte sich schwer atmend dagegen. »Grivot hat angerufen. Scheint völlig fertig zu sein, der arme Kerl. Garenne war nicht verdächtig, deshalb haben sie ihn nicht bewacht. Eine englisch sprechende Dame hat ihn mitgenommen.«

»Petra«, sagte Martin ungerührt. »Das überrascht mich nicht. Garenne reißt sie mit in den Abgrund.« Martin hielt inne und fuhr dann fort: »Der Kerl ist zäh. Er wird sich absetzen, vermutlich dorthin, wohin das Geld fließt, auf die Cayman-Inseln. Die dortigen Behörden werden ihn kaum ausliefern.«

Charlotte unterbrach ihn. »Grivot sieht sich auf Moulin um. Auch die anderen Châteaus sollen durchsucht werden.«

Martin ging noch etwas anderes im Kopf herum. »Ich verstehe nicht, dass Garenne nichts von dem Mord an dem Gabelstaplerfahrer gewusst hat. Er ist auch nicht für den Einbruch am Tag von Gastons Beerdigung verantwortlich. Das hat er zumindest gesagt, und ich glaube ihm. Mit dem Überfall auf mich hat er sehr wahrscheinlich nichts zu tun und auch nicht mit dem Anschlag auf meinen Laden. Das kann nur bedeuten …«

»… dass der Korse auf eigene Faust handelt. Aber mit welcher Absicht?«, fragte Charlotte.

»Wir werden es rauskriegen.« Martin zog die Arbeitsjacke aus. »Kommst du mit?«

»Wohin?«

»Nach Margaux, ein Château besichtigen.«

Hinter ihnen rollte nur noch ein älterer grauer Peugeot auf die Fähre. Fahrer und Beifahrer blieben als Einzige sitzen, während alle anderen Passagiere ausstiegen, um auf der Gironde ein wenig Meeresbrise zu schnuppern, denn der Wind brachte frische, salzige Luft vom Atlantik mit.

Charlotte hatte sich zwar bereit erklärt, Martin nach Grandville zu begleiten, aber seinem Plan gegenüber blieb sie skeptisch. »Bichot wird alles abstreiten. Auf diese Weise erreichst du nichts.«

»Abwarten. Ich werde ihn aus der Reserve locken, genau wie Garenne. Mit Jacques habe ich neulich ausführlich über Bichot gesprochen. Er meint, der Mann sei manisch, wie ein Besessener vergrößere er sein Imperium, kaufe ein Château nach dem anderen, nachdem er die Besitzer fertiggemacht habe. Garenne deutete Ähnliches an. Bichot wolle König von Bordeaux werden, so hat er es ausgedrückt, und er ist davon überzeugt, dass Bichot mich geschickt hat. Als Winzer und Geschäftsmann soll Bichot große Klasse sein, sagt Jacques. Doch seit seine Frau bei einem Autounfall starb, sei Bichot vom Ehrgeiz zerfressen. Angeblich ist er schon immer extrem ehrgeizig gewesen, aber seit er alleine lebt, arbeitet er nur noch an seinem Imperium.«

»Das ist bei vielen so, auch bei Frauen, wenn sie älter werden und merken, dass ihre Kräfte schwinden. Darum sind Übernahmen in jeder Branche und Größenordnung so häufig.«

»Sollen sie meinetwegen zahlen, aber keine Menschen umbringen. Nicht nur Fleury ist hinter Gastons Weinberg her, sondern auch Bichot. Erinnerst du dich an seinen Besuch? Er deutete an, dass man den Pechant unter einem bekannteren Namen für das Doppelte verkaufen könne. Und dann die Familienfehde mit Garenne – in der dritten Generation, das muss man sich mal vorstellen. Sechzig Jahre Hass.«

Die Fähre gelangte ans *Rive Gauche,* das linke Ufer. Martin fuhr vorsichtig an Land und schaute an der nächsten Abzweigung in den Rückspiegel. War es wirklich Zufall, dass der Peugeot denselben Weg nahm? Er schüttelte den Kopf. »Garenne ist überzeugt, dass Gaston und jetzt auch ich von Bichot auf ihn angesetzt wurden.«

Charlotte antwortete nicht. Sie war abgelenkt, denn auch sie hatte bemerkt, dass ihnen jemand folgte. Der Wagen blieb auf der Landstraße nach Lamarque hinter ihnen. Garenne jedenfalls saß nicht am Steuer, so viel war erkennbar. »Grivot wird uns einen Aufpasser zugeteilt haben«, sagte sie schließlich.

»Das werden wir gleich sehen«, sagte Martin mit Blick in den Rückspiegel. Vor einer Kreuzung betätigte er den Blinker, der Fahrer des Peugeot tat das Gleiche, Martin fuhr geradeaus, der Peugeot blieb hinter ihnen. Man gab sich anscheinend gar keine Mühe, nicht aufzufallen. Aber hinter Lamarque, auf der Straße nach Margaux, war der Wagen auf einmal verschwunden.

»Wir müssen Richtung Arsac.«

»Arsac?«, wiederholte Martin. »Daher kam der Fahrer oder der Halter des Wagens, den wir neulich nachts an der Garage fotografiert haben.«

»Dann sind wir auf dem richtigen Weg«, meinte Charlotte kühl, und Martin staunte, wie gelassen sie die Sache anging. Diese Frau gefiel ihm immer besser.

Langsam fuhren sie an Château Grandville vorbei, Bichots Flaggschiff. Martin erkannte es kaum wieder, so grau und einsam wirkte es heute. Das große Tor war geschlossen, im Erdgeschoss waren nur wenige Fenster erleuchtet. Es begann zu dämmern, und Dunst hing in den Bäumen. Martin fuhr weiter, um sich die Örtlichkeiten einzuprägen. Er hoffte nur, dass er nicht wieder würde rennen müssen wie in der letzten Nacht. Durch Charlottes Anwesenheit wuchs das Risiko, er durfte sie nicht mit hineinziehen. Ach, dummes Zeug, sie waren beide längst mittendrin. Gewohnheitsmäßig griff er in die Jackentasche. Da war nichts, kein Revolver, den hatte jetzt die Polizei. Dennoch, er musste handeln, bevor die andere Seite zum nächsten Schlag ausholte.

Er wendete, nahm die Einfahrt zur Kellerei und hielt auf dem Parkplatz für Besucher. In der Kellerei brannte überall Licht. Sie werden mit Cabernet Sauvignon oder Cabernet Franc beschäftigt sein, dachte Martin beim Aussteigen, das kalte Wetter der letzten Zeit wird die Lese verzögert haben.

»In einer halben Stunde bin ich zurück. Wenn nicht, dann verlass das Grundstück und ruf Grivot an«, sagte er, holte die Kiste mit dem gefälschten Haut-Bourton aus dem Kofferraum und machte sich auf die Suche nach Bichot. Seine Autos jedenfalls waren da, der bullige Geländewagen sowie die schrottreife Kiste, mit der er an jenem Morgen, als sie sich kennengelernt hatten, gekommen war.

Martin nahm den breiten Weg, der neben der Kellerei zum Château führte. Zwei Männer kamen ihm entgegen. Einer ging an ihm vorbei, der andere senkte plötzlich den Kopf, wandte sich zur Seite und blieb neben einer Kellertreppe stehen. Der Mann kam Martin irgendwie bekannt vor, etwas jedoch befremdete ihn. War es die Größe oder die Statur, das Haar? Nein – der Bart, genau, das war es. Er hatte keinen gehabt. Der Mann wandte Martin jetzt den Rücken zu und stierte angestrengt in das Fenster über der Treppe. Martin wollte ihn gerade nach Bichots Büro fragen, als er in der Scheibe die Spiegelung bemerkte. Erinnerungen tauchten auf.

Die Umrisse des Mannes, Gauguin, der Violoncellist Upaupa, seine Wohnung. Die Erinnerung war wieder da. Das war er. Auch die Nase gab Alarm: Schweiß, Knoblauch, Zigarettenrauch, vergorener Rotwein und drei Tage alter Trester.

Martin hob die Kiste bis an die Brust, drehte sich nach links, holte Schwung und knallte sie dem Mann mit voller Wucht in den Rücken.

Der schrie überrascht auf, fiel nach vorn, riss die Arme

hoch, um sich festzuhalten, doch Martin trat ihm die Füße weg, und der Mann kippte wie ein Sack vornüber in den betonierten Treppenschacht. Es folgte ein dumpfes Poltern, dann ein Röcheln, und als Martin die Kiste auf dem Geländer absetzte und nach unten blickte, sah er die verkrümmte Gestalt vor der Kellertür liegen, mit dem Gesicht nach unten. Von Grandville also kam das Schwein, das ihn halb totgeschlagen hatte. Dann hatte Bichot ihn geschickt.

Martin war entsetzt. Nicht über den Anblick des leblosen Mannes, sondern über die Befriedigung, die er empfand. Rache ist süß, heißt es. So etwas Ähnliches fühlte er, und ihn schauderte. Er ging rasch weiter, sah sich um. Anscheinend hatte niemand etwas bemerkt.

Links war die Rückseite des Châteaus. Einige Fensterläden waren geschlossen, dort, wo sie geöffnet waren, schimmerte Licht. Wo lag Bichots Büro? Eine Frau kam ihm entgegen, und er erkundigte sich nach dem Weg

Sie wies auf den Hintereingang und machte ihn darauf aufmerksam, dass er sich im Vorzimmer anzumelden habe.

Martin nickte und sagte höflich: »Ich werde erwartet.« Dann ging er die Treppe hoch und betrat einen langen Flur.

Eine Dame trat aus einem Zimmer und sah Martin forsch an. »Monsieur, Sie können nicht einfach …«

»Doch, ich kann sehr wohl«, sagte Martin kurz angebunden und drängte die Frau vor sich her. Sie stellte sich in eine Tür, die sie um jeden Preis verteidigen wollte. Dann war er hier richtig. Martin schob die Dame beiseite und drückte die Klinke mit dem Ellenbogen auf.

Der Raum war großzügig und hell, das Mobiliar bleigrau, rechts ein Sideboard, dahinter ein großes Fenster, links an der Wand ein Chagall, wie üblich viel Blau, mit Sonnenrad und Mondsichel und einer kleinen Frau. Garantiert ein Original, dachte Martin, er kann es sich leisten.

Bichot saß hinter einem breiten Schreibtisch aus Stahl und Glas, vor sich Telefone sowie Papiere auf einer Schreibmappe aus grauem Chagrinleder. Er ließ das Schriftstück sinken und sah ihn fassungslos an. Dann schluckte er und winkte die entsetzte Sekretärin aus dem Raum.

»Überrascht?« Martin ließ die Weinkiste auf den Schreibtisch krachen. Eine Federschale zerbrach. »Kaufen Sie sich eine neue, Bichot. Aber ich glaube nicht, dass Sie die noch brauchen, wenn unser Gespräch beendet ist.«

Bichot fing sich erstaunlich schnell. »Was ist das für ein Benehmen, Monsieur? Warum knallen Sie mir diese Kiste auf den Tisch? Was soll diese Unverschämtheit? Dass Sie gewalttätig sind, hat mir mein Freund Fleury bereits berichtet.« Der Ton, den Bichot jetzt anschlug, war ein ganz anderer: weder charmant noch höflich oder zuvorkommend, nein, böse, gemein und hämisch. Ein wenig hatte all das bei Bichots letztem Besuch bereits mitgeklungen.

»Monsieur, ich bringe Ihnen nur das Objekt Ihrer Begierde wieder. Im Gegensatz zu der Kiste, die Sie Gaston Latroye überließen, hat diese hier einen weiten Weg hinter sich: Bordeaux, Hamburg, London, Singapur und zurück.«

»Was soll das?«

»Wollten Sie nicht beweisen, dass Monsieur Garenne eine Fälschung des Haut-Bourton in Asien in Umlauf bringt? Deshalb haben Sie Gaston Latroye zu LaCroix geschickt. Erst hat er Ihnen die sensorische Bestätigung gegeben, anschließend sollte er herausfinden, wann der Wein abtransportiert wird und wohin. Und wenn ich alles richtig zusammengesetzt habe, kam Ihnen der angebliche Unfall bei LaCroix gerade recht.«

»Sie haben das falsche Wort benutzt, Monsieur Bongers, ›zusammengereimt‹ wäre angebrachter. Das ist eine unverschämte Behauptung«, zischte Bichot giftig. »Erstunken und erlogen! Verschwinden Sie, bevor ich Sie hinauswerfen lasse!« Seine Augen wurden schmal, und alle vermeintliche Sympathie für Martin wich aus seinem Gesicht.

Die Veränderung war erschreckend, aber Martin ließ sich

nicht beeindrucken. »Sie haben Gaston in den Tod geschickt! Er war lediglich eine Figur in Ihrem Krieg gegen Garenne, den Sie seit sechzig Jahren führen, seit Ihr Großvater Haut-Bourton verloren hat. Er hat es verspielt, nicht wahr? Ein Hasardeur. Da sehen Sie mal, welchen Wert er dem Château beigemessen hat. Und dann hat er den alten Garenne sogar an die Nazis verraten. Sie haben es selbst gesagt: ein Wunder, dass er nicht erschossen wurde. Das hat Ihr feiner Großvater in Kauf genommen. War er süchtig? Ein richtiger Zocker?«

»Sie haben nicht den blassesten Schimmer. Sie wissen nichts, Monsieur Bongers. Verschwinden Sie! Sonst …«

»Sonst was? Nur zu! Wollen Sie mich wieder zusammenschlagen lassen? Hier …« Martin nahm den vergoldeten Brieföffner vom Schreibtisch und wog ihn auf den Fingern. Bichot wich zurück. Doch Martin hebelte damit den Deckel der Weinkiste auf. Danach legte er den Brieföffner griffbereit auf dem Bord hinter sich ab. Besser als nichts. Er nahm eine Flasche Haut-Bourton aus der Kiste und hielt sie Bichot direkt vors Gesicht. »Direkt aus Singapur, alles gefälscht, der Beweis für Garennes Betrug, für Steuerhinterziehung und Zollvergehen. Den Wein kriegen Sie, wenn Sie mir die Kladden geben.« Damit hätte Martin den Beweis, dass Bichot die Schläger geschickt hatte. Aber brauchte er den überhaupt noch?

Bichot musterte ihn voller Verachtung, aber tief in seinen Augen erkannte Martin Angst. Trotzdem schüttelte Bichot verächtlich den Kopf. »Wie dumm Sie doch sind. Verschwinden Sie, bevor ich die Polizei kommen lasse.«

»Die ist gerade auf Moulin de la Vaux. Danach kommt sie her, außer, wir einigen uns.« Martin breitete die Arme aus. »Monsieur Charcoussette wird auf jeden Fall gegen Sie aussagen: Einbruch in der Kellerei und im Haus von Latroye, schwere Körperverletzung. Wie lange der den Mund hält, ist eine Frage der Zeit.«

Bichot verzog angewidert das Gesicht und lehnte sich weit

in seinem Sessel zurück. »Du bist größenwahnsinnig, mein Junge. Wenn du hier bei uns mal essen darfst, heißt das noch lange nicht, dass dir jemand zuhört.«

Martin beugte sich vor, stützte die Hände auf die Schreibtischkante und sah Bichot direkt in die Augen. »Viel Bedenkzeit haben Sie nicht, Bichot! Ich habe Garenne eine Nachricht hinterlassen, wo er mich findet, vielmehr mich, Sie und diese Kiste. Uns drei will er haben, er müsste also jeden Augenblick eintreffen.«

Bichot drückte eine Taste seiner Gegensprechanlage. »Drapeau soll kommen«, sagte er heiser. »Sofort … was, er ist nicht …?«

»Drapeau? Der Korse?« Martin bemühte sich, Bichot seine Überraschung nicht anmerken zu lassen.

Doch Bichot ließ sich nicht täuschen. »Da staunen Sie, was? Ja, ich war von Anfang an bestens informiert. Über jeden Ihrer Schritte und die von Garenne.«

Drapeau, der Korse, in Bichots Diensten? Unglaublich. Eine Art Doppelagent. Bichots Mann fürs Grobe und gleichzeitig Garennes Mann, dachte Martin entsetzt. Damit hatte er nicht gerechnet. Er versuchte einen kläglichen Vorstoß: »Der hat sich vergangene Nacht abgesetzt, nachdem Moulin de la Vaux aufgeflogen ist. Die Ratten verlassen das sinkende Schiff.«

»Als wenn Drapeau verschwinden müsste. Scher dich zum Teufel, Bongers.« Aber Bichot war blass geworden. Seine Überheblichkeit wich zusehends einem Ausdruck von Panik.

Er fürchtet sich am meisten vor Gewalt, ähnlich wie Fleury. Das hat er mit allen Anstiftern gemein, dachte Martin, Sie hetzen andere in den Krieg und bleiben selbst zu Hause. Er ergriff die Kiste und stellte sie hinter sich auf das Sideboard. »Mein Angebot steht: die Kiste Haut-Bourton gegen …«

Durch die Tür des Arbeitszimmers drangen Stimmen, und krachend flog die Tür auf. Garennes massige Gestalt füllte den Rahmen.

»Das ist ja besser als erwartet. Herr und Hund zusammen.« Garenne sah furchterregend aus. Das Gesicht war angeschwollen, Nase und Augenbrauen waren mit Pflastern bedeckt, das Sakko hing lose über der bandagierten Schulter. »Zum Rapport bei Herrchen?«

Martin wich zum Fenster zurück und ließ den Brieföffner in seiner Jackentasche verschwinden.

»Wieso haben die dich entlassen? Macht nichts, besser so, jetzt schlage ich dir die Nase ein – und dann dem da!« Genüsslich, als hätte er ein gutes Essen vor sich, betrachtete Garenne Bichot, der verzweifelt nach einem Ausweg suchte. »Es wird mir ein Vergnügen sein, mein Großvater schaut zu.« Garenne wies mit dem Zeigefinger nach oben.

Völlig von Sinnen, dachte Martin, der Mann ist nicht zu retten.

»In Bordeaux hat keiner so ein großes Maul wie du, Garenne. Niemand nimmt dich ernst.« Bichot schien Mut zu fassen.

»Besser ein Großmaul als krank im Kopf«, sagte Garenne. »Haut-Bourton kriegst du nicht, niemals!«

»Ich habe immer bekommen, was ich wollte, verlass dich drauf. Du bist der Narr, fällst auf jede Finte rein, lässt dich an der Nase herumführen. Da«, Bichot wies auf die Weinkiste, »da liegt deine Fälschung, frisch aus Singapur. Monsieur Martin hat sie besorgt, und deine Wine Company in London wird schließen müssen, wegen Geldwäsche. Der da weiß alles.« Bichot zeigte auf Martin.

»Er hat den Wein besorgt, der verdammte *boche*?« Garenne nahm wieder die Kampfhaltung ein, die Martin von ihrer letzten Begegnung auf Moulin her kannte.

Bichot nickte. »Ja, der *boche* war's.«

Martin verzog sich in die äußerste rechte Ecke des Raumes. Gleich neben ihm war die Fensterbank. Ein Griff, und das Fenster wäre offen. Sie befanden sich im Hochparterre, notfalls konnte er springen, unten war Rasen, und der war weich. Es beunruhigte ihn zunehmend, dass Bichot ihn als seine rechte Hand darstellte, und Garenne glaubte es ihm anscheinend.

Martin tastete nach den Flaschen. Er konnte den Boden abschlagen und sich Garenne mit dem gezackten Rest vom Leib halten. Außerdem war die halbe Stunde um. Charlotte würde Grivot jetzt verständigen.

Da machte Bichot den entscheidenden Fehler. Er beleidigte Garenne, den zutiefst eitlen Mann, erneut. »Dein Wein ist zum Kotzen, Garenne. So ein miserables Plagiat trinken nicht einmal Chinesen. Aus dir wird nie ein Winzer. Das habe ich dir schon vor dreißig Jahren gesagt. Hier, willst du eine Kurzbeschreibung von deinem Fusel?« Bichot wartete die Antwort nicht ab und nahm eine von Gastons Kladden aus der Schreibtischschublade.

»Na bitte«, sagte Martin, »da sind sie ja.«

»Hast du was anderes vermutet? Wie soll man ohne Anleitung den Pechant machen? Ach, du wusstest nicht, dass ich die Kellerei deines Freundes übernehmen werde?«

Martin wünschte sich, dass Grivot zuhören würde, aber immer wenn man den Kommissar brauchte, war er weit weg.

»Hier, Garenne, hör zu, was ein Experte schreibt.« Triumphierend hielt Bichot eine Kladde in die Höhe, dann legte er sie aufgeschlagen vor sich. »›Fehlender Braunton für das Alter, Frucht scheint nur intensiv, Gummi, eventuell ein Gärfehler, Barriqueton zu scharf, Tannin zu rau‹ und so weiter und so weiter. Das macht unser deutscher Freund ja besser als du. Ich habe ihn probiert, den Pechant, wirklich klasse. Na ja, wenn Haut-Bourton in ein paar Tagen wieder da ist, wo es hingehört, und du im Gefängnis hockst, dann mache ich einen Premier Cru daraus, in spätestens zwei Jahren.«

»Nur über meine Leiche!«

»Nichts dagegen. Du bist wie eine Ratte in die Falle gegangen, Garenne. Erst hat Fleury dich dazu verleitet, in die New

Economy zu investieren, kurz bevor die Kurse fielen, und dann hat er dafür gesorgt, dass du verkaufst, als nichts mehr zu retten war. Du hättest der Cayman-Bank dein Château nicht überschreiben dürfen. Damit hatte ich mein Ziel erreicht. Du bist bankrott. Und dann hat Fleury dir geraten, eine zweite Auflage vom Grand Cru aufzulegen.«

»Woher weißt du das? Fleury arbeitet mit mir zusammen!«, schrie Garenne und ballte die Fäuste.

»Mit dir? Dass ich nicht lache. Ich habe mir das ausgedacht, und Drapeau hat mich über jeden deiner Schritte informiert. Und wenn du im Knast bist, wie dein Großvater, eine Schande für ganz Bordeaux, dann kriege ich auch deine anderen Châteaus. Ist alles längst mit Fleury geklärt. Sie werden mir die Hände küssen, dass ich das Ansehen unserer Appellation gerettet habe. Leider konnte ich nicht verhindern, dass du unseren geschätzten Freund aus Deutschland erschossen hast.«

Martin wurde schwindelig. Das also hatte Bichot sich für ihn ausgedacht, und er war ihm in die Falle gegangen. Er hatte die beiden Männer aufeinanderhetzen wollen, aber dass er das Gras sein würde, auf dem die Elefanten kämpften, war ihm nicht in den Sinn gekommen. Er war zu leichtsinnig gewesen. Das Fenster war der einzige Ausweg, denn Garenne versperrte die Tür.

»Du Schwein hast das alles eingefädelt?« Garennes Gesicht glich einer grauen Fratze, unheimlicher noch durch die gespenstischen Pflaster quer über Stirn, Nasenrücken und Jochbeinen. Entsetzen packte ihn, als ihm klar wurde, dass alles vorbei war.

Bichot sonnte sich im Gefühl seiner Macht und klatschte selbstgefällig in die Hände. »Haha, klar, alles war geplant, und Drapeau hielt mich immer auf dem Laufenden. Deine Menschenkenntnis ist gleich null. Vor lauter Eitelkeit sind dir die Augen zugeschwollen, so wie jetzt. Deine Leute sind meine Leute. Das mit Latroye habt ihr ganz in meinem Sinne gelöst. Vielen Dank. So, und jetzt zu Ihnen, Monsieur Bongers ...«

Bei Bichots letzten Worten schloss sich Martins Hand um den Hals einer Flasche Haut-Bourton.

Dann überstürzten sich die Ereignisse. Bichot bückte sich gerade, um eine Schreibtischschublade aufzuziehen, als die Tür mit Wucht aufgestoßen wurde und Garenne in den Rücken knallte. Drapeau betrat den Raum. Garenne taumelte nach vorn, zog eine Pistole und schoss im Fallen auf Bichot. Martin warf mit der Flasche nach Garenne, aber die Flasche traf den Chagall, zerplatzte mit lautem Knall und überschüttete den Korsen mit einem Hagel von Splittern und Rotwein. Die nächste Flasche traf den Türrahmen über Drapeau. Garenne, der den Kopf eingezogen hatte, schoss, ohne hinzusehen, in Martins Richtung. Bichot war mitsamt dem Bürosessel hintenübergefallen.

Der Korse flüchtete blut- oder weinüberströmt. Martin flankte auf die Fensterbank, trat mit den Füßen die Scheiben ein und ließ sich fallen.

Er landete auf allen vieren, der Aufprall war weicher als erwartet. Rechts von ihm stürmte der Korse aus dem Château, versuchte, seinen Wagen zu erreichen, doch ein grauer Peugeot schnitt ihm den Weg ab. Martin überlegte noch, was das bedeutete, als er die hasserfüllte Stimme Garennes hörte.

»Er ist tot, ha! Er kriegt Haut-Bourton nicht! Jetzt bist du dran, Bongers!«

Martin raffte sich keuchend zum Spurt auf, als vom Parkplatz her Petra auf ihn zulief, nein, auf Garenne, der von oben bis unten mit Blut oder Wein besudelt war.

»Are you hurt, are you hurt?«, schrie sie hysterisch. Dann entdeckte sie Martin. »Du, du bist an allem schuld!« Wie eine Wahnsinnige rannte sie auf ihn zu und schlug rasend auf ihn ein.

Zuerst wehrte Martin sie ab, doch als er merkte, dass sie

nicht abließ, tat er das Einzige, was er wirklich gut konnte: Er rannte.

Er lief an der Kellerei vorbei, wo sich neben der Treppe ein Menschenauflauf gebildet hatte, rannte um ein Zivilfahrzeug mit Blaulicht herum, passierte die Toreinfahrt und lief in die aufkommende Nacht hinein.

Vielleicht würde es regnen, und die Tropfen würden den Schmutz abwaschen, der an ihm seit jenem Morgen klebte, seit dem ersten und einzigen Missverständnis zwischen ihm und Gaston. Regen wäre schön. Hätte der verdammte Idiot nur den Mund aufgemacht, hätte er selbst besser zugehört, dann wäre Gaston noch am Leben, und ihm selbst wäre das alles hier erspart geblieben. Was kümmerte es die Welt, ob ein gefälschter Cru mehr oder weniger im Umlauf war? Es gab so viele schlechte Weine.

Martin fand seinen Rhythmus. Er vergaß Grandville und Haut-Bourton. Er dachte weder an Moulin de la Vaux noch an seinen abgebrannten Laden. Er dachte an gar nichts.

Nach einer Weile bemerkte er den Wagen dicht hinter sich. Als er mit ihm auf gleicher Höhe war, glitt die Scheibe nach unten: »Komm, steig ein«, sagte Charlotte. »C'est fini. Es ist vorbei «

Epilog

Caroline und Charlotte kamen schließlich mit der Nachricht aus Bordeaux zurück, dass der Chagal aus Bichots Arbeitszimmer nicht mehr zu retten sei. Man hatte zwar einen der besten Restauratoren damit beauftragt, aber die Leinwand war von Glassplittern geradezu zerfetzt, für die Kunstwelt ein tragischer Verlust.

»Und weißt du, wen wir in Bordeaux getroffen haben, rein zufällig?«, fragte Charlotte lauernd.

»Wenn du so fragst, bleibt nur einer übrig«, grummelte Martin. Er zog die Gummistiefel aus, hängte die Drillichjacke über den Stuhl und setzte sich an den Küchentisch, während die Frauen ihre Einkaufstüten auspackten.

»Genau. Monsieur le Commissaire. Er hat ein wenig mehr erzählt, als in den Zeitungen stand. Er war von Anfang an nur hinter dem Korsen her. Durch den Mord an Gaston sind sie auf LaCroix gekommen, dann an den Lagerleiter und über den an Drapeau.«

»Glaubt ihr ihm, ich meine, dem Kommissar?«

Caroline beachtete den Einwurf nicht. »Der Korse heißt in Wirklichkeit François Mezzavia. Grivot hatte seine Spur verloren, bis er ihn hier wiederfand. Mezzavia war auf Korsika in Bombenanschläge verwickelt, übrigens dieselbe Art Bombe wie bei dem Anschlag auf deine Vinothek. Für den Prozess gegen die Separatisten ist er ein wichtiger Zeuge. Aber Grivot meint, er würde eher sterben als reden.«

»Ich hatte die ganze Zeit über das Gefühl, dass der Kommissar mich an der Nase herumführt«, sagte Martin ärgerlich.

»Ich vermute, dass ihm nichts anderes übrig blieb. Die Fahndung war geheim, nicht einmal ich durfte etwas davon wissen. Die wollten die Hintermänner haben.«

Martin winkte ab. »So wie Fleury? Den haben sie immer noch nicht geschnappt. Da muss Sichel ran, der findet ihn bestimmt über sein Netzwerk.«

Caroline zog wieder ihre wattierte Jacke über und machte sich auf den Weg nach Saint-Émilion, um die Kinder von der Schule abzuholen. Jetzt, im November, musste sie bereits am frühen Nachmittag die Scheinwerfer einschalten.

Martin sah ihr nach, bis die Rücklichter des Wagens in der Dämmerung verschwanden. »Habt ihr über alles gesprochen?«

Charlotte nickte und sprühte sich etwas Eau de Parfum von Dior auf ihr Handgelenk und ließ Martin daran schnuppern. »Caroline will auf jeden Fall zurück ins Languedoc. Hier erinnert sie alles zu sehr an Gaston. Sie hat mit ihrem Vater gesprochen. Zusammen werden sie ihre alte Kellerei wiederaufbauen.«

»Dann wird sie uns alles verkaufen?«

»Ja, auch wenn wir nur in Raten zahlen können. Das Haus ist nicht so teuer, aber der Weinberg, bei dem Wert, den Gastons Weine mittlerweile haben.«

»Ich verkaufe das Haus in Frankfurt, außerdem bekomme ich das Geld von der Versicherung, da kommt einiges zusammen. Und wenn wir es uns teilen …«

»Fünfzig Prozent für jeden von uns, vom Land und dem Haus, Martin. Wir machen einen Vertrag. Und wenn dann noch meine Eltern ihr Land beisteuern …«

»Sichel bringt nachher den Entwurf mit«, unterbrach Martin und fasste sich an den Kopf. »Verdammt, fast hätte ich es verschwitzt, ich muss sofort zum Flughafen …«

Danksagung

Mein besonderer Dank gilt Ute Jürgens (†) aus Krefeld, die mir mit dramaturgischem Rat zur Seite stand.

Nicolas Olivier aus Bordeaux unterstützte mich mit seinen Kenntnissen der Region.